フレンチの技法
豚料理・
ヴォライユ料理

豚　鶏　鴨　鳩
うずら　ほろほろ鳥　うさぎ

旭屋出版

フレンチの技法

豚料理・ヴォライユ料理

Le Porc

宮下伸二
**豚そのものの旨みを引き出す
火入れの技と野菜使い** 33

ラ ピッチョリー ドルル　市川知志
**食べにくい部位さえ美味に転じる
テロワールの技術** 42

ブーケ・ド・フランス　井本秀俊
**愛着があるから
すべての部位を使いきりたい
それが可能なところも魅力** 51

ラ ファランドール　稲元　亘
**香り、味わい、質感
どう生かすかで
組み合わせが決まる** 59

オルタシア　古賀哲司
**化学で
既成概念を打ち破る** 68

ティルプス　寺田惠一
**いま、ここで作る意味を
エスプリに込めて** 76

酒井一之シェフに学ぶ
豚肉の基本と伝統技術　4

フランスの豚文化が育んだ伝統の味
伝えたいシャルキュトリーの仕事　6

- ヨーク風ジャンボン ……………………… 9
- ベーコン …………………………………… 10
- ロースハム ………………………………… 11
- プティ・サレ ……………………………… 12
- 乳飲み仔豚のロースト …………………… 13
- トリュフ入りブーダン・ノワール ……… 14
- ストラスブール・ソーセージ …………… 15
- 粗挽きソーセージ肉のシェールを使った3品 … 16
- ブーダン・ノワール ……………………… 18
- パテ・ド・カンパーニュ ………………… 20
- リエット …………………………………… 24
- ジャンボン・スフレ ……………………… 26
- 豚足のファルシ …………………………… 28
- アルザス風シュークルート ……………… 30

本書は、旭屋出版 MOOK『豚料理大全』と『ヴォライユ料理大全』に、加筆修正と新規取材ページを加え、再編集したものです。
掲載するお店の住所等のデータは、2014年4月現在のものです。

CONTENTS

La Volaille

---

ichiRyu　金子隆一
塩と砂糖で味を決める
和風フレンチ　113

銀座シェ・トモ　市川知志
弘法は
筆を選ばない　120

東京ステーションホテル　総料理長　石原雅弘
「ぶれない軸」で生きる
今のエッセンス　126

ランベリー　ナオト・キシモト　岸本直人
生産現場で体験した五感に
忠実であれ　135

シャントレル　中田雄介
優しい味の奥にしかける
鋭いキレ味　143

ア・ニュ ルトゥルヴェ・ヴー　下野昌平
肉本来のおいしさに徹する
低温加熱と真空調理　151

プレヴナンス　静井弘貴
国産が切り開くヴォライユの
新しい価値　159

ル・ジュー・ドゥ・ラシエット　髙橋 雄二郎
アナログ調理を
研ぎすます　167

酒井一之シェフに学ぶ
ヴォライユの基本知識と各種の特性　84

鶏　86
ロースト　88
ポッシェ　92
バロティーヌ　94
ソテー　95
フリカッセ　96
ミジョテ　97
グリエ　98
パネ　99

鴨　100
鴨のロースト　モリーユ・ソース　101
マグレ・ド・カナールのポワレと4種の豆類　102
子鴨のシュークルート添え　103

鳩　104
子鳩のロースト　ドライフルーツ風味　105

ほろほろ鳥　106
ほろほろ鳥のポッシェ
香草のラヴィオリと野菜のラグー　107

鶉　108
うずらのカマルグ風　109

兎　110
うさぎの煮込み　マスタード風味　111

フランス人の生活になくてはならないシャルキュトリー。
各種の加工品と精肉、おいしいお総菜の宝庫である。

Kazuyuki Sakai
1942年生まれ。法政大学在学中「パレス・ホテル」に入社し、66年渡欧。「ホテル・ムーリス」などで腕を磨き、「ホテル・メリディアン・パリ」の副料理長となる。80年に帰国し、渋谷「ヴァンセーヌ」の料理長を20年間つとめた後、99年に赤坂「ビストロ・パラザ」、04年に池袋ショッピングパークにフレンチデリ専門店「ヴァンセーヌ」、06年には同フロアに「co-beau工房」を開店。同年11月から08年10月まで「學士會舘」総料理長・副総支配人を務めた。クラブ・デ・トラント事務局長、フランス料理研究会全国連絡協議会事務局長として料理界に大きく貢献。現在、日本フードコーディネーター協会常任理事として活躍している。『地方の皿』（シェフ・シリーズ）、小説『シェフにおまかせ』（イースト文庫）など多彩な著書もある。

今回使用の豚肉
すべて国産の生肉

撮影　黒部　徹

酒井一之シェフに学ぶ
と伝統技術

庶民の肉の王者である

フランス人がたくさん胃袋に収めている食肉は何だろう？　牛肉？　ノン。ビフテックはフランスの国民食だが、ノン。鶏肉？　ソテーやロティはもっとも簡単な家庭料理だが、やっぱりノン。豚肉？　ウイ。

豚肉の応用範囲は、肉の中でいちばん広い。家畜化された歴史が長く、誰からも好まれる味を持っており、調理・加工の種類豊富さでは他を圧倒する。

そう、派手さこそないものの、豚肉は折にふれてフランス人が口にする「食肉の王者」なのである。

赤身の肉より高度な技術を要する

豚肉は、実は赤身肉よりはるかに加熱が難しい。たとえば仔羊、牛肉などの赤身にはセニャン、ア・ポワン、ビアン・キュイ……というように、さまざまな焼き方の段階がある。

ところが白身である豚肉は、中心まで火を通すのが前提。かといって百パーセントを越すと固くなり、肉汁は失われてしまう。数字で表現すれば95〜98パーセント。中心に赤みがうっすらと残っているかいないかのぎりぎり瀬戸際が、もっとも美味な瞬間だ。

火をかっちり入れながら、柔らかさと肉汁を最大限に引き出すには、白身魚を扱うときと同じような繊細な感覚を働かせなくてはならない。赤身をロゼに焼くより、豚肉をピタリと焼き上げるほうが、より高度な技術が必要である。感覚と技術を磨くうえで、若い料理人が豚肉の調理

4

豚肉文化の深さを感じるには、いたるところにある街角のシャルキュトリーにかぎる。地方では郷土色あふれる製品を眺めるのが楽しい。右上は朝市のシュークルート。

豚肉の基本

にきちんと向き合い、勉強することは、とても有意義な経験になるだろう。

重要な分野 シャルキュトリー

フランスの食文化の中で、長い歴史を誇るのが「シャルキュトリー」である。ハム・ソーセージを中心にした豚肉加工業のことで、それらを製造販売する店のこともシャルキュトリーと呼ばれる。豚肉加工に携わる職人は、シャルキュティエである。シャルキュトリーの語源はシェール（肉）・キュイット（料理された）。古代ローマから存在したほどの古い職業である。シャルキュトリーには、各種のお惣菜を作っているところも多く、フランス人の生活に欠かせない存在になっている。

いうまでもなく、フランスの伝統的な豚肉食で、もっとも重要なのがこのシャルキュトリーの分野。フランス国内では、キュイジニエ（料理人）とは完全に区別され、専門職として確立されているため、シャルキュトリーの技能を兼ね備えるキュイジニエはほとんど皆無である。

しかし私は滞仏中、フランス料理の根幹を支えている豚肉、もっと雄大に広げれば、ヨーロッパの食の基盤をなす豚肉をより深く、詳しく知りたくなって、ハム・ソーセージ作りをずいぶん勉強したものだ。

若い料理人は挑戦する価値がある

現代フランス料理は、度重なる変革の上に成り立っている。時代とともに消え去った料理が数多い中で、比較的変化が少なく、百年前のスタイルがそのまま保たれているのがハム・ソーセージの世界である。

もちろん、設備や器具の発達によって製造工程は百年前から大きく変わっただろう。しかし豚肉生産者・気候風土・製造者の三位一体で育まれたハム・ソーセージは、あまりにも完成度が高く、アレンジの手を加えづらいのがひとつ。また、常に一般に好まれ続けた結果、変化の必然性が見つからなかったのかもしれない。こんな食品は、そうそうあるものではない。

百年前のスタイルが学べる

料理人がシャルキュトリーの仕事をするには努力がいる。手間はかかり、技術的に難しく、専用の道具類を用意しなければならない。

しかし、伝統の仕事が教えてくれるものは大きく、若い料理人はチャレンジしてみる価値がある。

料理は模倣からはじまるというが、最初は模倣すら難しい。まさに「やってみないとわからない」のが、シャルキュトリーの仕事である。しかし、繰り返せば確実に前より上手くできるようになる。作るたびに技術力の向上を実感できる、めったにないほど面白い仕事なのである。

伝えたいシャルキュトリーの仕事

フランスの豚文化が育んだ伝統の味

フランスの田舎の村人は秋の終わりに豚1頭を処理し、ハムやソーセージに加工して冬支度をするのが習慣だった。中世の吟遊詩人のように、村々を回るシャルキュティエもいた。各地で保存食として発達し、先人によって培われた工夫と知恵の結晶、シャルキュトリー。次世代に伝えたい仕事のひとつである。

豚肉の部位

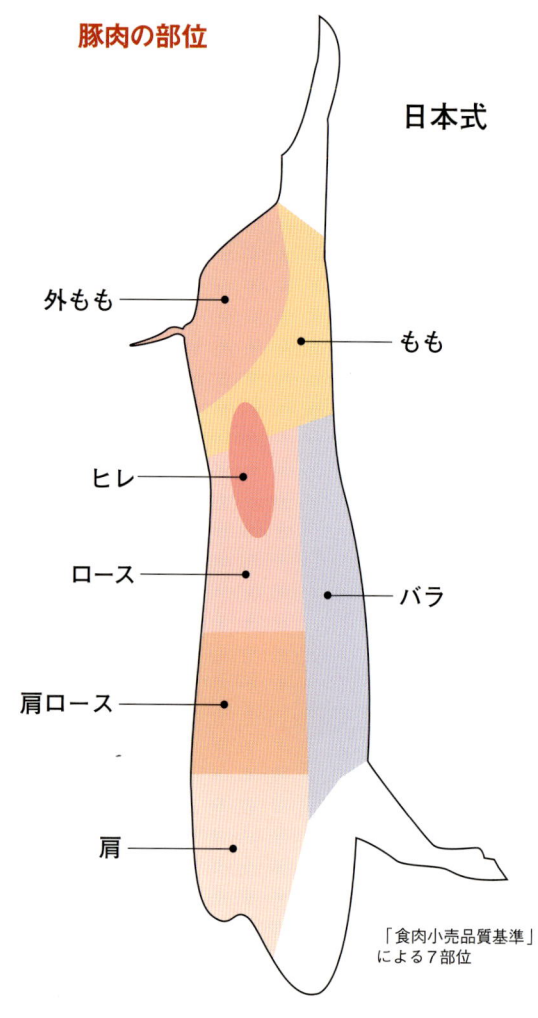

日本式

外もも / もも / ヒレ / ロース / バラ / 肩ロース / 肩

「食肉小売品質基準」
による7部位

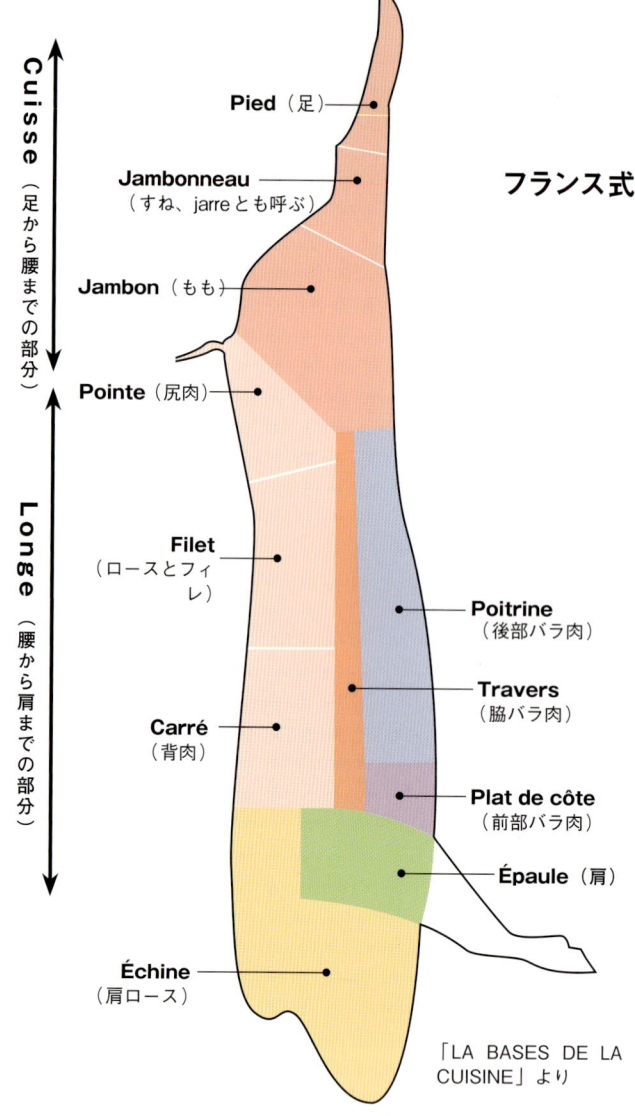

フランス式

Cuisse（足から腰までの部分）
- Pied（足）
- Jambonneau（すね、jarreとも呼ぶ）
- Jambon（もも）
- Pointe（尻肉）

Longe（腰から肩までの部分）
- Filet（ロースとフィレ）
- Poitrine（後部バラ肉）
- Travers（脇バラ肉）
- Carré（背肉）
- Plat de côte（前部バラ肉）
- Épaule（肩）
- Échine（肩ロース）

「LA BASES DE LA CUISINE」より

豚の内臓

心臓（ハツ）／ Coeur	繊維質が細かく緻密。独特の歯ざわりがある。十分に血抜きしてから使う。
肝臓（レバー）／ Foie	内臓の中でビタミンAをもっとも多く含む。パテ、ムース、テリーヌ、ソーセージに利用。
腎臓（マメ）／ Rognons	良質の脂肪に包まれている。生でロティ、ソテーしても美味。
胃（ガツ）／ Estomac	胃腸をTripesと総称もする。消化器の中でもにおいが少なく食べやすい。アンドゥイユ、アンドゥイエットにも使われる。
大腸／ Gros intestin または Chaudin	日本では大腸、小腸をまとめて「モツ」として販売。脂肪が多く付着しており、徹底した下処理を必要とする。特にアンドゥイユ、アンドゥイエットのケーシングとして欠かせない。
小腸（ヒモ）／ Intestin Grêle	大腸と同様、脂肪が多く付着しており、ひっくり返して水洗いし、ブラシで脂肪を除き、酢で消毒してから使う。腸詰めのケーシングなどに使用。
舌（タン）／ Langue	ミルポワとともにゆで、ゼリー寄せ、サラダ、ガランティーヌなどに利用。
豚足／ Pied	コラーゲン、たんぱく質を多く含み、長時間煮るとゼラチン質に変化して柔らかくなる。ゼリー寄せ、パン粉をつけてグリエ、ファルシーに利用。
頭／ Tête	豚足と同様、ゼラチン質が豊富。ゼリー寄せにしたガランティーヌの一種、フロマージュ・ド・テットは有名。ほかにサラダなどにも利用する。
血液／ sang	ブーダン・ノワール、ソースのつなぎに使用。鮮度がいちばん大切なので、入荷したその日のうちに使いきりたい。

シャルキュトリーで使う肉の基本

- **メーグル1** 筋を取り除き、脂肪がほとんどない部分。内もも、肩肉など。
- **メーグル2** 脂肪を30〜40％含む部分。肩バラ肉、バラ肉など。
- **のど肉** 「メーグル3」と区別することもある。脂肪を50〜60％含む肉で、ソーセージ作りでは特に重要。結着剤を使わなくても自然な粘りが出る。バラ肉の脂の多い部分、くず肉でも代用ができる。

専用の配合調味料、エピス・コンポゼ

フランスには、パテ、リエット、ジャンボン、各種ソーセージ専用の配合調味料、エピス・コンポゼが市販されている。スパイスやハーブ、海藻や塩を合わせた粉末の調味料で、配合にはおのおののエピスリーの秘伝がある。また、自分の店専用のエピス・コンポゼをエピスリーに注文するシャルキュトリーも多い。日本ではなかなか難しい「本物の香り」が簡単に出せる便利な調味料である。

ストラスブール・ソーセージ用　　ブーダン・ノワール用　　パテ・ド・カンパーニュ用

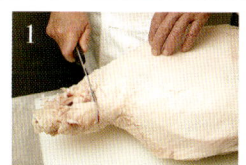
1 足先の余分な脂、肉をすべて落として骨だけにする。

2 のこぎり刃の包丁でまっすぐに断ち落とす。

3 骨をきれいに掃除し終えた状態。

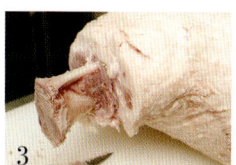
4 脂の量が多い部分は削ぐ。

5 斜めに包丁を入れて三角に肉を切り除く。ここから薄切りにする。

●材料（1本分）
豚骨つきもも肉 ……………………… 1本（約10kg）
ソミュール液（12ページ参照） ……… 適宜
クール・ブイヨン …………………………… 適宜

作り方
1 もも肉1kgに対して3日間、冷所でソミュール液に漬け込んで中心まで塩分をしみこませる。
2 ソミュール液から出し、最低でも4時間流水にさらして塩抜きする。塩分濃度が高い場合は、前日からさらすとよい。
3 にんじん、クローブを刺した玉ねぎを入れて90〜100度に熱したクール・ブイヨンに入れる。常に80〜85度に保ち、75度以下に下がらないよう注意し4〜6時間、中心温度が62度になるよう加熱する。4〜5時間ゆでた時点で尾てい骨が手でスポッと取れたら、火が入っているサイン。
4 引き上げてできるだけ急激に冷やす。
5 皮を除き、脂肪を適度に削ぎ落とし、薄切りにする（写真1〜5）。皮はカリカリに焼いてサラダに添えると美味。

ヨーク風ジャンボン
Jambon d'York

　もも肉を塩漬けし、ゆでる。これだけのシンプルなハム。ただし、肉が大きいので時間がかかる。肉1キロに対して塩漬け3日間。それだけに別格の旨さで、ハムに対する認識が改まるだろう。
　まず、よく血抜きされた尾てい骨つきの肉を選ぶこと。ゆでたときに肉が縮みづらく、ゆで加減がわかりやすいというメリットがある。高温加熱すれば短時間ですむが、身が縮んで固くなる。赤色がはっきりし、湿った肉はソミュール液をよく吸収するぶん、加熱後の収縮率が高い。くすんだ色の肉はソミュール液を吸収しにくいぶん、加熱後の歩留まりはいい。また、皮がついた肉のほうがしっかりしたハムになる。

骨を抜いたすね肉をこのような型に詰め込んで整形したジャンボノーもある。

●材料（1本分）
豚バラ肉のかたまり ……………… 適宜
塩、砂糖 ……………………… 各適宜

作り方
1 肉1kgに対して30gの塩、砂糖少々をすり込み、1日から3日かけてしみ込ませる。短時間で塩蔵したい場合は塩の量を増やしたり、肉に針で細かい穴をたくさん開けて塩の吸い込みをよくするといい。また、赤色の鮮やかなベーコンに仕上げたい場合は、塩に肉の重量の2〜3％の硝石を加える。スパイスやハーブを混ぜてもよい。
2 流水にさらして塩抜きをする。
3 風通しのいいところに半日から1日吊るし、乾燥させる。
4 燻製にかける。燻製温度と時間はスモーカーによっても変わるが、ここでは市販の家庭用スモーカーと桜のスモークウッドを用い、30度で約2時間かけ、柔らかい生ハムのような食感に仕上げた。保存したいときは5〜6時間かけ、身がしまったベーコンにするといい。

硝石（しょうせき）について

ハム・ソーセージ作りによく使われるのが、発色効果のある硝石である。豚肉を塩漬けするときに硝石を添加すると、加熱後に安定したピンク色になり、視覚的においしそうな印象が与えられる。食品添加物の亜硝酸ナトリウム、硝酸カリウム、硝酸ナトリウムも同様の効果を持つ。
　レストランでは、食品添加物は使わないに越したことはないが、硝石と食品添加物には保存性を高める殺菌効果もあり、使用すると賞味期間が長くなるので、各店の条件によって使うか、使わないかを決めるといいだろう。
　食品添加物は専門の問屋で購入できる。毒劇物の取り扱いなので、必ず使用説明書をよく読み、指定された使用量を厳密に守ること。

ベーコン
Bacon

　ソミュール液は使わず、すり込んで塩蔵し、燻製にかける。バラ肉は水分が多くぶよぶよしているので、塩蔵の過程で十分に脱水することが大事。燻香がよくしみるよう、燻製する前には風通しのよい場所で乾かす。
　塩の量、漬け込み時間、燻製の方法には決まりがなく、使用目的に合わせて自分のやりやすい方法をとればよい。ここで紹介するのはあくまで一例である。
　燻製にはスモーカー内部が30度以下の冷燻、40〜80度の温燻、80〜120度の熱燻の3つがある。長時間かけるほど水分が蒸発して固く、日持ちがよくなるが、よりジューシーさを味わいたいなら短時間に抑える。
　本来、バラ肉は皮がついてなければならないが、日本では入手が難しいのが残念。煮込みや炒めものはもちろん、水分と脂が適度に抜けて締まり、薫り高い自家製ベーコンはそれだけでおいしい前菜になる。

フランスでハムといえば、もも肉のジャンボンが中心だが、少量でも作りやすい方法としてロースハムを紹介する。ソミュール液に漬け込んでボイルするところまではヨーク風ジャンボンと同じ。その後、軽く冷燻にかける。市販品とはひと味違う、しっとりしたロースハムである。写真のものは硝石不使用。自然な色合いも魅力である。

ロースハム
Côtes de porc cuites

●材料（1本分）
ロース肉のかたまり ……………… 適宜
ソミュール液（12ページ参照）‥ 適宜

作り方
1. 肉1kgにつき3日間ソミュール液に漬け込む。肉に針で細かい穴をたくさん開ければ漬け込み時間を短縮できる。
2. 肉をソミュール液から上げ、1kgにつき3時間流水にさらして塩抜きする。
3. 肉よりひとまわり大きい布で包み、両端を太い糸でしっかりと結んで閉じ、均整のとれたハム形になるようたこ糸で縛る。
4. 90～100度に熱した湯に入れる。常に80～82度に保ち、決して75度以下に下がらないよう注意し、肉1kgにつき約2時間、中心温度が62度になるまでゆでる。
5. 湯から上げ、できるだけ急激に冷やす。この状態でも十分に美味。
6. 桜のスモークウッドを用い、30度で約2時間燻製にする。

塩、こしょうについて

にがりが多すぎず、かといって少なすぎない海塩がベスト。にがりを含まない岩塩、精製塩は不適。にがりを多く含む海塩は、肉を固くする逆効果があるから注意すること。ソーセージ作りでは、肉1kgに対して13～15gの塩が標準。
　こしょうは、必ず挽きたてを使うこと。保存するものには黒こしょうを使う。保存せずにすぐ食べるもの、淡い色をきれいに見せたいものには白こしょうを使う。ソーセージ作りでは、肉1kgに対して1～2gのこしょうが標準。

ソミュール液

　肉を塩漬けにするための液。殺菌・発色作用もある。肉1kgに対し3日間漬け込むのが標準だが、肉を熟成させるために40〜60日も漬け込むこともある。その場合は、ひたる程度の中でときどきひっくり返しながら漬ける。通常はどっぷりと液にひたすが、中心に液を注射して短時間でしみ込ませる方法もある。

　硝石は入れなくてよいし、入れる場合、量は使用説明書に従って加減すること。

　ここで紹介する配合は、あくまでも一例。漬け方などに応じて、ソミュール液には多数の配合がある。塩分濃度はじゃがいもを沈め、すーっとゆっくり浮き上がるくらいがよいとされる。

●材料
水10ℓ／塩1.8kg／砂糖500g／硝石50g
作り方
1 材料をすべて合わせて火にかけ、沸騰させる。
2 冷えたら使用する。
※一度使用したソミュール液はにごるので、沸騰させないように温めて、浮いたアクをきれいに取り除いて漉し、適量の塩を加えると2、3回は繰り返し使える。
※スパイス、ハーブを適宜加えてもよい。

プティ・サレ
Petit salé

　豚肉を塩漬けにしたもので、フランスのシャルキュトリーの定番商品である。家庭料理では、切り身になった骨つきロースのプティ・サレをただ湯でボイルし、野菜と一緒に食べる。豆類やキャベツとの相性は特によい。同じボイルでも、クール・ブイヨンを用い、80〜85度で時間をかけると、旨味が封じ込められてジューシーに仕上げられる。古典料理のシュークルート、ポテにも欠かせない。

　冷蔵庫のない時代、塩漬けをする目的は保存が第一だったが、現代においては、塩蔵でなければ出せない肉の旨味をこそ味わいたい。日本が誇る魚の干物にも通じる、単純だが深い、昔ながらのおいしさである。

●材料（1本分）
豚骨つきロース肉または肩ロース肉のかたまり ……………… 適宜
ソミュール液（左記参照）…………………………………………… 適宜

作り方
1 肉1kgにつき3日間ソミュール液に漬け込む。肉に針で細かい穴をたくさん開ければ漬け込み時間を短縮できる。
2 肉をソミュール液から上げ、1kgにつき3時間流水にさらして塩抜きする。
※常に80〜82度に保った湯、またはクール・ブイヨンでゆでて供する。

結婚式などの祝宴を賑やかに盛り上げる丸ごと料理である。今回はローストだが、丸ごとハムにしたり、燻製にかけて仕上げることもある。これから大きく育つ豚を生後5、6週で食べるのだから、贅沢の極み。私が渡仏した頃は石炭ストーブだったので火の調節がしづらく、キャベツの葉をかぶせて保護しながらローストしたものである。

皮のパリパリ感とゼラチン質を引き出すため、むしろ肉には火が入りすぎるくらい焼いたほうが美味である。1頭で約15人前。内臓を抜いた冷凍品が8割だが、やはり生は出来上がりが全然違う。

乳飲み仔豚のロースト
Cochon de lait rôti

●材料

ファルス
メーグル1（8ページ参照）	2.5kg
豚の背脂	1.5kg
塩	50〜70g
こしょう	4〜8g
白ワイン	適宜
ナツメッグ	4g
メース（ナツメッグの皮）	適宜
にんにくのみじん切り	20g
エシャロットのみじん切り	20g
パセリのみじん切り	150g
卵白	300g
仔豚	1頭
塩、こしょう	各適宜
ラード	適宜

作り方

1 メーグル1はいちばん細かい目の挽き肉にする。ファルスに粘り気がほしい場合は、のど肉、バラ肉をブレンドするとよい。
2 背脂は8mm角に刻み、湯通しをして水気をきる。
3 ファルスのすべての材料を粘りが出るまでよく練り混ぜる。
4 仔豚は残っている毛をきれいにそり落とし、内側をきれいに掃除する。中と外に塩、こしょうをしっかりすり込む。
5 ファルスを仔豚のお腹の中に詰め、たこ糸で縫い合わせてしっかりと閉じる。
6 表面全体にラードを塗り、180〜200度のオーブンでローストする。途中、何度か天板にたまった脂をスプーンですくっては上からかけ、焦げやすい尻尾と鼻先、耳などにはある程度色がついたらアルミ箔でカバーし（写真1）、ファルスに火が通るまで約2〜3時間かけて焼く。
7 皮と肉を薄く削ぎ（写真2〜4）、皿に盛って茸のソテーなどのつけ合わせ、ソース（写真はシンプルなジュー）を添える。

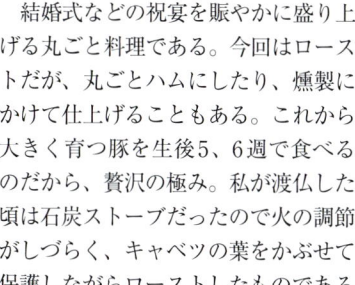

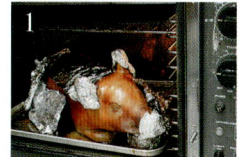
皮が焦げやすいので、マメに見てはアルミ箔でカバーして焼き、しっかりファルスに火を入れる。

背中の真ん中にまっすぐの切れ目を入れる。

皮を薄く削ぎ落とす。

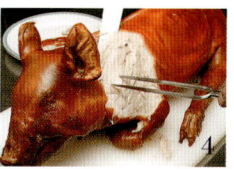
肉も薄く削ぎ切りにしていく。

● 材料

メーグル1（8ページ参照）	5kg
のど肉（8ページ参照）	1kg
牛乳	3ℓ強
玉ねぎとにんじんの薄切り、タイム、ローリエ、クローブ、オレンジの皮	各適宜
全卵	7個
卵白	25～28個分
薄力粉	100g
コーンスターチ	80g
塩	130～150g
白こしょう	10g
ナツメッグ	6g
オレンジリキュール（コアントロー）	180cc
トリュフのジューまたはトリュフのオイル	10cc
シャンピニオンの煮汁の濃縮	20cc
トリュフのみじん切り	適宜
豚の小腸	適宜

作り方

1 メーグル1とのど肉をいちばん細かい目で2度挽きにし、冷やしておく。

2 牛乳に玉ねぎからオレンジの皮までの材料を加え、約30分間煮る。十分に香りを抽出し、半量以下に煮詰まったら、シノワで漉して冷やしておく。

3 1をフードプロセッサーにかける。途中で2を加えてさらにまわし、なめらかなペースト状にする。

4 目の細かい裏漉しにかけ、フードプロセッサーに戻す。

5 回転させながら、残りの材料を次々に加えていく。より柔らかな仕上がりを求めるなら、ここで最大量で200gのかき氷を加え、材料とよく乳化させる。フードプロセッサーの中の肉は5～10度を保たせるのが理想的である。

6 豚腸は塩漬けのものは流水で洗って塩抜きし、水道の蛇口にはめて水を流し込み、内側もよく洗っておく。スタッファーの先端にかぶせ、5を詰め、適当な長さに分ける（写真1～3）。

7 80～90度の湯に入れ、常に80度を保ち、20～30分間ゆでる。

8 湯から上げ、氷水につけて急激に冷やす。ポワレ、グリルなどで供する。

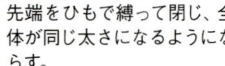
先端をひもで縛って閉じ、全体が同じ太さになるようにならす。

約15cmずつに分割し、くるりと回転させて1本ずつにする。最後はひもで縛る。

ここでは専用のスタッファーを使用したが、絞り袋でも同様にできる。豚腸は、3mくらいの長さが最適。ゆっくりと、空気が入らないよう詰める。ぎっしり詰めすぎると、加熱時に破裂するので注意。

　ソーセージには粗挽きタイプと、きめ細かいタイプがあり、ブーダン・ブランは後者の代表格。混ぜものを変えることにより、フォワグラ、香草、オリーブ入りなどさまざまなバリエーションができる。トリュフ入りは伝統的にクリスマスに食べられるご馳走版だ。魚介を使ったブーダン・ブランもシャルキュトリーの定番で、クネルに近い味わいがある。

　きめ細かいソーセージ作りには、シャルキュトリーではエキュイターと呼ばれる専用のカッターを用い、挽き肉の見えない筋まで砕き、粘りの強い完全なペースト状にする。この作業をトラヴァイユ（仕事をするの意）と呼ぶ。

　このような設備のないレストランでは、フードプロセッサーにかけ、目の細かい漉し器で漉せばよい。手間はかかるが、シャルキュトリーに負けないほどなめらかな口当たりを得ることができる。

トリュフ入りブーダン・ブラン
Boudin blanc truffé

ストラスブール・ソーセージ
Saucisse de Strasbourg

　ブーダン・ブランと同じくきめ細かなソーセージの仲間だが、ペースト状の中にやや大きめの肉の粒が混じり、燻製にかけてからゆでるのが特徴。フランクフルトと同類で、固さとスパイスの種類が微妙に違う。地元では「ナック」と呼ばれ、ホットドッグやシュークルートのガルニチュールに欠かせない。

　一般的にいちばんおいしいとされるソーセージの比率は、肉7、脂肪5、水（かき氷）3の割合。ただしメーカー品ではもっと水の比率を増やし、食品添加物を使って巧みに乳化させ、コストダウンを計る場合が多いようだ。

加熱温度について

　豚肉のたんぱく質は58度くらいから凝固をはじめ、80度でちょうどよく凝固する。80度は細菌が死滅する温度でもある。したがって、ハム・ソーセージは、80〜85度の比較的低温の湯で、中心温度が62度になるまで加熱するのが最適である。これが最大限に柔らかく、ジューシーに仕上げるための絶対条件である。

　もし沸騰した湯でゆでてしまったとしたら、ソーセージは破裂するだけでなく、脂肪や水分が流出してしまう。1度温度が上がるごとに重量が1％失われるといわれる。再加熱の場合も、同様だ。

　加熱が終わったら、氷水につけて急速に冷やすこと。冷やすのに時間がかかると肉がむれ、細菌が繁殖する危険性があるからだ。

●材料
メーグル1（8ページ参照）	1kg
メーグル2（8ページ参照）	400g
のど肉（8ページ参照）	100g
牛乳	100cc
硝石	3g
塩	20g
白こしょう	6g
ストラスブール用エピス・コンポゼ（8ページ参照）	1.5g
ナツメッグ、コリアンダーパウダー、オールスパイス	各1.5g
パプリカ	0.75g
にんにくのみじん切り	1.5g
羊腸	適宜

※牛乳は玉ねぎ、ローリエを煮て香りを出し、冷やしたものでもよい。
※硝石は入れなくてもよい。
※エピス・コンポゼは、なければ入れなくてもよい。

作り方
1 メーグル1、2、のど肉をそれぞれいちばん目の細かい挽き肉にし、冷やしておく。
2 メーグル1をフードプロセッサーにかける。途中で牛乳を加えてさらにまわし、なめらかなペースト状にする。
3 2を目の細かい裏漉しにかけ、フードプロセッサーに戻し、硝石、塩と香料をすべて加え、回転させて完全なペースト状にする。パリッとした歯ごたえを求めるならば、途中で100〜150gのかき氷を加え、材料とよく乳化させる。フードプロセッサーの中の肉は5〜10度を保たせるのが理想的。
4 メーグル2、のど肉を加えてよく混ぜ合わせる。
5 ブーダン・ブランと同様に羊腸に詰める。長さに決まりはないが、ホットドッグ用には長め、シュークルート用は短かめがよい。
6 燻製にかける。30度以下の冷燻なら1〜2時間、60度の温燻なら1時間でよい。
7 80〜90度の湯に入れ、常に80度を保ち、10分間ゆでる。
8 湯から上げ、冷やした煮汁の中に戻してできるだけ急激に冷やす。

フランスのシャルキュトリーに行くと、必ず「シェールChair」という名前の挽き肉が売られている。日本人はこれを見ると必ず、純粋な挽き肉に間違えてしまうのだが、実はこのシェールこそ、フランスでもっともポピュラーな調味ずみソーセージ肉なのである。

シェールを豚腸に詰めるとトゥールーズ・ソーセージ、羊腸に詰めるとシポラタ、網脂で包むとクレピネットになる。いずれも粗挽きソーセージの仲間である。

シェールにエシャロット、にんにく、フィーヌ・ゼルブなどの香味野菜を加えたり、スパイスを効かせたりと、味つけのバリエーションは自在。刻んだ豚の心臓や腎臓、肺を混ぜてもおいしい。また、にんにくとエシャロットを加え、1週間ほど乾燥させた「セルヴェラ・セック」は、カスレのガルニチュールに最適である。

シポラタは、玉ねぎのラグーが入ったイタリアのソーセージが原形。トゥールーズ・ソーセージはフランス南部の街の名産品である。

クレピネットは別名、ソーシス・プラ（平たいソーセージ）と呼ばれる。トリュフのせは最高の贅沢版。濃厚で妖艶な味わいだが、生の香草に変えると爽やかでまた美味。網脂で包むことによって肉がしっとりし、形がまとまりやすく、網脂自体の旨味も加わり、トリュフの香りを封じ込められる。道具がなくても手軽にできるので、レストラン向きである。

粗挽きソーセージ肉のシェールを使った3品

●材料
シェールの基本配合
赤身7に対して脂肪3の割合の豚肉
肉に対して3割量のかき氷
肉1kgに対して15gの塩
肉1kgに対して2gの黒こしょう
肉1kgに対して1gのオールスパイスとナツメッグ
肉1kgに対して5gの砂糖
適量の粗く砕いた黒粒こしょう
※のど肉が最適だが、他の部位を使う場合は必ず筋をきれいに取り除く。
※黒粒こしょうは加えなくてもよい。

豚の小腸、羊腸 ……………………………… 各適宜
豚の網脂、トリュフの薄切り ……………… 各適宜

作り方
シェールを作る
1 豚肉を粗挽きにする。
2 残りの材料と一緒にフードプロセッサーにかけ、よく練り合わせてコシを出す（写真1）。
腸詰めにする
1 14ページのブーダン・ブランと同様にし、シェールを豚腸、羊腸にそれぞれ詰める。
2 豚腸に詰めたトゥールーズ・ソーセージは15cm程度、羊腸に詰めたシポラタは8cm程度に分割する。
3 80〜90度の湯に入れ、常に80度を保ち、15分間ゆでる。あるいはゆでずに、生ソーセージとしてソテーで供してもよい。
4 湯から上げ、冷やした煮汁の中に戻してできるだけ急激に冷やす。

クレピネットを作る
1 網脂（豚の横隔膜についている脂のこと）は水にひたし、何度もていねいに洗って水気を切る。
2 1個につき120gのシェールをハンバーグを作る要領で丸める（写真2、3）。
3 広げた網脂の上に並べ、トリュフの薄切りをのせ、きれいに包む（写真4〜7）。
4 中火にかけたフライパンでポワレし、ゆっくりと中心まで火を入れる。つけ合わせには写真のレンズ豆の煮込みのほか、キャベツの煮込み、じゃがいもピューレが一般的。今回、マスタード風味のクリームソースを添えたが、マスタードだけでもおいしく食べられる。

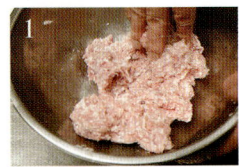
1 これがシェール。一見するとただの豚挽き肉なので、たんなる挽き肉と間違って買う在仏日本人が多い。

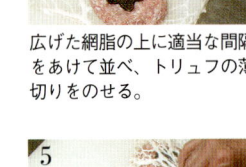
4 広げた網脂の上に適当な間隔をあけて並べ、トリュフの薄切りをのせる。

2 両手でよく叩いて空気を抜きながら形を整え、粘りを出す。

5 網脂をたたみ、ぴったりとくっつける。

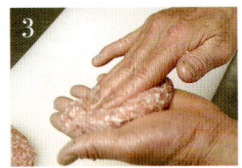
3 真ん中を少しへこませる。

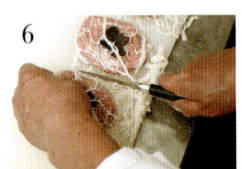
6 網脂を切り、1個ずつに分ける。

7 下の折り目に網脂が重なると脂がしつこいので余分は切り離し、きれいに包む。

トゥールーズ・ソーセージ
Saucisse de Toulouse

シポラタ
Chipolata

今回はプレーンだが、ハーブ、エシャロット、にんにくなどを混ぜても。

クレピネット
Crépinette(Saucisse plate)

ブーダン・ノワール
Boudin noir

血の一滴も無駄にしない。肉食の民の知恵の結晶が、ブーダン・ノワールである。

栄養豊富な血液を利用した食品は世界各地に見られる。私がモンゴルを旅したとき、土地の人に羊の血の羊腸詰めでもてなされ、ブーダンとの類似性に感じ入った。

モンゴルで腸詰めを屠畜したての血を使って作り、できたてを賞味したのと同様、保存食中心のシャルキュトリーの中で、ブーダン・ノワールは例外的に鮮度を重視する。

新鮮な血ほど加熱時間が短くてすみ、味もよい。冷凍血は推薦できない。精肉業者に計画的に注文し、届いた当日に調理するべきである。硝石を添加しない場合、賞味期限はわずか3日間。添加しても1週間が限度で、酸味が出てきてやがて腐敗に進行するので、十二分に用心してほしい。

ブーダン・ノワールはフランス各地で作られ、作る人の数ほど種類があるといわれる。ここで紹介するのは、私がイル・ド・フランス地方で学んだ基本的でプレーンな配合。リヨンでは生の玉ねぎ、ポワトー地方ではほうれん草と生クリーム、オーヴェルニュ地方では豚の頭肉が入る。豚足や耳、舌、フィーヌ・ゼルブ、りんごやプラムなどの果物、ナッツ類まで混ぜることがある。まるで手前味噌で、それだけ料理心をそそられるメニューなのかもしれない。

実際に美味なるもので、癖もまったくない。よくできたブーダン・ノワールは絹のようになめらかで、繊細にして濃厚だ。

こんなに長いタイプもある。

アルザスではシュークルート、ノルマンディーではりんごといったように、つけ合わせにも郷土色がよく現れる。

昔ながらのシャルキュトリーの店頭。

●材料（約15本分）
豚の小腸	適宜
豚の血	1ℓ
豚の背脂	200g
にんにくのみじん切り	2〜3片
玉ねぎのみじん切り	1個
生クリーム	250cc
コーンスターチ、水	各適宜
塩	15g
キャトル・エピス、パプリカ	各3g
黒こしょう	1g
仕上げ用	
りんご	適宜
無塩バター、グラニュー糖	各適宜
エシャロットのみじん切り	適宜
パセリのみじん切り	適宜
塩、白こしょう	各適宜

作り方
ブーダン・ノワールのアパレイユを作る
1 豚腸は塩漬けのものは流水で洗って塩抜きし、水道の蛇口にはめて水を流し込み、内側もよく洗っておく。
2 豚の血は凝固しないよう泡立て器で軽くかき混ぜておく。
3 背脂は5、6mm角に切り、一度湯通しして水気を切り、不定形になるようもう一度適当に刻む。
4 中火で3を炒める。脂が溶けて泡立ってきたらにんにく、玉ねぎを加え、透き通るまで炒める。
5 生クリームを加え、軽く煮詰める。
6 水溶きコーンスターチを加えてつなぐ。木べらですくい上げてポタポタと落ちる程度。
7 2を一度に加えて泡立て器でかき混ぜる。
8 弱火で60度になるまで木べらでゆっくりかき混ぜながら加熱する。
9 60度になったら火からはずして塩、スパイス類を加える。

腸に詰めてゆでる
1 豚腸の片端をじょうごを差し込み、末端に結び目を作る。
2 じょうごにアパレイユをレードルですくって注ぐ。
3 上部までアパレイユが詰まったら手でならして空気を抜き、じょうごからはずして先端部分も結ぶ。
4 好みの長さで分けて両端をつまみ、2〜3回ふって1本ずつに分ける。腸壁から血がにじみ出るので、すぐにゆでること。
5 90〜100度に熱した湯に入れ、常に80〜82度に保ち、20〜25分間ゆでる。
6 湯から上げて氷水に20分間ひたし、急速に冷やす。水気をふき、冷蔵庫で保存。

仕上げをする
1 りんごは芯を抜き、バターとグラニュー糖をふって皮つきのまま丸ごとローストする。
2 ブーダン・ノワールはバターで中心が温かくなるまで炒める。炒めすぎると破裂するので注意。
3 エシャロットをバターで炒め、仕上げにパセリ、塩、こしょうを加えたものをかけ、1を添えて供する。

パテ・ド・カンパーニュ
Pâté de campagne

パテ・ド・カンパーニュ
Pâté de campagne

●材料（テリーヌ型1本分）
パテのベース
　のど肉（8ページ参照） ……… 600g
　バラ肉 ………………………… 400g
　ベーコン ……………………… 200g
　豚レバー ……………………… 400g
マリネ用材料
　オールスパイス ………………… 4g
　黒こしょう ……………………… 2g
　塩 ……………………………… 21g
　ローリエ …………………… 1〜2枚
　コニャック、マデラ酒 ……… 各適宜
　硝石 ………………………… 0.3g
ファルス
　玉ねぎ ……………………… 大2個
　ラードまたはサラダ油 ………… 適宜
　豚レバー ……………………… 250g
　塩、黒こしょう ……………… 各適宜
　豚の背脂 ……………………… 100g
　全卵 …………………………… 3個
　にんにくのみじん切り ………… 3片
　パセリのみじん切り …………… 適宜
　緑こしょうの酢漬け …………… 適宜
　豚の網脂 ……………………… 適宜
　ローリエ ……………………… 適宜
※硝石を入れない場合は、砂糖少々を加えると発色がよくなる。

1 パテのベースは適当な大きさに切り、マリネ用の材料をまぶして1日マリネする。マリネ時間を短縮したいときは、肉を小さく切るといい。

2 マリネ液もろともミンチ機にかけて挽き肉にし、ボールにとる。

3 木べらでよく練って粘りを出す。

残りの材料。玉ねぎのみじん切りはラードまたはサラダ油でしんなりするまで炒め、さましておく。豚レバーは小指の頭くらいに切り、ラードまたはサラダ油で8分通り炒め、塩、こしょうし、さましておく。背脂は5、6mm角に切り、さっと湯通しする。

5 全卵を加える。卵はつなぎの役割。

6 にんにくは芯を取り除き、細かいみじん切りにして生のまま。芯をつけたままだと、日持ちが悪くなるので、必ず除くこと。

7 玉ねぎは透き通るまで炒めてさましたもの。

8 ファルスの豚レバーは軽く炒めてから使用。生だと焼いたときパテの内部で縮み、空洞ができるおそれがある。パセリと粗くつぶした緑粒こしょうも加える。

9 背脂を加えてよく混ぜ合わせる。

10 糸を引くような粘りが出るまで練る。

もっとも古く、ポピュラーな田舎風のパテ。シャルキュトリーの必需品で、ビストロやブラッスリーの定番でもある。決して難しい料理ではないが、ここからジビエのパテなど各種のバリエーションが派生する基本中の基本なので、しっかり修得してほしい。
　ここで紹介するスタンダードな配合にスパイスを効かせたり、マリネのアルコールを変えたり、ファルスのレバーの分量を増やしたり、腎臓や肺、鶏レバーを加えるなど、いかようにも変化応用ができる。いろいろ試してみて、自分の味に変えるとよい。
　表面をラードで密閉して空気を遮断すれば、かなりの長期間持たせることができる。

19 焼きたてはこんなに盛り上がっているので、すぐに重しをのせる。

15 アルミ箔で覆う。蓋つきのテリーヌ型の場合は、蓋をする。

11 網脂は流水でよく洗い流して水気を切り、バットに広げておく。網脂のかわりに背脂を敷く方法もある。

20 湯煎からはずしてバットにのせ、重しをかけ、このまま1、2時間放置してさます。このとき出た汁は大切にとっておく。重しが重すぎるとパテが固く締まりすぎるので、適度に押さえること。

16 湯煎にかける。湯は必ず沸騰させること。水が冷たいと温度が上がるまで時間がかかりすぎ、仕上がりに悪影響を及ぼす。

12 テリーヌ型に網脂を敷き込み、上部に覆いかぶせられるゆとりを持たせ、まわりにたらしておく。

21 パテから出た汁から脂を除き、コンソメと混ぜ合わせたものをパテの上部に流し込み、冷蔵庫で冷やす。汁がパテの空洞部分を埋めてゼラチン状に固まり、旨味がより増す。焼いた当日より2日目からが美味。

17 180度のオーブンで40分～80分間、中心温度が65度になるまで焼く。

18 オーブンから取り出し、静かにアルミ箔をはがす。上にたまっている汁は後で利用するのでこぼさないよう注意。

13 型の中に肉を盛り上がるくらいまでたっぷり詰め、トントンと型で台を叩いて空気を抜く。

14 ローリエをのせて網脂で包み込む。

リエット
Rillettes

　ラードで柔らかく煮込んだ豚肉をつきくずし、ラードと練り合わせたものがリエット。気のきいたビストロではパンのバターのかわりに出てくることもある。贅沢なバター兼パテといった存在だ。

　フランスの地方料理は、それぞれ多用する油脂によっても特徴づけられる。プロヴァンス地方はオリーブオイル文化圏、ラングドック地方は鵞鳥の脂文化圏、ノルマンディー地方はバター文化圏であるのに対し、リエット発祥の地であるロワール地方、パリが属するイル・ド・フランス地方はラード文化圏で、古くはパンにラードを塗ることも珍しくなかった。

　リエットに使用する豚肉は、赤身7割、脂肪分3割の比率で組み合わせ、90度以下、できれば80度の低温長時間でとろとろに煮込む。温度が高いと揚がったようになり、うまくつぶせない。また、ペーストのようになめらかすぎては、リエットの条件は満たさない。適度に繊維質が残った独特な舌ざわりこそが魅力なので、ミキサーではなく、感触を見ながら木べらでつぶすよい。この作業をコラージュと呼ぶ。

　私は風味づけに玉ねぎ、にんにく、白ワインを加えるが、これは各人の好み。これら副材料が少ないほど水分量が減り、長持ちする。

●材料
豚肩ロース肉	1kg
塩、白こしょう	各適宜
玉ねぎ	1個
にんにく	4～5片
白ワイン	1本
ラード	適宜
ローリエ	1～2枚
ボワヴル・ロゼ	適宜

作り方
1. 豚肉はぶつ切りにして塩13g、こしょうをすり込む。玉ねぎは薄切り、にんにくは芯を取って薄切りにする。
2. 鍋に玉ねぎ、にんにくを敷いて肉をのせてワインを注ぎ、ラードとローリエも入れる（写真1、2）。
3. 常に80度前後に保たせながら、4～5時間煮込む（写真3）。
4. とろとろに煮えたら火からおろし、そのまま常温でさます（写真4）。
5. ザルで漉して煮汁をボールにとり、ローリエは捨てる（写真5）。
6. ザルの中身をボールに入れ、木べらでもろもろに細かくなるまでつきくずす（写真6）。
7. 5のラードを肉と同量加えてよく混ぜ合わせ、塩、こしょうで味を調える。ここで好みのスパイスを加えてもよい（写真7）。
8. 器に詰めて平らにならし、表面にラードを流し、冷蔵庫で冷やす（写真8、9）。

煮汁のラードの中には肉と野菜の旨味が凝縮している。

白ワインは辛口。できればロワール産がいい。

この程度細かくなるまで。肉が十分に柔らかく煮えていないときれいにほぐれない。

ラードは溶けたとき肉がかぶる量に。このとき、前回のラードを混ぜてもいい。

ラードを混ぜることにより旨味となめらかさが増す。

最初にアクがたくさん出るので、こまめに除く。

今回はボワヴル・ロゼ風味。テリーヌ型や小さなココット型でもいいし、丸めたり、動物の形にすることもできる。

ワインの水分が完全に蒸発し、玉ねぎ、にんにくは煮溶ける寸前。

残ったラードを上に薄く流す。冷やすと白い皮膜となり、空気と遮断されて保存性が高まる。

ベースの生地にトリュフやジャンボンのみじん切り、
パルメザンチーズを混ぜても美味。

ジャンボン・スフレ
Soufflé au jambon

手間がかかるため現代ではほとんどお目にかからないが、昔は立派なレストランのメインディッシュとして食卓を飾ったクラシック料理である。火の入りすぎていないジューシーなジャンボンほど、粘り気が出ておいしくできる。

ジャンボンの裏漉し、ベシャメル、メレンゲと、面倒な仕事を積み重ねた末に完成する。現代的なムースにはない古典的な味わい、どっしりした存在感がある。

●材料（直径10cmのココット型2～3個分）
ジャンボン	正味250g
ベシャメルソース	130cc
ポワヴル・ロゼ	ひとつまみ
塩、白こしょう	各少々
卵黄	3個分
卵白	4個分

作り方
1 ジャンボンは脂肪を取り除き（写真1）、適当な大きさに切る。
2 1と冷たいベシャメル30ccをフードプロセッサーにかけてペースト状にし、裏漉してボールに入れ、ポワヴル・ロゼ、塩、こしょうで調味する（写真2～5）。
3 ココット型にバター（分量外）を塗っておく。
4 残りのベシャメルを温め、2を加えてよく練る（写真6、7）。
5 卵黄を加える。このとき大さじ2程度の薄力粉（分量外）を加えると、しぼみにくくなる（写真8）。
6 卵白を泡立て、しっかりしたメレンゲを作る（写真9）。
7 メレンゲを5に2度に分けて加え、合わせる（写真10、11）。
8 ココット型に流し、180～200度のオーブンで10～15分間、ぷっくらとふくれて中心の生地に火が入るまで焼く。

8 火からはずして卵黄を加え、手早く均等に混ぜ合わせ、火に戻して軽く卵黄に火を入れる。

9 メレンゲは角が立つ程度では泡立て不足。メレンゲが泡立て器にくっつかず、すっと抜けるまで泡立てる。

10 メレンゲの半量を加え、木べらでよく混ぜ合わせる。

11 残りのメレンゲは、ゴムべらでさっくりと切るように合わせる。

3 この程度のペースト状になったら取り出す。

4 細かい筋を取ってなめらかな舌ざわりに仕上げるため、裏漉しは不可欠。

5 漉し器の裏側もこそげ取ってボールに入れ、調味料を混ぜる。塩はジャンボンの塩気を見て加える。

6 ベシャメルを温めて練り、ダマをなくす。

7 弱火で木べらでよく練り合わせる。

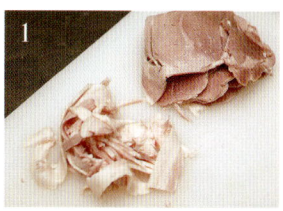
1 脂肪分は取り除き、正味で250gを用意。

2 ベシャメルは肉がパサパサにならないよう、増粘剤の役割で加える。

豚足のファルシ
Pieds de Porc farcis

　1本が約百円と、非常に安価な材料である。しかし、パリに豚足料理で知られる「ピエ・ド・コション（仔豚の足）」という名物ビストロがあるほど、フランス人に長く愛されてきた。最近では日本でもコラーゲン豊富な美肌食材として、特に女性の注目を集めている。調理でどれだけ高みに上らせることができるか、料理人の力が問われる食材でもある。

　豚足は応用範囲が広い。下ゆでの途中で野菜を加え、柔らかくなったら骨をはずし、野菜と一緒に煮汁で固めると、即席フロマージュ・ド・テット仕立になる。ゆでた豚足にマスタードを塗り、パン粉をふって焼いたパネは、昔風ビストロの定番。形のまま出てくるのでギョッとするが、とろとろのゼラチン質とカリカリのパン粉の妙が実に見事。小さく刻み、各種ソースに入れるという隠し味的な利用もできる。

　ファルシは豚足のレストラン的活用法としては典型的なもので、何を詰めるかが工夫のしどころである。今回はシンプルにシェールを詰めたが、フォワグラのテリーヌ、ブーダン・ブランのように淡白なアパレイユ、ブーダン・ノワールのような血を使った濃厚なアパレイユも合う。豚足のゼラチン質は、幅広い相性を見せてくれるはずだ。詰めものをした豚足は網脂で包むと形が生かせ、ココット詰めは上品に見せられる。

ねっとりした豚足の食感に表面のカリカリ感と、ジューシーな詰めものが調和。

●材料
豚足	4本
水、にんじん、セロリの葉、パセリの軸、玉ねぎ、塩	各適宜
シェール（16ページ参照）	240～280g
乾燥タイム	少々
卵黄	2個分
パン粉、牛乳	各少々
豚の網脂	適宜
サラダ油	適宜

作り方
豚足を柔らかくゆでる
1 豚足は割箸とたこ糸で形を整える（写真1）。
2 沸騰した湯にぶつ切りのにんじん、セロリの葉、パセリの軸、玉ねぎ、塩、**1**を入れ、豚足が柔らかくなるまで約1時間煮込む（写真2）。

骨を取って詰めものをする
1 熱いうちに骨をきれいに取り除く（写真3～5）。
2 シェールにタイムと卵黄、牛乳にひたしたパン粉を練り合わせる。
3 流水でよく洗い流して水気を切った網脂を広げ、豚足をのせ、真ん中に丸めた**2**をのせて包む（写真6、7）。
4 ココットで焼く場合は、まずココットに網脂をゆとりを持って敷き込む。次に豚足を内側全体に張りつけ、丸めたシェールをのせ、上にも豚足をのせて網脂で蓋をする（写真8）。
5 **3**はサラダ油を熱したフライパンで表面をソテーし、180度のオーブンに入れてシェールに火が入るまで焼く。
6 **4**は180度のオーブンで約10～15分間ローストし、ココットから出して皿に盛る。
7 それぞれ随意のつけ合わせ、ソースを添えて供する。今回は茸のソテーとグリーンピースの煮込みをつけ合わせ、フォン・ド・ヴォーベースのソースを添えている。

1 こんなに骨が入っているので、肉をバラバラにしないよう注意。

5 ゆでている間にくずれないよう、割箸2本にたこ糸でくりつける。

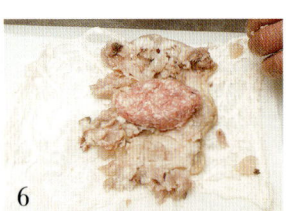
6 網脂で巻くようにして豚足でシェールを包む。

2 アクを取り、弱火でコトコト煮る。押してみて、骨が簡単にはずれるほど柔らかく煮えるまで。

7 網脂できっちりと包み込み、余分は切り落とす。

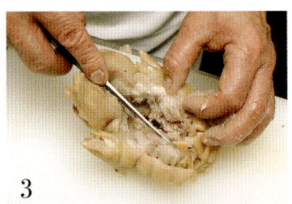
3 裏側から縦半分に切り開く。表側の皮は切らないように。

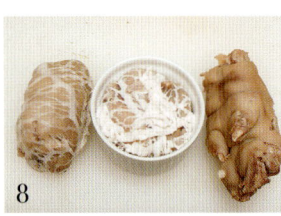
8 右の豚足がふたつの形に変化した。

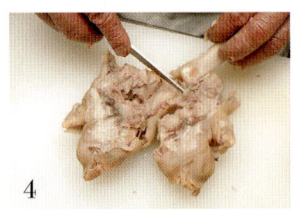
4 ゼラチン質と肉、食べられる軟骨は残し、ペティナイフで骨をていねいにはずす。

アルザス風シュークルート
Choucroute à l'Alsacienne

　もっとも典型的なアルザス料理であり、フランスを代表する豚料理として、パリのビストロ、ブラッスリーの定番にもなっている。
　プティ・サレ、ベーコン、仔豚の骨つきすね肉（独語はアイスバイン）、ソーセージを、同名の発酵させた塩漬けキャベツのシュークルートと煮込んだもので、豚の脂とキャベツの相性が醍醐味。ディジョンのマスタードをつけて、シンプルに豪快に味わう。
　高級な店では銀のキャセロールに美しく豪華に盛り、客の前でシャンパンをふりかけて温めるサービスをしたりする。質素なビストロでは肉の種類もそれなり。しかし、どんなクラスの店であっても驚くべき大量に供されるのがシュークルートである。　　　　**作り方は32ページ**

アルザス風シュークルート
Choucroute à l'Alsacienne

●材料（4人前）
キャベツ	適宜
塩、ジュニエーヴル	各適宜
プティ・サレ（12ページ参照）	500g
仔豚の骨つきすね肉	1本
にんにく	適宜
ベーコン	300g
豚の皮	適宜
水	適宜
白ワイン	1/2本
ローリエ	2〜3枚
ストラスブール・ソーセージ（15ページ参照）	4本
シボラタ（16ページ参照）	8本
じゃがいも	14個

※シュークルートは市販品で構わない。
※すね肉はプティ・サレを参照して同様に塩漬けしたものを使う。
※水のかわりに豚の骨、くず肉でとっただし汁を使うともっとおいしくできる。

作り方

キャベツを塩漬けにする
1. キャベツをスライサーで細長く切り、軽く塩をふり、ジュニエーヴルを散らす。
2. 漬物と同じ要領で上から重しをし、3日から1週間涼しいところで漬け込み、発酵させる。

キャベツと肉を煮込む
1. プティ・サレとすね肉は塩抜きをする。
2. キャベツ1kgは水洗いして適度に酸味を抜く。酸っぱいのが好きな人は抜きすぎないこと。
3. 鍋ににんにくの断面をすり込んで**2**を底いっぱいに広げ、**1**とベーコン、あれば豚の皮をのせ、水をひたひたに注ぎ、ワインをふりかけて火にかけ、沸騰させる。
4. アクを取り、ローリエをのせ、味を見て塩とジュニエーヴルを加える。
5. 2時間コトコト煮込む。ソーセージ類は破裂しないよう竹串で数か所穴をあけ、煮上げる10分前に加える。
6. 器に形よく盛り、ゆでたじゃがいもを添え、マスタードと一緒に供する。

ソーセージ類は煮上げる10分前くらいに加える。

シュークルートの主材料。ミルポワとしてにんじん1本、玉ねぎ1個の粗みじん切りを加えてもよい。

VARIATION DE PORC

豚そのものの旨みを引き出す
火入れの技と野菜使い

宮下 伸二

Text Rumiko Nakajima

Shinji Miyashita
1959年埼玉県生まれ。「シェ・フィガロ」「ヴァンセーヌ」を経て、87年に渡仏。郷土料理の魅力に惹かれて各地を渡り歩く。コート・ダジュール「ラ・テラス」(2つ星)で魚料理の火入れを、ラングドック「ル・レヴェルベール」(2つ星)、ブルゴーニュ「レ・ミレジイム」(1つ星)、ローヌ「レ・オスピタリエ」(1つ星)では肉料理の火入れを任された。ジビエ料理で名高いロワール「ル・ルレ」(2つ星)、バスク「レ・フレール・ドゥ・イバルボ」等で約5年間修業。自由ヶ丘「クレソン」、目黒雅叙園「ブランシュール」シェフを歴任。98年に独立し、「アンテーズ」を開店。現在、都内のレストランを回り、さらなる研鑽を積む。

今回使用の豚肉
イベリコ黒豚
U.S.産純粋バークシャー黒豚
茨城県産豚バラ
山形県産三元豚
新潟県産つなんポーク

滞仏修業中は数々の有名レストランで肉のキュイッソンを担当。いわゆる「肉焼き名人」でもある宮下シェフは、早くから美味な豚に注目していた一人である。

イベリコをはじめ、良質な飼料・環境で育った豚は、例外なく脂身が旨い。またサラッとした風味のつなんポーク、肉質が緻密な三元豚など、品種や飼育法によって個性は様々だ。その持ち味をできるだけストレートに表現したい。ソースは基本的に、ジューを主体にした軽めのものでもっている。が、そこに何かをプラスしないと味の幅が広がらないのではないか……。

そう思いあぐねていた折、宮下シェフは「驚くべき素材」と出会う。それは埼玉の有機農園から届けられる朝採り野菜。筍やスナップえんどうは生で食べてもおいしく、美味な肉にも負けない存在感がある。単なるつけ合わせではなく、豚と並ぶ主役として扱ってみよう。骨つきロースは多種の根菜と組み合わせてロティに。コンフィにしたバラ肉は、トマトの甘味と酸味等々、構想はどんどん広がっていった。

肉料理の醍醐味を味わってほしいから、宮下シェフは好んでかたまりのままの肉を使う。ジューシーに仕上げる一番のポイントは、「見えない火で一番柔らかく火を入れること」。つまり、直接火の当たらない面を丹念にアロゼし、必要十分なだけ余熱で寝かせる。豪快そのものの豚肉料理は、実は繊細な技術と緻密な計算に裏打ちされている。

で脂のしつこさを旨みに変える。

豚足と活車海老のテリーヌ
初夏香る豚耳サラダ添え
Terrine de pieds de porc et de grosses crevettes, salade d'oreilles aux légumes du début d'été

取り出しやすいようアルミ箔を敷いたテリーヌ型に、煮汁と具を少しずつ入れては冷やし固め、層を作る。

豚足・豚耳という「下手」な素材も高度な手法を用いればこんなご馳走になる、というお手本。豚足のブイヨンだけで固めると堅すぎるので、白ワインをきかせた車海老用のクール・ブイヨンを加え、風味と食感をよくする。どっしりした豚足とプリッとした車海老、生のクールジェットとゆでたにんじん——テクスチャーの違う具材が口の中で一体化する。ソースはグレビッシュなど重いものを取り合わせるのが定番的だが、ドレッシングであえたサラダと、最後にふりかけるアルガンオイルで味を仕上げる。豚耳の調理法にも手間をかけ、このサラダだけで一皿になるほどの完成度。ワインは「ドメーヌ バスケ シャルドネ」、「サンセール タルデュー」など、さらっとした甘口タイプがよく合う。

作り方は207ページ

フランスでの修業時代、行く先々で様々なブーダン・ノワールに出会った。玉ねぎではなく洋ねぎを使ったり、りんごやほうれん草を加えたり。宮下シェフもいろんなやり方を試したが、最終的には「シンプルが一番」という結論に行き着いた。炒めた玉ねぎをたっぷり使い、香辛料は白こしょうとナツメッグだけ。素材の質が正直に現れるから、とりわけ鮮度の高い豚血、良質な背脂を使う。ゆでるときの温度管理、混ぜるときの力の入れ加減など、微妙な部分が味に影響する奥の深い料理でもあるが、常にほどよいなめらかさを保ち、力強さとまろやかさを兼ね備わせたいと考えている。つけ合わせは男爵系のじゃがいも、北あかりのクリーム煮。どっしりタイプのワイン「シャサーニュ・モンラッシェ」とともに。

作り方は 207 ページ

ブーダン・ノワール ア・ラ・メゾン
Boudin noir à la maison

茨城県産豚バラ肉のコンフィと
オーガニック・トマトのガストリック・マリネ

Confit de poitrine de porc et tomates cerises à la gastrique

ラップ紙でロール状にくるんだ赤ワイン風味の
ブール・コンポーゼ。冷蔵庫で保存し、ソースの
仕上げなど様々な料理に活用する。

脂身にほのかな甘味がある茨城産無菌豚の、もっとも脂の層が厚い背中側のバラを使ったコンフィ。粗塩やタイムで2、3日マリネし、ラードでじっくり火を入れ、注文が入った段階でアロゼしながら表面をカリカリに焼く。手間のかかる料理だが、宮下シェフは作るたびにフレンチの伝統技術の高さを実感するという。肉の質感を変え、味に奥行きをあたえ、素材が秘めた旨みを別の次元にまで引き上げる。世のヘルシー志向に逆行していると言われようと、今後も作り続けたい大事な一皿だ。シェリーヴィネガー風味のガストリックでマリネしたプチトマトは最高の相棒。フルーティな酸味と甘味が、肉の脂っこさを消し去ってくれる。おすすめワインはキレのいい「ラベ・ピノ・ノワール」。　**作り方は 207 ページ**

イベリコ黒豚のシンプルポワレ
朝摘み野菜のクリュ タプナードあえ
Porc Ibericos simplement poêlé aux légumes frais récoltés le matin

それ自体が力強い旨みを持つイベリコのカルビと頬肉は、かたまりのまま塩だけでポワレにする。筋肉質の頬は煮込みにすることが多いが、ジビエにも似た血流の感じられる味、弾性に富んだ歯ごたえは、シンプルな調理法だからこそ生きるイベリコの醍醐味。そして肉のボリュームに負けないくらい、生野菜もたっぷりと。筍やかぶにあえるタプナードは緑オリーブを使い、野菜のみずみずしさを強調する。レアでも出せる牛肉と違い、豚肉はある程度の熱を加えないと旨みが出ないので、肉汁を逃さないよう火加減を調整しながら柔らかく火を入れること。焼く前には必ず常温に戻し、生臭さが出ないよう塩をして余分な水分を抜く、といった基本もきっちり守りたい。ワインは「シャトー・ロリオール」の赤。　　作り方は **206** ページ

ブーランジェール仕立てとは、農家の主婦達がパン屋の釜の余熱を借りて作ったのに由来する、素朴な煮込み料理のこと。あらかじめ豚肉のフォンで蒸し煮したスペアリブを、じゃがいも、葉つきの新玉ねぎとともに厚鍋でコトコト煮込む。日本の肉じゃがにも近い料理だが、これに八角を加えたのは、香りを大事にする宮下シェフらしいアイデア。フランス人にとってアジア的な香辛料の代表格が八角（アニス・エトワール）。その香りを前面に出し、「フランス人の作る中国料理」といったニュアンスを醸したかったという。中華に寄りすぎないよう、仕上げには熟成タイプのシェリー酒をふりかける。同タイプのシェリー酒「ソレラ1842 オロロソ」とともに味わいたい。

作り方は206ページ

肉と野菜の旨みが充実した煮汁がそのままソースになる。

U.S. 産純粋バークシャー黒豚スペアリブのブレゼ
八角の香り　ブーランジェール仕立て

Travers de porc braisés à la boulangère,
parfumé à l'anis étoilé

山形県産三元豚
骨つきロース肉と根菜のロティ　ガラムマサラ風味
Rôti de carré de côtes aux racines de légumes

あまり何度も裏返さず、直接火の当たってない面には脂を回しかけ、アロゼすることで肉全体に柔らかく火を入れる。

肉質が緻密で赤身と脂身のバランスがほどよい三元豚の骨つきロースは、宮下シェフのお気に入りの素材のひとつ。3〜4cmほどの厚切りを、フライパンひとつで豪快にローストする。肉焼きのコツは、まず脂身の部分からやさしく火を入れること。赤身もあくまで柔らかく火入れし、骨を丹念にアロゼして間接的に肉に火を通す。また雑味が出ないよう、汚れた脂を取り除いては新しいサラダ油をつぎ足す。根菜は肉を調理した後のフライパンで焼き、ジューをこそげとる感覚で旨みと香りをつける。ソースは肉のジュー＋ガラムマサラ入りのブール・コンポーゼ。食欲をそそる香りとバターのコクが、料理をより味わい深いものにしている。ワインは「シャトー・アンティヤン」の赤。

作り方は205ページ

自家製ターメリックオイル。フレッシュなターメリックの葉とにんにくをサラダ油に約5日間以上漬けて香りを出す。

新潟県産つなんポーク肩肉と ロニョンのフュメ　ロベール・ソース

Échines et rognons de porc fumés, sauce Robert

つなんポークは、赤身も脂身もサラッとした繊細さが持ち味。運よく鮮度の高いロニョン（腎臓）が届いたら、りんごのチップで肩肉とともに温燻にする。ことにロニョンは燻すことで風味が増す部位。きわめて状態のいいものなら芯部をレアに近い状態に火入れし、なめらかな食感を楽しむ。肩肉はターメリックの生葉で丸1日マリネし、自家製ターメリックオイルで焼き固めてから温燻にかけると、驚くほど旨みが深まる。味の仕上げは豚のジューに粒マスタードやコルザオイルを加えた、軽やかな味わいのロベール・ソース。ワインは「オーセロア」の白。

作り方は 205 ページ

VARIATION DE PORC

食べにくい部位さえ
美味に転じるテロワールの技術

ラ ピッチョリー ド ルル
オーナーシェフ **市川 知志**

Text Rumiko Nakajima

Tomoji Ichikawa
1960年、東京都生まれ。和菓子職人だった祖父の影響もあり、少年時代から料理好きに。25歳のとき渡仏し、数々の有名レストランで腕を磨く。91年に「トロワグロ・ブティック」のシェフとして帰国。赤坂「ル・マエストロ・ポール・ボキューズ」、西麻布「レストランW」のシェフを経て、02年に「シェ・トモ」をオープン。05年に支店「ラ ピッチョリー ド ルル」、09年「銀座シェ・トモ」を開店。11年、白金の店を「アトリエ・ド・アイ」に改装。

今回使用の豚肉
白金豚
沖縄の地豚
イベリコ豚

La Pitchouli de Loulou
住所　東京都渋谷区恵比寿2-23-3 1F
電話　03-3440-5858
http://www.chez-tomo.com

「キュイジーヌ・テロワール（土地に根づいた料理）」を提唱する市川シェフにとって、「豚肉料理は、ほかのどんな料理にも増して重いテーマ」だという。

フランス修業中、市川シェフはバスク地方の小さな町で忘れがたい光景を目にした。農閑期の冬、料理自慢のおじいさんが作業小屋にこもり、大事に育てた1頭の豚を2か月がかりで加工する。ももで生ハムを作り、くず肉も余さず使ってリエットやパテ、ブーダンなどのソーセージ類を作り、家族が1年かけて食べる保存食にする。そして翌年もまた同じ作業をするため、新しく1頭の仔豚を飼い始める。

シャルキュトリーが職分化する以前は、同じような光景が各地のいたるところで見られただろう。ブーダンもパテもリエットも、一人の天才料理人が考え出したものではない。深く風土に根ざし、生活に密着し、長い年月をかけて受け継がれてきた各地方、作り手によってルセットは様々だが、原形は変わることがない。

キュイジーヌ・テロワール……郷土料理とはそういうものであり、「豚肉とじゃがいもは根本素材」というのが持論だ。

ここで紹介する料理も、すべてテロワールを再構築したもの。焼いただけでおいしいロースや肩ロースをあえて使わないのは、原形は素朴な郷土料理。それを食べて育ったシェフたちが変化させ、昇華させたものだ。

「食べにくい部位を味よく供する技術こそ、テロワールの神髄」と考える市川シェフの矜持だ。

それゆえ、好んで使うのは内臓類。シンプルなアバ料理は、口に入れたとき、素材の質があばかれるので、まず質のいい素材を手に入れることから調理が始まる。下処理も重要だし、火の入れ方、止めるタイミング

も風味よく仕上げるためのポイントとなる。

テロワールの再構築には、もちろん豊かな発想力も必要だが、その発想力もまた郷土料理を学ぶ過程で鍛えられる。3つ星レストランのハイセンスな料理も、原形をたどったシェフたちが変化させ、昇華させたものだ。

「料理の持つ意味合い、調理プロセス……探っていけば一品一品、もっと奥が深いでしょう。できれば現地を再訪して古い時代の料理書にも当たり、もっと深く掘り下げたい」

市川シェフにとって豚肉料理の探究は、いわばライフワークの一つ。フランスの食文化の根幹をなす素材だけに底知れぬ深さがあり、そこにはフレンチの基本テクニックのすべてが詰まっている。

豚足、豚耳のゼラチン質が凝縮し、
冷やすと全体がしっかりと固まる。

豚足と豚耳のゼリーよせ　グレビッシュ・ソース
Fromage de tête de porc sauce grebiche

フロマージュ・ド・テットは本来、仔牛の顔の皮を使うが、日本では新鮮な仔牛の頭は入手しにくい。そこで白金豚の足と耳に置き換え、より素朴なニュアンスと雑味のないピュアな旨みを引き出した。作り方は比較的シンプルで、豚足と耳を白ワインと香辛料で煮込み、コルニッションとともに型に流し、豚足の豊富なゼラチン質だけで凝固させる。ポイントは白ワインの分量と煮詰め加減。風味をよくするため白ワインは惜しみなく投入するが、最終的にワインの酸味と肉の旨みがバランスよく一体化しなくてはならない。濃度がつき、味がのったジャストのタイミングで火を止めること。つけ合わせは豚肉料理の定番、ディジョンのマスタードをきかせたグレビッシュ・ソース。香り高く濃厚なソースが豚足・耳の存在感をさらに高め、セオリーの正しさを納得させてくれる。

作り方は205ページ

ブーダン・ノワールのガトー仕立て
Gâteau de boudin noir

リエットの食感が特徴のブーダン。

「日本人にいかに食べやすく提供するか」を追求した市川流ブーダン・ノワール。特製の角型に流し、湯煎でしっとりとした蒸し焼きに。さらに切り口を細かく刻んだくるみで覆い、軽くローストして香ばしさを出す。豚血に練り込む材料にも独自の工夫があり、生クリーム、炒めた玉ねぎ、りんごのほか、「それ自体が完成した味」のリエットもたっぷり入る。シェール・ド・ヴィヤンド（肉のほぐし身）のかわりだというが、実に贅沢な代用品。通常のブーダンにくらべて複雑な調理プロセスで味・食感・スタイルとも洗練させた。キャラメリゼしたりんごが欠かせないつけ合わせなので、りんごのおいしい冬場だけメニューに載せている。　　作り方は 204 ページ

若い料理人には、まずタブリエ・サプールという名前を覚えてもらいたい、と市川シェフ。日本のカツオのたたきと同様、郷土料理を超えたフランスの国民的料理で、料理名は調理法そのものも指す。フレンチの調理人なら知っていて当然だが、レストランのメニューに載ることは少なく、賄いで食べるのがもっぱらだという。本来、牛胃を用いるところを白金豚の胃袋に置き換えているが、作り方はまったく同じ。ただ焼いただけでは味気のない胃袋を、マスタードや白ワインでマリネし、パン粉をつけ焼きすることで美味に変える。現地の家庭ではレモン汁だけで食べるのが一般的だが、ここではレストラン料理らしく、手のこんだトマトソースを添えた。

作り方は 204 ページ

豚胃袋のパン粉つけ焼き　タブリエ・サプール風
Tablie de sapeur

内臓は質と鮮度、そして下処理が決め手となる

　内臓料理に肝心なのは、第一に良質な素材を選ぶことだ。粗悪な飼料、ストレスの多い環境で育った豚は、悪影響がまず内臓に出てくる。薬品漬けで育てられた豚の内臓がおいしいわけはないが、市場でもっとも流通が多いのはその手のブロイラー的な豚だ。

　ＢＳＥ騒動以来、銘柄豚にスポットライトが当たるようになった。市川シェフが以前から注目していたのは白金豚で、飼料や肥育日数など、品質管理が徹底しているものが多い。フランスで高級素材の仔牛内臓を置き換えるなら、最もふさわしいのが白金豚だと思った。

　次に大事なのは鮮度である。いくら調理法を工夫しても、鮮度の落ちた内臓には、隠しようのない臭みや雑味が出てくる。店に届く豚の内臓は、つぶしてから２日以内で、それより時間が経過したものは店の料理として出せない。

　良質な豚ほど生産量がかぎられ、内臓のほとんどはモツ焼き店などの専門店に流れてしまう。そこで太いパイプを持った仲買業者と密な関係を持つことが必須になる。

　そして三つ目の決め手が下処理だ。直腸や大腸の場合、丹念に水で洗浄する。胃も水洗いしてひだの間に詰まった汚れも取り除く。それから鍋にたっぷり水を張り、ゆでて沸騰させたらザルにあける、という作業を３回くらい繰り返す。途中、アクが浮いてきたら取り除き、臭みと余計な脂分を抜きさる。

　その後、マリネする、ワインで煮込む、といった作業が始まる。

　「手間を要するだけに、料理人の個性が如実に現れるのが内臓料理のおもしろさであり、醍醐味」だという。

ソーセージは肩とのど肉をメインに練り合わせて作る。

カスレ
Cassoule

ラングドック地方、というよりフランスを代表する郷土料理。由緒ある郷土料理の例にもれず多くのエピソードがあるが、特に「3つの地域が発祥の地と主張して譲らず、大論争になった」のは有名な事実。この論戦は、料理の語源となった土鍋カソルの産地であるカステルノダリーが「精霊」、カルカッソンヌが「神」、トゥールーズが「子」で三位一体をなす、という神学的解釈で一応の決着をみたという。作り方は3地域それぞれに違うが、市川シェフはカステルノダリーのやり方を元に、鵞鳥の脂でコクを出すなどの工夫を凝らしている。豚足と皮でとったフォンに、それぞれ下ごしらえしたバラ肉、のど肉を合わせて味をのせ、柔らかくゆでた白いんげん豆と合体させる。仕上げの段階で、凝固したゼラチン質の膜を中に押し込み、より濃厚な風味にするのが極意。滋味豊かな味わいは、歴史の厚みそのものを反映しているかのようだ。

作り方は 204 ページ

イベリコ豚の頬肉の煮込み
Ragoût de joues de porc Ibericos

イベリコのなかでも理想とされる75%原種、ドングリの森で肥育された高ランクの頬を使用する。イベリコの特長は脂身の洗練された風味にあるが、脂分の少ない頬にもその影響が現れ、豚肉とは思えない繊細で豊かな旨みを堪能できる。いったん焼き固めた後、ミルポワやフォン・ド・ヴォー、アルコールとともに煮るのは牛頬と同様だが、使用する酒は白ワインとマデラ酒。イベリコといえども、豚は鶏肉や仔牛と同様、白肉のカテゴリーに入るからだ。もう一つのポイントは、フレッシュセージを使うこと。タイムもよく合うが、ことにセージと豚肉は抜群の相性である。

作り方は 203 ページ

白金豚のトリップ・ア・ラ・モード・キャン
Tripes à la mode de Caen

ノルマンディー地方の町キャンの名物、牛胃の煮込みの原形は、蓋つきの鍋でコトコト煮込む素朴な家庭料理。風味づけにカルヴァドスを加えるのが特徴だ。市川シェフは白金豚の大腸・直腸・胃袋に置き換え、調理法にもかなりひねりをきかせている。1、香味野菜はあらかじめ鵞鳥の脂で炒め、しっかり香りを出す。2、ほとんど白ワインだけで煮込み、内臓特有の臭みを抜ききると同時にスープに深いコクを加味する。3、カルヴァドスを加えて味を完成させたらいったん寝かせ、最終的にはパン粉とパセリをふってグラチネ仕立てにする。良質の豚の内臓ならではの凝縮された旨みと食感が堪能できる料理だ。

作り方は 203 ページ

塩漬け豚バラ肉のグリエ　レンズ豆添え
Petit salé aux lentilles

沖縄産の地豚は脂身に旨みがある上、バラ部分は赤身と脂身のバランスがほどよく、皮つきで入荷する。だからこの料理には沖縄の地豚を使うのが常で、皮もグリエしてバラ肉に添え、食感の違いを楽しむ。作り方は、牛タングリエの応用。塩やカソナードでマリネしたバラ肉を白ワインとブイヨンで煮込み、いったん冷やし固めてから網焼きにする。素材の食感をよくするとともに、じっくり下味を含ませるという、フレンチの伝統的な手法である。下に敷き詰めたレンズ豆の煮込みも郷土料理にはおなじみのつけ合わせ。豚肉料理にかぎらず、鴨のコンフィなど油脂分の多い料理とすこぶる相性がいい。後ろにはキレのいい赤ワインヴィネガーベースのソースを添えている

作り方は203ページ

VARIATION DE PORC

愛着があるからすべての部位を使いきりたい
それが可能なところも魅力

ブーケ・ド・フランス
井本 秀俊

幼少時代、農業を営む実家で育った井本シェフは、豚の背中に乗って遊んでいた。食べるのはもっぱら鶏で、豚は飼育して出荷するためのもの。愛着のある存在だった。

料理の対象として魅力を知ったのはフランスでの修業時代。もうずいぶん前になるが、友達のお母さんが焼いてくれたシンプルな豚のグリル、各地の賄いで食べた豚料理の数々。自身の店を出したら豚料理をウリにしようと心に決めた。

今回、国産にはない香りが豊かなイベリコ豚、洗練された味わいの白金豚、上品だが豚らしさも兼ね備えた沖縄山原島豚の

3種類を使っている。

豚の魅力は守備範囲の広さ。すべての部位を使え、特徴も生かしやすい。たとえばバラ肉は、煮込むことで余分な脂が抜け、旨みがのった肉に変身する。すね肉は味が強いので、コンソメも取れるし、テリーヌにも向く。偶然の産物もある。パテ用に注文したのど肉に、食道がついてきた。余分なもの、と最初は思ったが、混ぜてみると軟骨の食感でぐっと奥行きが出た。以来、あえて食道つきのものを注文している。

味、料理との相性を考えながら、エストラゴンやモリーユ茸、ローズマリーなどで香りづけをしている。あくまでも主役、豚の引き立て役として。

「フランスの香り」という店名からも伝わるように、香りを大事にする井本シェフ。豚の持ち

今回使用の豚肉
岩手白金豚
イベリコ豚
沖縄やんばる島豚

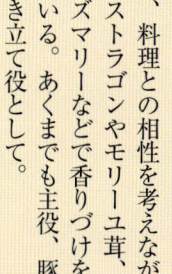

Text Rieko Fujii

Hidetoshi Imoto

1964年宮崎県生まれ。高校卒業後、洋食店のアルバイトをしながら大阪あべの辻調理師専門学校へ通う。卒業後はそのままアルバイト先へ就職。3年後に上京し、銀座「レ・ザンジュ」で1年弱、勝どき「クラブ・ニュクス」五十嵐安雄シェフの下で、3年間働く。その後渡仏し、「ル・サントネール」「レカミエ」「ジョルジュ・ブラン」「ミッシェル・ゲラール」などで働き、2年後に帰国。渋谷「ロアラブッシュ」でスーシェフとして3年、ワインを学ぶために西麻布のワインバー「デュ・ヴァン・ハッシッシ」で1年間働き、98年12月に自身の店「ブーケ・ド・フランス」をオープン。マダム原田陽子さんのホスピタリティ溢れるサービスも評判。

Bouquet de France
住所　東京都港区六本木7-10-3 小林ビル2F
電話　03-3497-1488
http://www.bouquet-de-france.com

フォワグラ、栗を射込んだテリーヌ仕立てのブーダン・ノワール 紅玉りんごのピューレ添え

Terrine de boudin noir au foie gras et aux marrons avec purée de pommes

ブーダン・ノワールは五十嵐シェフのもとで修業した「クラブ・ニュクス」時代に知った。もともとソーセージ形だが、修業先のペリゴール地方の2つ星レストラン「ル・サントネール」では、テリーヌ型に仕込み、温かくして出していた。その店では薄切りにしてソテーしたりんごとフォワグラが入っていたが、井本シェフは栗とフォワグラに変え、りんごはピューレにして添えた。栗の産地として名高いオーベルニュ地方では入れることがあるという。今は1年中出す人気メニュー。生栗がない季節は甘露煮を一度ゆでこぼして甘味を抜いて使い、フォワグラは仕上がりの香りがいい鴨を選んでいる。

作り方は200ページ

テリーヌの断面。中央にフォワグラを挟み、細かく切った栗をちりばめた。

ポール・ボキューズ氏の本で目にした、「牛肉と野菜のアラモード」が発想の原点。たっぷりとかけた口当たりやわらかなコンソメは、実は豚製。鶏だしをベースに豚でとったコンソメに臭みはなく上品で、豚らしい香りとコク、風味を兼ね備えている。豚頬肉と舌肉は、ただ煮込むだけでは旨みが抜けてしまうので、一度塩漬けにしてハムのように仕上げる。コンソメが溶けないうちに食べてもらいたい、5月からの夏メニュー。エストラゴンの香りが効いている。

作り方は 200 ページ

イベリコ豚頬肉、舌肉の冷製ポトフー エストラゴンのアクセント

Pot-au-feu froid de joues et de langues de porc IBERICO à l'estragon

豚足のガイエット　こんがり焼き
セージ風味のマデラ酒ソース
Gayette de pieds de porc farcis à la sauge

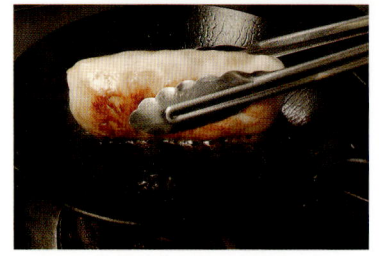

ガイエットはオーブンに入れる前、表面に軽く焼き色をつける。

マダム・サンタンジュの「料理の本」で知った、プロヴァンス地方の古典料理ガイエット。18世紀終わりから19世紀初めに「ニームのアントナン・キャレーム」と呼ばれた料理人、シャルル・デュラン氏が発明したとも言われる料理である。もともとは豚挽き肉、豚レバーを網脂で包んで焼き、冷製で食べる現在のパテ・ド・カンパーニュのような前菜だが、井本シェフはこれを豚足に詰めて温製に仕立てた。豚足を塩漬けにしたこと、網脂で包んでオーブンでこんがり香ばしく焼くことで、食感の楽しい一品になった。下に敷いたキャベツのブレゼの甘味、マデラ酒ソースの酸味がバランスよくまとまっている。

作り方は199ページ

沖縄山原島豚バラ肉の黒こしょう煮
シェリーヴィネガーでアクセントをつけたオニオンソース

Plat de côtes de porc Yambaru au poivre noir, sauce
à l'oignon et au vinaigre de xérès

「クラブ・ニュクス」時代に食べた賄い料理から派生した一品。豚肉に焼き色をつけてから黒こしょうを張りつけると、焦げづらく、はがれにくい。接着にはうすく蜂蜜を塗るのがポイントだ。ピリッと黒こしょうが効いた肉と合わせるのは甘酸っぱい玉ねぎのソース。じっくりと炒めて甘味を引き出した玉ねぎを、シェリーヴィネガーの酸味で引き締めた。つけ合わせはあくまでもメインを引き立てるもの。シンプルにフォークで軽くつぶしたじゃがいもを添えている。2～3年前から始め、いまや定番メニュー。

作り方は199ページ

テーブルや壁、店内のいたるところに飾られた豚グッズ。お客様のプレゼントも多い。ディナーには「豚づくしコース」もある。

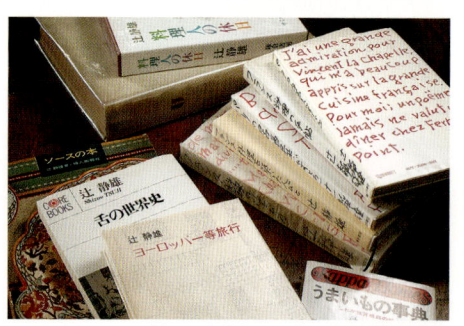

神田の古本屋街を歩いて古書探しに没頭。特に尊敬している辻静雄氏の本は初版本にこだわって集めている。

ロールキャベツの元祖といわれるドルマ。紀元前270年頃の古代ギリシャですでに記録が残り、本来はブドウの葉で包む。その末裔が、フランスでシュー・ファルシと呼ばれるロールキャベツ。キャベツ、モリーユ茸、エストラゴンの相性に着目して、レストラン料理に仕上げた。モリーユ茸風味の鶏のフォンで蒸し焼きにし、その煮汁がそのままさらっとしたソースとなる。モリーユ茸は香り高く、加熱で旨みも際立つトルコ産。隠し味に入れるジュー・ド・トリュフはフランス産のギーマゼを使用中である　**作り方は198ページ**

ソースと詰めものの両方からモリーユ茸の香りが立ちのぼる。

沖縄山原(やんばる)島豚挽き肉のドルマ蒸し焼き
モリーユ茸の香るブイヨンスープ

Dolma de porc Yambaru aux morilles

岩手白金豚バラ肉のリヨンのじゃがいも包み焼き
ローズマリー風味

Rillons de plat de côtes de porc aux pommes de terre et au beurre de romarin

リヨンの表面はカリカリに焼き上げる。

かつて鴨のコンフィで作った料理法を豚バラ肉のリヨン（コンフィ）でアレンジ。ユニークなのはコンフィを包むじゃがいもの技法。ラップを使って巻き込むが、オーブンに入れるときもラップはそのまま。これで豚肉とじゃがいもが密着する。コンフィにはラードと鷲鳥、鴨などの脂を合わせたものを、オーブン時から継ぎ足して使っている。仕上げのバターは、ローズマリーの香り。ソースとしてかけたこともあったが、メートル・ドテル・バター風に仕立て、熱で溶けたときに立ちのぼる香りを楽しむ。　**作り方は199ページ**

VARIATION DE PORC

香り、味わい、質感
どう生かすかで組み合わせが決まる

ラ ファランドール
稲元 亘

イベリコ豚をはじめ高級ブランド豚が注目を集めるようになったが、「常にレストラン料理を出したい」と熱く願う稲元シェフにとって、豚肉はどこか大衆的なイメージがある存在。しかし豚肉の性格を十分に理解し、組み合わせを考えれば、高級感ある一皿に仕立てられるという。

オープン当初から2種の豚を愛用。繊細でやさしい鹿児島の黒豚は、ソースと合わせやすい。脂にナッツ香があるため、特にバターやクリーム系のソースと相性がいい。一方、上州無菌豚は、決して嫌みはないが強い味わいの豚肉。そのため炙って香ばしさを加えることで魅力を発揮、豚らしさを味わう料理に最適だという。

調理するタイミングとテクニックも重要。内臓ならできるだけ新鮮なもの、逆に肉は旨みののった屠蓄後5日目目くらいのものを使う。ロース肉はパサつきやすいため、ポッシェしてそのまま漬けておくなど、一度水分を入れることでしっとりと仕上がる。対して肩ロース肉は適度にサシが入っているため、あまりパサつかない。両部位とも低温でじっくり加熱したり、アロゼをゆっくり繰り返すことが効果的だという。

意表をつく組み合わせから、興味と食欲を湧かせるのもレストランの仕事。今回作ったなかではオマール海老、帆立貝と豚足、ロースハムとサーモン、コーンと豚レバー。酢豚から発想したアボカドとマスカットのムースと豚セルヴェルのパネの組み合わせ、焼きリンゴ入りフロマージュ・ド・テットといったユニークなルセットもある。

豚の持つ独特の香り、味わい、質感のどれを生かしたいのかを考えれば、おのずと組み合わせが決まる。このような遊び心のある料理とバランスのとれた古典料理、2つの構成を心がけているという。

Wataru Inamoto
1972年東京生まれ。大学時代にバーで働き、居酒屋や小料理屋を構えたいと決意。そのため気の利いた酒肴を身につけようとフランス料理を我流で勉強。94年「ラビュット・ボワゼ」で3年半、「メランジェ」「ラ・フェドール」で各1年ずつ修業し、2002年3月に独立。1日3組限定の隠れ家レストラン「ラ ファランドール」を開店。

今回使用の豚肉
鹿児島黒豚
上州豚

LA FARANDOLE
住所　東京都港区六本木 7-19-1 コーヨーハイツ 1F
電話　03-3479-0056
http://www.lafarandole-i.com

Text Rieko Fujii

ブーダン・ノワールのフィユテ
チョコレート風味　りんごのキャラメリゼ添え
Millefeuille de boudin noir
au chocolat avec pommes caramélisées

ジビエのソースに血やチョコレートを使うのは一般的。そこでブーダン・ノワールに、カカオのパイを組み合わせた。バーミックスで泡立ててふんわりと仕上げたブーダン・ノワールに、ザクザクしたパイ生地の食感、カカオの香ばしい香りがアクセント。ミルフィーユ仕立てにしたブーダン・ノワールは、見た目にはまるでお菓子のよう。りんごはキャラメリゼしてソースにしたほか、ピュレにしてパイにも薄く塗っている。ブーダン・ノワールにとって、やはりりんごは外せない存在だ。

作り方は 202 ページ

オマール海老、帆立貝と豚足のテリーヌ　サラダ仕立て
Terrine de homard, de noix de St-Jacques et de pieds de porc en salade

オマール海老と帆立貝でテリーヌを作ろうと考えたとき、もう1種類入れるなら、と思いついたのが豚足。あまり味の特性を感じることはなく、それらしい香りが残るくらい。ゼラチン質が接着材としても使えるのではないか、という発想からだった。オマール海老はゆで、豚足はやわらかく煮込んだが、帆立貝をグリルすることで、豚足の香りとうまくまとまった。テリーヌのまわりを囲むのは生ベーコン。燻香がやさしく包む、奥深い一品だ。トマトのヴィネグレットには、フランボワーズヴィネガーを使って軽快さと華やかさを出した。稲元シェフのスペシャリテ。　　　**作り方は202ページ**

豚ロース肉は骨つきのままハムにし、食べる分だけ切り分けるほうが旨味が出る。

サーモンで巻いた黒豚ロースハムのムースと
ホワイトアスパラガスのサラダ仕立て

*Papillote de saumon mariné à la mousse
de jambon avec asperges blanches grillées*

スモークサーモンを分解したら、という解釈から生まれた一品。あえて油脂分が少なめのスコッチサーモンを選んでマリネにし、ハムのムースを包んで油脂分とスモーク香を補った。単にスモークサーモンとして食べるよりも満足感が得られ、組み合わせとしても面白い。ホワイトアスパラガスのグリエを添えて、食感、香り、ほろ苦さをプラス。酸味の効いたシャンパンヴィネガーベースのソースが全体をキリリと引き締めている。　　作り方は 202 ページ

毎シーズンごとに何かしらスープを出している稲元シェフ。夏場のスペシャリテ的存在であるこの冷製ポタージュは、とうもろこしを30分間じっくり蒸したあと、直火焼きで表面を軽く炙る。このひと手間をかけることでぐっと香りが引き締まる。生クリームは入れずに口当たりを軽く仕上げ、とうもろこし本来の甘味と旨みを凝縮。あっさりした豚レバーの特性を生かし、同じ甘口のポルト酒やバニュルスより軽めのリヴザルトを使ってソースに仕上げている。とうもろこしの甘さとレバーの甘味を重ねた、組み合わせの妙のひとつ。

作り方は 201 ページ

焼きとうもろこしの冷たいポタージュと豚レバーのムニエル

Potage de maïs grillé au feu et foie de porc meunière

ムニエルにするとき、バターにオリーブ油を加えると沸点が高くなり、バターが焦げにくい。

豚肉と耳を詰めたラヴィオリとフォワグラのポワレ ブルーチーズ風味のリゾット仕立て
Raviolis de porc avec son oreille et foie gras poêlé sur risotte au blue

ブルーチーズに甘味の強いポルト酒、この王道の組み合わせに、フォワグラのポワレでコクと香りを、リゾットで食感をプラスした温前菜。さらにインパクトをつけるのがラヴィオリである。包んだ豚ミンチの中には豚耳を混ぜ、つなぎに大和いもを入れてふんわりとさせた。フォワグラとリゾットの食感を損なわず、さらなる食感を楽しめる役目をしている。アルザスのリースリングを添えて。

作り方は 201 ページ

レンズ豆のエスプーマと豚フィレのコンソメポッシェ シナモン風味
Espumat de lentilles et filet de porc poché dans un consommé à la cannelle

オーベルニュ地方の塩漬け豚肉とレンズ豆の煮込みに代表される、レンズ豆と豚肉の古典的な相性をアレンジ。淡白なフィレ肉は65度のコンソメでじっくり煮てしっとりとやわらかく仕上げ、コンソメの旨みを閉じ込める。やわらかな肉質に合わせ、レンズ豆はエスプーマを使って、ごく軽い泡のムースにして添えた。フィレ肉をマリネするときにまぶしたシナモンの、甘味のある風味とスパイシーな香りがフィレ肉とレンズ豆をつないでいる。粒のままのレンズ豆をフィレ肉の下にも敷き、食感の変化を楽んでもらう。

作り方は 201 ページ

群馬産無菌豚の炙り焼き　稲わらの香り
Porc rôti au feu et fumé aux pailles

メインディッシュは思いきってボリュームを出すのが店のスタイルである。以前、羊でよくやっていたという料理で、豚は脂の香りが弱いため、炎が立ち上るくらい強火の直火焼きにして、香りを立たせるのがポイント。稲わら香を充満させておいたココットには約1分間入れて香りづけをする。直火焼きの香ばしさと稲わらのやさしい燻香が豚肉を包み、豚らしさがストレートに引き出されている。豚肉はアラカルトで1人前約300グラム。残ってきたこともなく、好評なのでこの大きさで出している。

作り方は201ページ

直火にかけると、香ばしさが出て豚肉の魅力が引き出される。

常連の「内臓料理を食べたい」というリクエストで作った。シャンパーニュ地方の名物料理、アンドゥイエットを新解釈した秋冬のメインディッシュ。アンドゥイエットは腸詰めだが、稲元シェフは豚との相性を考えて腸のかわりにちりめんキャベツで包んだ。豚足、豚胃、豚耳、豚舌、心臓、コメカミのついた豚頬肉……。豚のさまざまな部位に加え、より力強さを出すために牛頬肉の赤ワイン煮も入れている。包んだ内臓類はしっかり赤ワインソースであえているので、皿に流すのも濃厚な赤ワインソースが合う。　**作り方は 200 ページ**

内臓のちりめんキャベツ包み 赤ワインソース

Chou farci d'abats, sauce au vin rouge

撮影協力　ヴィヴ ラ ヴィ東京店

VARIATION DE PORC

化学で既成概念を打ち破る

オルタシア
古賀哲司

シャルキュトリーの主役である豚肉は、惣菜やビストロ料理をイメージされやすい。しかし、古賀シェフはその既成概念にこそ、豚肉の面白さを感じるという。既成概念の殻さえ破れば、どんな食材よりも食べ手に衝撃を与えられるからだ。

近年、食材の化学的な解剖はめざましい。シャルキュトリーで培われた豊富な加工法を現代の化学と融合させれば、これまで不可能だった提供方法が実現できるのではないか。

たとえば、冷前菜。豚肉は脂の融点と肉が焼ける温度が違いすぎるため、双方のおいしさを引き出すのは非常に難しい。し

かし、脂の凝固温度が20度と判明しているいま、その温度さえ上回れば、口溶けのよさを持続したまま冷菜に仕立てられる。

古賀シェフは日本の発酵調味料も積極的に取り入れる。和のテイストを盛り込むのではなく、発酵の効果や旨み成分に着目しているという。

「味の足し算による凝縮感、複合的な組み合わせの妙を楽しむのがフランス料理の楽しさだと考えています。発酵調味料を肉に合わせれば発酵の力で熟成と同じ効果が得られるし、豊富に含まれるアミノ酸が味わいの変化をもたらしてくれます。フランス料理にぴったりな食材です」

また、各地で盛んに生産されるブランド豚も、古賀シェフの意欲を後押しする。さめても固くなりづらい金華豚、強い味の食材と合わせても個性が際立つイベリコ豚……料理ごとに使い分けることによって、目指す味が表現しやすくなった。

最近では、飼養衛生管理が徹底された新潟県のブランド豚「SUMIRE」も使いはじめた。ロゼに焼き上げても安心して食べられるので、料理の幅はさらに広がる。

化学に裏付けられた的確な食材選びが、革新的な豚肉料理を生み出している。

今回使用の豚肉
スペイン産イベリコ豚
新潟県産 SUMIRE
山形県産金華豚

Tetsuji Koga
1972年大分県出身。テレビで見た坂井宏行氏の料理に感動し、フランス料理の道を志す。「ドンタリアン」でサービスマンとして勤務するも、厨房への憧れが抑えきれず、24歳で「タブローズ」に入店。料理を基礎から学ぶ。99年パティスリー「パステル」でデザートを担当したのち、2000年表参道「レストランJ」で副料理長に就任。02年丸の内「ブリーズ・トウキョウ」で総料理長として腕をふるう。星つきレストランと自身との距離を見つめるべく、09年「エディション・コウジ・シモムラ」に入店し、さらなる研鑽を積む。10年独立開店。

hortensia
住所 東京都港区麻布十番3-6-2 NS麻布十番ビルB1F
電話 03-5419-8455
http://www.lahortensia.com

新潟産すみれ豚フィレ肉のスモークとバロティーヌ
竹の子の岩塩包みと共に

Filet de porc fumé et ballotine avec pousse du bambou

新潟県のブランド豚「SUMIRE」を使い、柔らかなフィレ肉は桜のチップでスモークし、みずみずしいカルパッチョに、旨みの濃いロースと肩ロースはレバーと合わせて複合的な味わいのバロティーヌに仕立てた。異なる角度から豚肉の魅力を感じさせる一皿。バロティーヌは竹の子のスライスで巻いた上に、ベーキングペーパーとさらしを巻く。さらに、ガチョウの脂と一緒に真空にかけ、コンフィのようにじっくり時間をかけて加熱する。肉と熱源の間に4重のガードを入れることで肉から水分を逃がさず、冷菜でもしっとりした食感が維持できる。

作り方は198ページ

玉ねぎのムースの甘味、だいだいポン酢の泡の酸味で爽やかな味わい。

金華豚のしゃぶしゃぶと彩り野菜の冷製ポトフー仕立て
Pot au feu froid de porc aux légumes

大分県産の「岸田ポン酢」。通常のポン酢は酸味が際立っているが、だいだいは香りや酸味が主張しすぎず、バランスがよい。このマリネ液はほかのポン酢では作れない。

68度のコンソメでさっと火を通し、20度のマリネ液で瞬間マリネ。マリネ液に浸けることで肉が締まり、味が凝縮する。

玉ねぎはムース、豚肉はしゃぶしゃぶ、ブイヨンはコンソメ・ジュレに。ポトフーを再構築し、冷前菜に仕立てた。肉の柔らかさと脂の口溶けを楽しむのがしゃぶしゃぶの醍醐味だが、脂は冷えると固まり、食感が悪くなる。そこで、火入れした豚肉は氷水で冷やさず、脂の凝固温度ぎりぎりに調整したマリネ液に浸けてさまし、口溶けのよさを維持させた。マリネ液には柑橘の「だいだい」で作ったポン酢を加え、ポン酢が持つ熟成の旨みも肉にしみ込ませる。金華豚からは濃厚なエキスが出るので、コンソメには金華豚のミンチを加えて煮込み、ジュレにも豚の香りを閉じ込めた。

作り方は 198 ページ

パンケーキで保護されたフィレ肉のしっとり感は、ほかの調理法では味わえない。

朝食の定番、エッグベネディクトをメイン料理で供したらどんな反応が返ってくるだろう？ そんな遊び心から生まれた一皿。見た目と構成要素はそのままに、豚フィレ肉をパンケーキのなかに隠して一緒に焼き上げた。フィレ肉は脂が少なく、とくにパサつきやすい部位だが、パンケーキで包むことで間接的に火が入り、ジューシーに仕上げられる。また、パンケーキ自体も生地にじゃがいもを練り込んであるので、一緒に食べればよりなめらかに感じられる。脂のおいしさが際立つイベリコ豚のベーコン、エストラゴンで酸味をきかせたオランデーズ・ソースで、見た目からは想像がつかないパンチのきいた味わいだ。

作り方は 197 ページ

イベリコ豚ベーコンの炙りと
キタアカリのパンケーキに包まれたフィレ肉のロースト
エッグベネディクト見立て

Duo de IBERICO à la bénédictine

熟成させたすみれ豚ロースのカツレツ仕立て
黒キャベツのブレゼ　バルサミコソース

Côtelette de porc afiné, chou noir braisé,
sauce balsamique

昆布で完全に包み込み、24時間マリネ。昆布の旨み成分が豚肉に移り、コクと甘味が増す。

　白身魚のように豚肉を昆布締めするという斬新なアイデア。昆布はあらかじめ白ワインで洗ってローストする。こうすることで昆布の酵素がワインの糖質と結合し、アミノ酸が飛躍的に増量する。焼くことで昆布特有の匂いが香ばしさに変わり、純粋に旨みだけを肉に移せる。たんぱく質が凝固する一歩手前の60度の油でゆっくり火を入れたのち、衣をつけて高温でさっと揚げる。2段階で加熱することで、肉はしっとり柔らかく、表面はサクサクと軽やかな食感になる。衣はパン粉のかわりに、カダイフ、パルメザンチーズ、パセリ、セルフィユを混ぜ、付け合わせにはルッコラとトマトを添えてミラノ風に仕立てた。　　　**作り方は197ページ**

仔牛で作るクラシックなクリーム煮を豚肉で応用。豚肉は煮込めば柔らかくなるが、そのぶん水分が抜けてパサつくのが難点。クリーム煮なら生クリームの油脂分で補えるので、しっとり仕上げられる。理にかなった調理法だ。ゴルゴンゾーラチーズを溶かして熟成の旨みを足し、焼きリゾットと組み合わせて現代風の味わいを追求した。フィルムのように透き通ったじゃがいものチップスで飾れば、見た目も洗練された印象になる。

作り方は 197 ページ

金華豚肩ロースのブランケット　ゴルゴンゾーラ風味
サフランの焼きリゾット

Blanquette de porc au gorgonzola,
risotto safrané

イベリコ豚ロースの黒にんにくゴマ焼き
シトロンオリーブソース

Suprême de porc IBERICO mariné au ail noir, sauce citron

フランスでもポピュラーになりつつある味噌は、健康志向が高まるいまの日本にもぴったりな食材だ。今回は黒にんにくペーストに黒ゴマと味噌を合わせ、豚肉を漬け込んだ。黒にんにくが肉を柔らかくし、味噌が発酵を促すことで、熟成肉のような甘味が出る。濃厚なマリネ液に負けない旨みの強いイベリコ豚を使い、相乗効果を狙う。ソースはレモン汁で酸味をきかせ、濃厚でありながら後味を爽やかに仕上げた。

作り方は 196 ページ

黒にんにくは、通常のにんにくを熟成させたもの。特有の香りは少なく、香ばしいのが特徴。健康効果も高い。とろとろになるまでローストし、裏漉して使う。

VARIATION DE PORC

いま、ここで作る意味をエスプリに込めて

ティルプス
寺田惠一

ブルゴーニュとバスクで修業した寺田シェフにとって、豚肉というテーマで真っ先に思い浮かぶのは郷土料理だ。しかし、その味をそのまま再現しようとは思わない。

バスクで修業していた当時、シャルキュティエだった下宿先のオーナーがバスク豚を目の前でさばき、振る舞ってくれたことがあった。何の変哲もないブーダン・ノワールだったが、そのおいしさはまるで雷に打たれたような衝撃だった。

「その地で穫れた食材で作り、その風土のなかで食べるからこそ、本当のおいしさに出会えるんだ」。食べながら、郷土料理の本質に行き当たった思いがしたとシェフは言う。

「ティルプス」は、フランス語の「エスプリ」を逆にした言葉。店の名前どおり、フランスのエスプリに自分の感性を融合させたい。目指すのは、現地で培った技術を使い、日本の風土に合った料理に生まれ変わらせること、そのために、今後は分からないが、現在はメニューの料理名にはフランス語表記を入れてはいない。

今回は、郷土料理での食材の組み合わせを忠実に守り、プレゼンテーションで驚きを与えられるように工夫した。

外国産の豚肉は個性の強い肉質が多く、シンプルなローストで十分においしい。逆に日本の品種は加工で真価を発揮するので、料理の魅力を生かすことができる。

日本の風土に合った豚肉料理とはどんなものなのか。寺田シェフの探究はたゆみなく続いている。

今回使用の豚肉
山形県産米沢豚
千葉県産花悠仔豚
三重県産松阪豚

Keiichi Terada
1985年埼玉県出身。料理人である父の影響で、少年時代から料理に興味を抱く。服部栄養専門学校を卒業後、恵比寿「ドゥ・ロアンヌ」で岡本英樹氏に師事。4年半勤務したのち渡仏。バスクで当時2つ星の「レ・ピレネー」、ブルゴーニュ「ジャルダン・デ・ランパール」で研鑽を積むかたわら、郷土料理への造詣を深める。25歳で帰国し、「カンテサンス」で腕をふるう。2013年「ティルプス」シェフに就任。

TIRPSE
住所　東京都港区白金台5-4-7
電話　03-5791-3101
http://www.tirpse.com

ジャンボン・ペルシェのタルト

ブルゴーニュの郷土料理「ジャンボン・ペルシェ」は、パセリがたっぷり入った豚のゼリー寄せ。総菜屋はもちろん、専用の豚前足と豚手首の塩漬けがスーパーで販売されるほど、現地でポピュラーな料理だ。ゼラチンで固めることが多いが、寺田シェフは煮込んだ豚足をつなぎに使い、コクを出す。色鮮やかに仕上がるよう、ミキサーでよくかき混ぜて白く濁らせ、パセリの緑を引き立たせる。下に敷いたトマトサブレのやさしい酸味と食感が軽やかな印象を与えている。　**作り方は 196 ページ**

上に飾った粉は「マルトセック」というタピオカ由来の粉を使い、くるみ油をパウダー状にしたもの。マルトセックには油脂分を吸収する性質がある。液体のまま使用するときに比べ、口溶けに時間差ができ、あとからほんのりとクルミの香ばしさが広がる。

豚頬肉ときゅうり

ハム作りの要領で頬肉をソミュール液でマリネし、ブイヨンでじっくり煮込んだ。肉の旨みが凝縮され、頬肉に豊富に含まれるゼラチン質のとろりとした食感が楽しめる。シャルキュトリーが盛んなブルゴーニュで教わり、現地ではメインとして供していた料理を、みずみずしいきゅうりと合わせ、爽やかな味わいの前菜に仕立てた。塩でマリネした効果で鮮やかに発色し、きゅうりの緑とのコントラストも美しい。　　　　　**作り方は196ページ**

頬肉はかたまりのまま85度のブイヨンでじっくり3時間煮込む。ほどよく塩が抜け、ハムのような凝縮感を味わえる。

ソミュール液には自家製混ぜこしょうを加え、味に深みを出している。右下から時計回りでポワブルロゼ、マニゲット、花山椒、黒こしょう、山椒。

クレープは小麦粉とゼラチン質だけで固まる。片面だけをカリカリになるまで焼き、豚足の食感を生かす。

豚足のクレープ

バスク地方では、豚足をほぐして粉をつけ、押しつけながら焼き固めたものを「豚のガレット」と呼ぶ。ビストロでは、さまざまな具材を上にのせて供する。それをヒントに、豚足の煮汁と薄力粉でクレープ生地を作り、細かく切った豚足を加えて香ばしく焼き上げた。するとゼラチンの濃厚さと豚足の繊維質が合わさり、まったく新しい味わいが生まれた。ドライトマト、バルサミコでからめたきのこ、チョリソー、ねぎの根の素揚げ、スプラウトと、食感と味が個性的な具材を包んだ一品。

作り方は195ページ

松坂豚のアショワ

アショワは、刻んだ肉、ハム、野菜をくたくたになるまで煮込み、蒸したじゃがいもや米にかけながら食べるバスク地方の郷土料理。どんな肉でも作るが、仔牛で作るのがもっともポピュラーで、缶詰もあるほど日常生活に溶け込んでいる。素朴な惣菜だけに特に頭を悩ませたが、ペースト状になるまで煮詰め、玉ねぎのチップスを器がわりにして詰めてみた。ひと口サイズのおしゃれなアミューズの誕生だ。国産豚のなかでも香りが強く、噛みごたえのある松阪豚を使用し、豚らしいクセを強調。少量でも満足感が得られる。　　　　作り方は **195** ページ

玉ねぎのチップスは通常のゼラチンよりも融点が高い「ベジタブルゼラチン」を使い、玉ねぎのピュレを固めて乾燥させている。

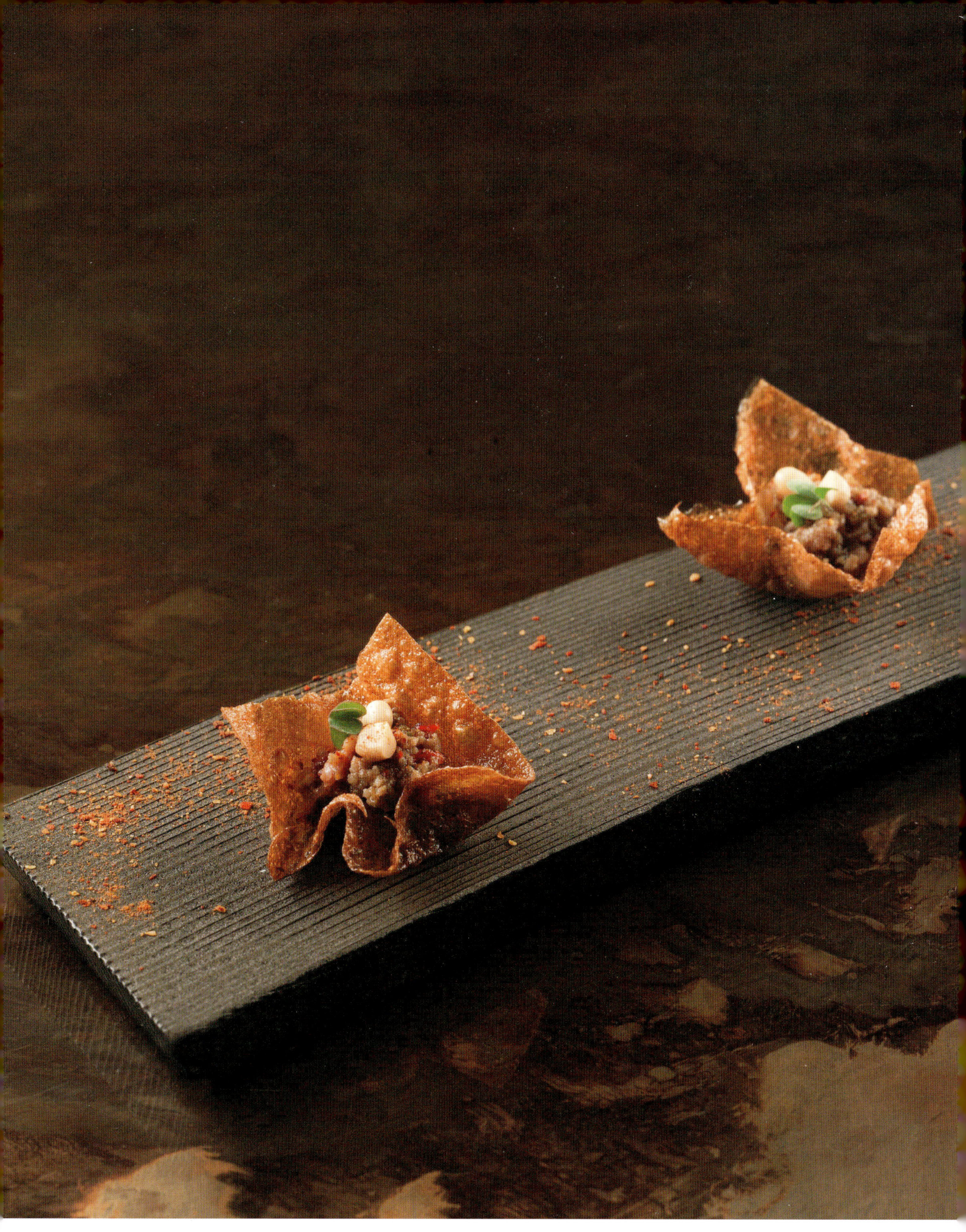

米沢豚のロールケーキ

裏側はグリル板で焼き目をつけ、香ばしく仕上げる。

ブーダン・ノワールの新しい食べ方を提案。ロース肉に塗って巻き、オーブンで焼き上げた。主役ではなく、隠し味として豚肉を引き立てる役割を果たす。ブーダン・ノワールは加熱しすぎると血が固まってぼそぼそした食感になってしまうが、焼きが足りないとロース肉の脂がカリッとせず、食感が悪くなってしまう。そこで、低温で調理し、1人前に切り分けたあとに裏側だけをグリエして表面を焼き上げ、見た目の美しさとブーダン・ノワールのなめらかさは保ったまま、脂の香ばしさと歯切れのよさを引き出した。付け合わせは定番のりんごと根セロリのピュレを合わせる。

作り方は 195 ページ

花悠仔豚の藁焼き

燻製にかける時間は1分。これだけで十分に藁のよい香りがつく。長く入れすぎると燻製の香りが強すぎ、くどい印象になってしまう。

国産の仔豚は普通はさっぱり味だが、花悠豚はまったくの例外。仔豚特有のジューシーさは十分にありながら、豚らしいふくよかな香りも持つ。そのおいしさがストレートに感じられるよう、あえてシンプルなローストにしてみた。皮の水分を飛ばして完全に焼ききってから、肉を低温でじっくりローストする。皮のパリパリ感と肉汁溢れるジューシーさとの対比がたまらない。最後に藁で燻製し、藁特有の香りをまとわせる。柚子こしょうで辛味をきかせたシュークルートをソースがわりに添え、ビストロ風の豪快さをイメージさせながらも、洗練された味わいに仕上げた。

作り方は195ページ

酒井一之シェフに学ぶ
ヴォライユの基本知識と各種の特性

街角のヴォライユ看板。フランスらしいおしゃれなデザインで品質をアピール。

食用に飼育した鳥類、家禽の総称である

今回使用のヴォライユ
伊達ハーブ鶏、フランス産鴨、子鴨の胸肉、マグレ・ド・カナール、子鳩、ほろほろ鳥、うずら、イタリア産うさぎ

人間は食に対して非常に情熱的な生き物で、おいしいものを発見したら、それをいつでも食べられるよう、たゆまない努力をするものだ。植物は栽培で、動物は飼育や養殖で確保し、各国・各民族の食文化を発展させてきたのは周知の通り。

ヴォライユとは、肉や卵を食用とするために飼育している家禽類の総称。ラテン語の「飛ぶもの volatilis」が語源のフランス語で、鶏、鴨、鳩、ほろほろ鳥、うずら、鶩鳥、七面鳥、きじなどの鳥類のほか、哺乳類のうさぎなどがヴォライユとして扱われる。

東南アジア原産の野鶏をもとにすでに数千年前の古代中国で家禽化され、長い長い旅をへてヨーロッパに伝わったと考えられる食べた野鳥や、他国から移入された家禽が旨かったので、なんとかこれ

を自国内で飼育できないかと人智の限りを尽くして各地の土壌に根づかせ、世界中の食通をうならせる最高品質のヴォライユに磨き上げたのが、フランスなのである。

ヴォライユ大国、フランス

ここで注目したいのが、日本人との違いである。肉食が禁じられていた中～近世の日本でも狩猟で得たきじや鴨、鶴やうずらなどの野鳥をひそかに食べてはいたが、鑑賞・愛玩目的と闘鶏のほかは、食用のために大々的に飼育することは少なかった。肉食が解禁された明治以降も、大規模な産業として成立した家禽は、鶏ただ一種といってよい。

ひるがえってフランス人。もともと土地にいた鳩やうさぎのみならず、渡り鳥の鴨や雁やうずら、北アフリカ原産のほろほろ鳥、北アメリカ原産の七面鳥までも熱心に飼育した。

古代ローマ時代にはじまった鵞鳥の強制肥育と南米からもたらされたトウモロコシが合体し、質を高めたフォワグラしかり、屠鳥のやり方にまでこだわって肉の風味を向上させた窒息（エトゥフェ）鴨しかり。現在、フランスは世界一のほろほろ鳥生産国であり、16世紀に伝えられてブリヤ・サヴァランの大好物となった七面鳥の肉がパサパサのアメリカ産とは比較にならないほど見事な味だ。

いま都市部のマルシェ（市場）に行ってみると、家禽肉専門店の「ヴォライユ」があり、各種のヴォライユが丸のままの姿でぎっしりと並んでいる。鶏肉だけ、それ

右上）農家では鶏が昔ながらの放し飼いで飼育される。
左上）各種のヴォライユが並ぶパリの精肉店。
左）肥育（ガバージュ）の前、鵞鳥はのびのびと外で運動しながら育つ。

丸ごと販売されるのが一般的。価格も日本より手頃だ。

も切り身だけが売られている日本ではあり得ない壮観な光景である。そこには飼育の仕方と品種改良の、絶え間ない試行錯誤の歴史があったのだろう。鶏肉以外にはあまり関心をはらわなかった日本人にくらべ、フランス人のおいしい鳥の肉に対する執着心と、美食にかける情熱に、喝采を贈らざるをえない。

個性と万人好みの食べやすさを兼ね備える

ジビエ（野鳥獣）の料理に深い愛着を抱くフランスのことだから、おそらくシギやツグミ、もしかしたら白鳥や孔雀までも、食用にするために飼育を試みたことがあったかもしれない。しかし、結果として現在、おもに飼育されているのは、鶏、鴨（家鴨）と鵞鳥、鳩、ほろほろ鳥、七面鳥、うずら、山うずら（ペルドロー）、きじ、う

さぎの10種である。
山うずらときじは、元来はジビエとして珍重されていたが、自然環境の悪化のため野生の頭数が激減したため、近年盛んに飼育されるようになった。そのため完全な家禽というよりは、半野生のイメージでとらえられているようだ。
このように歴史のなかで淘汰され、産業として確立し、フランス人の食卓に定着するためには、動物の側に人工飼育に適した能力があったことはもちろん、フランス人の側にも、それぞれのおいしいと思える味との両方を兼ね備えていたからではないだろうか。
日本の鶏肉の質が焼き鳥に適しているように、フランスではフランスの食文化に即したヴォライユが開発されてきた。したがってヴォライユ以外はあまりなじみがない日本でも、これらヴォライユのフランス料理における位置を理解し、多彩な調理方法を学ぶことは、料理体系の全体を把握するためにも、たいへん意味深いことなのである。

白いヴォライユ、赤いヴォライユ

ヴォライユと一言でいっても、白いヴォライユと赤いヴォライユは、まったく別ジャンルの食材だ。

加熱に対する考え方を、がらりと変える必要がある。
赤身肉のヴォライユは仔羊や牛肉と同じように、セニャン、ロゼア・ポワン、ビアン・キュイと、さまざまな焼き方の段階があり、最上の加減とされる「ロゼ」の状態には幅がある。また、焼いたあとに休ませることの大切さがよく理解されるようになってからは、失敗が少なくなった。
対して白身肉のヴォライユは、必ず中心まで火を入れなければいけないが、入れすぎてもいけない。一定以上の火が入るとジューが出てパサパサになり、急速においしさが失われてしまうからだ。火が芯まで通った瞬間の一歩手前で上げるのは至難の業で、赤身肉をロゼに焼くより、さらに高度な技術を要する。
白いヴォライユの代表は鶏、赤いヴォライユの代表が鴨。日本では安価で庶民的なイメージが強いため軽視されがちな鶏肉は、実はいちばん手強い相手である。
「ヴォライユ」の語が単独で鶏を指すように、家禽料理の基本的な食材として、もっとも火入れが難しい食材として、心して料理してもらいたいと思う。
なお、本書では鶏、鴨、鳩、ほろほろ鳥、うずら、うさぎの6種をとりあげ、日本のフランス料理店ではめったに利用されない鵞鳥と七面鳥は省略することにした。一般的に肉の種類が少ない日本で、種類豊富なヴォライユは店のメニューを華やかにするのに有効でもある。まず、鶏と鴨を手始めに、それからすべての種類を使いこなせるよう研鑽を積んでほしい。

Volaille 鶏
ニワトリ

- Poussin（プッサン）＝ヒヨコ、250～300gのひな鶏
- Coquelet（コクレ）＝約500～600gの若鶏
- Poulet（プーレ）＝若鶏の総称
- Poulet de Grains（プーレ・ド・グラン）＝穀物を餌に育った1kg前後の若鶏
- Poulet Reine（プーレ・レーヌ）＝1.5kg前後の若鶏
- Poulette（プーレット）＝雌の若鶏
- Poularde（プーラルド）＝肥育した雌の若鶏
- Chapon（シャポン）＝肥育した去勢鶏
- Poule（プール）＝生後1年以上経った雌鶏
- Coq（コック）＝生後1年以上経った雄鶏

フランス人の国民的ご馳走、国のシンボルでもある

ご存じだろうか、雄鶏がフランスの国鳥だということを。古来フランス地方に住んでいたガリア人は勇猛果敢で、雄鶏を旗印にローマ軍と激戦を繰り返したという。ガリアのフランス語読みは、ゴロワーズ。「ア・ラ・ゴロワーズ」と名がつく料理に鶏のトサカが使われるのは、その名残りだろう。

ローマ人はガリア人の勇敢さにあやかるために、自分たちの雄鶏をガルスというあだ名で呼び、そのあだ名が鶏の学名 Gallus になったという。

ガリア人の末裔であるフランス人は、闘魂と勇猛さ、美徳のシンボルとして雄鶏を神聖視した。今日でもさまざまなスポーツのナショナルチームがシンボルマークとして採用している。食肉としての鶏も、ヴォライユのなかで生産量・需要量ともに一番多く、有名なブレス鶏やルエ鶏のように、AOC（原産地統制呼称）や赤ラベルで厳しい管理を行い、世界で指折りの鶏を生産していることからも、フランス人の鶏に対するこだわりがよくわかる。

ところで、日本人はもも肉派が多いが、フランス人は圧倒的に胸肉派。レストランでは胸肉だけ供し、ももは賄いに下げてしまうほどだ。特にほどよく歯ごたえがあり、味の濃い肥育鶏の胸肉を好む。その嗜好がよく現れているのがブレス鶏である。

ブロイラーの代名詞で、家庭料理は安い肉の代名詞で、家庭料理であまりにも親しまれているがゆえに、レストランのメニューとして価値をつけづらいかもしれない。しかし、鶏がこれだけ世界中で愛されているのは、ヴォライユ中屈指のおいしさを持っているからにほかならない。なにも高価なブレス鶏を使わなくとも、国内で生産されているおいしい地鶏などを探し、適切な調理をすれば、レストランらしい付加価値がつけられるはずだし、なにより普通の食材から立派な料理を作れるのが、すぐれた料理人なのである。

フランスで鶏は1羽単位の販売が一般的で、丸から調理するのが基本。基礎が抜け落ちがちな若い料理人には、特にしっかり学んでほしいという考えから、最初に丸鶏のさばき方から解説することにした。また、実例の料理はロースト、ソテーというように代表的な調理方法別に分け、あえて高度なレストラン料理ではなく、広く庶民に浸透している古典料理、家庭料理から選ぶことにした。

左右の胸、ももの4つ割り

1 90ページ「たこ糸で美しくまとめる」1〜6と同様の作業を行なってから手羽元を関節から切りはなす。用途によって手羽はつけたままにする。

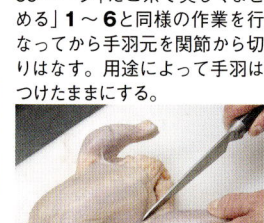

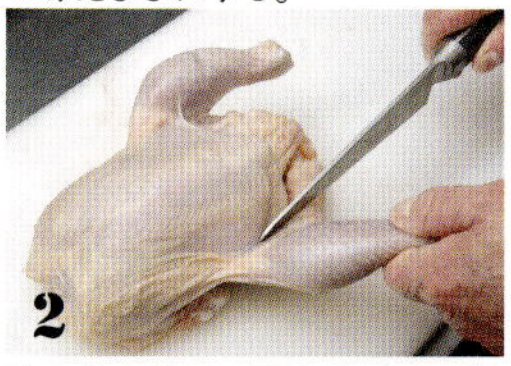

2 胸を上に向け、両もものつけ根の皮に切り込みを入れる。

手羽先、胸、ももに分ける

3 切り込みに親指を入れてもも全体を持ち、手前に起こすように勢いよく引っくり返す。

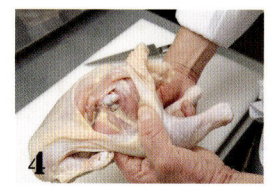

4 引っくり返すと同時に関節をはずす。

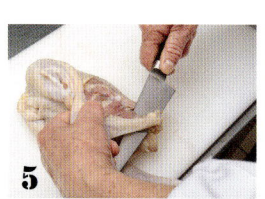

5 関節の外側の筋を切る。

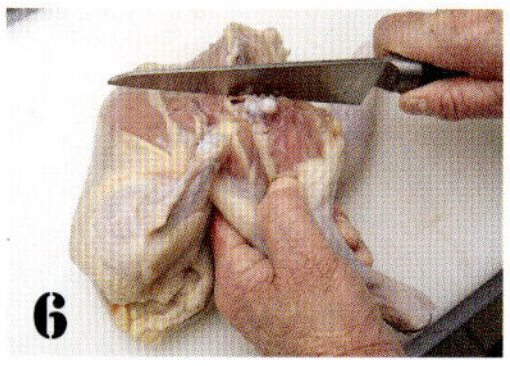

6 胴体を包丁で押さえ、ももを引っぱってはずす。

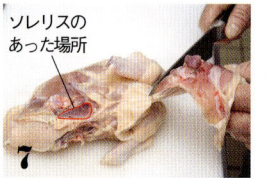

7 ブリア・サヴァランが絶賛した小さじ1杯大の部位、ソレリスがもも側につくように切りはなす。

8 首の穴に包丁の先を入れてV字形の骨を切り、片方の胸を切りはなす気持ちで尾に向かって包丁をおろす。

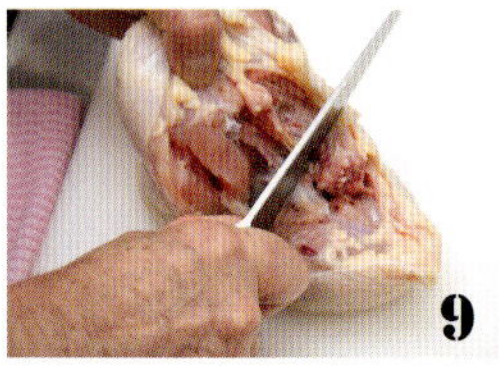

9 半身を包丁で押さえ、包丁を徐々に深く入れながら、胸肉をあばら骨からはがす。

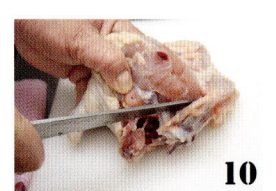

10 もう片方の胸肉も同様にあばら骨からそぐようにして取り除き、ガラと分ける。

11 左から手羽元つきの胸肉、骨つきもも肉、手羽先（手前）とガラ（奥）に分かれた。

86

ももの骨を先だけ残してはずす

1 もものつけ根から先に向かい、骨に沿って両端に包丁を入れる。

2 ももの先を持ち、関節に包丁を入れて切り目を入れる。

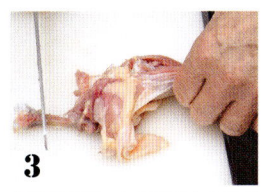

3 骨の端を引っかけて肉からはがし、台の上に押さえつけてはずす。

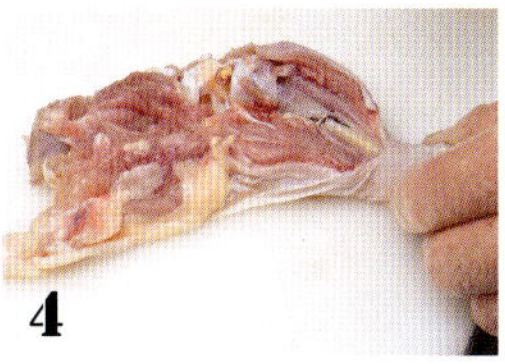

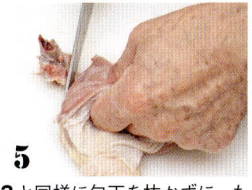

4 残った骨の半分を肉を切らないように注意して包丁で切る。

5 3と同様に包丁を抜かずに、もものつけ根に近いほうの骨を引っかけてはずす。

6 残りの骨は先を切ってまわりを包丁でこそぎ取って掃除し、引っくり返す。

胸肉に残った骨をはずす

1 手羽元のつけ根の三つ又の骨を1本ずつ肉からはがす。

2 根元から三つ又の骨を一緒に切りはなす。

3 手羽中の骨を出し、先を切り揃える。

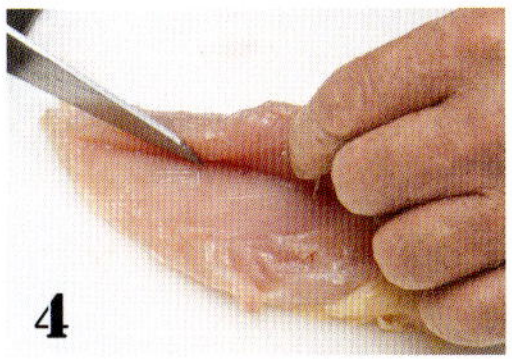

4 厚さが均一になるように、ささ身の横から包丁を入れて肉の薄い方向へ開く。

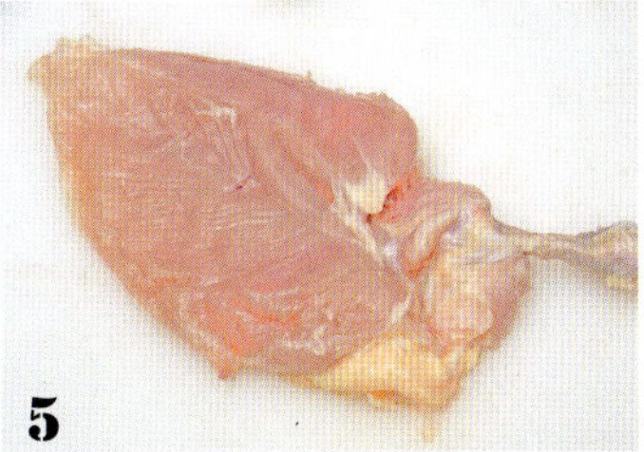

5 きれいに形が整った。

一枚開き

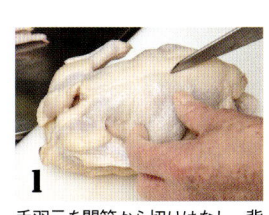

1 手羽元を関節から切りはなし、背を上に向け、背骨の両脇に沿って軽く包丁を当てて筋を入れる。

2 片手でしっかり押さえ、首から尾に向かって浅く包丁を入れて背骨からあばら骨を切り、片ももの関節も切る。

3 首元のV字形の骨のつなぎ目を切り、一枚に開く。

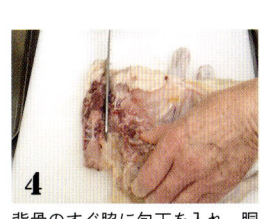

4 背骨のすぐ脇に包丁を入れ、胴体から切りはなす。

5 腰骨の関節に包丁を入れ、腰骨をはずす。

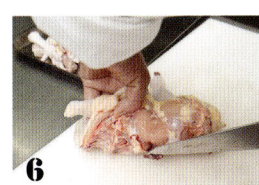

6 もものつけ根に近い骨を半分に切ってひっくり返し、台に押し当てながら腰骨を一緒にはずす。

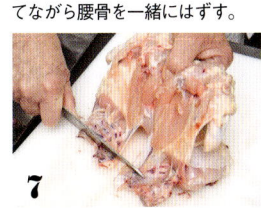

7 あばら骨も同様に先を台に押さえつけ、肉全体を引っぱって一気にはずす。

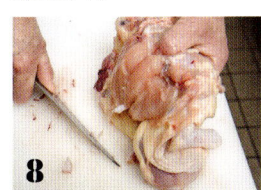

8 軟骨もすべて取り除く。

9 手羽元のつけ根の三つ又の骨を1本ずつ肉からはがし、根元から一緒に切りはなす。

10 ももの骨の脇に包丁を入れて切り開き、関節を切る。

11 もものつけ根に近い骨を、包丁の根元で半分に切る。

12 割った骨の短いほうを肉からはがして引っくり返し、根元を切りはなす。

13 残った骨も肉からはがし、骨を引っくり返して根元を切りはなす。

14 内側から骨をはずすので皮面がきれいに仕上がる。これがクラポディーヌ（ヒキガエルという意味）と呼ばれる形。

Rôtir ロースト

鶏の丸焼きは素朴で豪華なフランスの「国民的ご馳走」

時代の移りかわりとともにフランス料理が変化を遂げた今日でも、フランス人にとって一番の鶏料理は、丸焼きの「プーレ・ロティ」だろう。いまもクリスマスの食卓の花形で、一家の主人が家族の見守る前で切り、銘々の皿に分けるというほほえましい儀式とともに、欠かせない存在である。

飽食の時代の日本人は、贅沢が普通になり、ご馳走にたいする感激が薄れて、よほど高価なブランド食材でもないかぎり喜ばなくなってしまったのではないか。こんな時代の空気から、逆に私は日本人が食に対する好奇心や探求心を失いつつあることを感じている。

しかしフランスでは昔とかわらず、プーレ・ロティが国民的ご馳走の位置づけであり続けている。家庭でも作るし、店頭のオーブンでぐるぐる回転させながら焼いて販売するロティスリー（ロースト専門店）も人気。1羽をみなで分け合っていただく喜び、1羽むだなく食べ尽くして鶏に対する感謝の念を、大切にしている。

私がフランスで暮らしていたとき、ピクニックや旅行で最高のご馳走といえば、店屋のプーレ・ロティだった。丸焼きの利点のひとつは、骨まで火が入っているのでさめづらいことである。

野外で味わう熱々の鶏は、どんな高級レストランのそれよりも美味だった。

おいしさをつなぎ止める骨格があるのと、切り身で調理するのとでは、肉の味にも雲泥の開きが出る。加熱時間は、通常の若鶏で45分間が基本。皮をパリッと焼くためには、途中で何度か、オーブンを開けて肉の下にたまった脂や焼き汁をスプーンですくい、上からかける必要がある。これが「アロゼ」で、ヴォライユ全般をローストするとき、もっとも重要な作業である。

パリの街角のロティスリーでこんがりと焼かれる若鶏。

上手にローストした鶏は、焼くときに肉から出たシンプルなジューだけで味わいたい。肉の醍醐味が一番わかる。日本のレストランでは現在、メニューに取り入れられることが少なく、ロースト用の鶏の成形や、ロースト後の切り分けができない若い料理人が珍しくない昨今だが、原点に戻る意味でも、きちんと習得してほしい料理である。

若鶏のロースト
Poulet rôti et son jus simple

若鶏のローストの作り方

たこ糸で美しくまとめる

1 胸を上に向け、関節に包丁を入れて爪先を落とす。爪先はフォンなどに使用する。

2 首つるの先から縦に浅く包丁を入れ、首の根本まで皮に切り目を入れる。

3 首の皮をはいで骨を持って引っぱり、根本を包丁の先で探り当てて切りはなす。

4 首のつけ根の皮は少し残し、余分を切り取る。

5 手羽先を背の下に入れる。

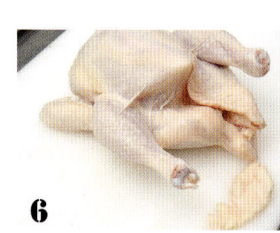

6 尻の部分の余分な脂を引っぱって取り除く。

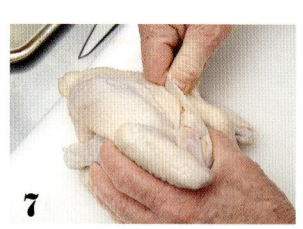

7 背を上に向けて押さえつけ、首の皮を尾の方向へ引っぱって首に蓋をする。

8 胸を上に、尻を自分に向け、皮を両脇に引っぱってシワを伸ばし、全体の形を整える。

9 たこ糸1.5mを通した針を、首の皮が開かない位置に刺し、片ももの骨の上すれすれの位置から出す。

10 針をUターンさせてももの骨に引っかかる位置に刺し、反対のももの骨の上から出す。

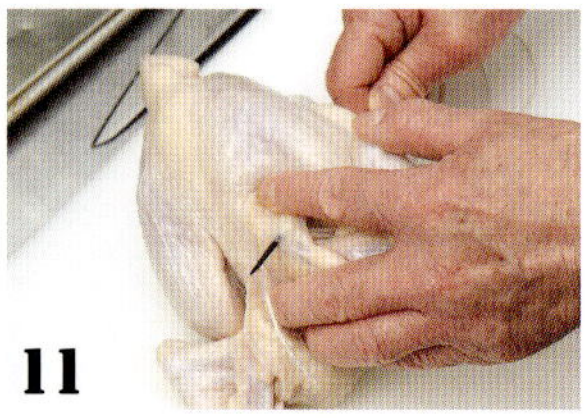

11 反対のももの骨にも引っかかるように針をUターンさせて刺し、最初に針を刺した位置に出す。

12 両ももの骨に引っかけたらたこ糸の両端を引っぱり、全体の形を整えてしっかり縛る。

13 ももの骨にたこ糸を引っかけてまとめるので、ローストしても形崩れしにくい。

14 背の側もきれいにまとまるように、首の皮を引っぱってきっちりと縫いつける感じに。

アロゼしながらローストする

1 尻から塩を腹の中にふる。

2 塩を敷いたところに背を下にしてのせ、胸の上にも塩をたっぷりふる。

3 塩を両手で押さえつける。ロースト中に塩はある程度落ちるので、多めに。

4 ローストパンにサラダ油を敷き、鶏を横にしてのせ、上からもサラダ油をかける。

5 直火にかけ、ときどきローストパンを揺すりながら、鶏に薄く焼き色をつけ、反対側も同様に焼く。

6 ローストパンを傾けて油をスプーンですくってかけながら、全体を薄いきつね色に焼く。

7 尻、首も焼き色をつけ、胸を下にして180〜200度のオーブンで15分間、ときどき油をすくってかけながら焼く。

8 反対の胸も15分、背を下にして15分、仕上がる前に首と胸も焼く。鶏の腹から流れる肉汁が透明なら完成。

サービス用のフォークを使った卓上での切り分け方

1 横に向けて背骨の脇の位置に包丁を入れ、中のたこ糸を切って外側から抜く。

2 フォークで押さえながら包丁を深く入れ、背骨からあばら骨を切りはなしてふたつに割る。

3 背骨のついている半身を少しももの方向に倒し、胴体から完全に切りはなす。背肉の先に三角形の皮が残る。

4 包丁であばら骨をはがしながら、途中、フォークの間にあばら骨を挟んで引っぱり、きれいに取り除く。

5 ももをつけ根から切りはなす。尾から斜めに包丁を入れて手前に引く。

6 すっと簡単に切りはなすことができる。

調理場での切り分け方

1 胸を上にし、尻から刃を上に向けて包丁を入れ、中のたこ糸を切る。

2 包丁を刺したまま鶏を少し横に倒し、たこ糸を抜く。

3 背骨の脇に大きく開いたU字形の切り込みをふたつ入れ、ソレリスをもも肉に張りつきやすくする。

4 もものつけ根に包丁を入れる。

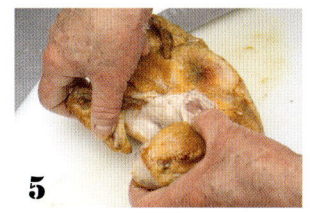

5 背を上に、尻を自分に向け、U字のカーブ部分に親指を当ててソレリスがもも肉につくようにしてはずす。

6 胸を上に向けて首元のV字形の骨のつなぎ目を切り、中央に軟骨の両脇に包丁を半分程度入れる。

7 両手で台に押し当てて両側を引っぱりながら胸肉を開いて2枚に分ける。

フォン・ド・ヴォライユについて

ソースやスープ、煮込みのベースになる白いフォンで、応用が利くので小さい店ならフォン・ブラン（仔牛肉とガラからとる白いフォン）がなくても、これ一本であらゆる食材に汎用できる。材料は、鶏ガラ、つめ鶏、鶏ガラとつめ鶏併用の3通りがある。つめ鶏は長時間煮ないと味が出ず、旨みと同時にいやな雑味も出がちなので、短時間でゼラチン質豊富なおいしいフォンがとれる鶏ガラだけで作るほうが多い。

●材料（出来上がりは2.5ℓ）
鶏ガラ 4～5kg／水適宜／にんじん5～6本／玉ねぎ5～6個／洋ねぎ（緑色の部分）2本分／セロリの芯、パセリの軸各適宜／にんにく1株

●作り方
1 ガラは水にさらして血抜きをする。
2 ガラの水気を切って鍋に入れ、全体がかぶるくらいの水を注いで強火で沸騰させる。
3 弱火にしてアクをすくったらにんじん、玉ねぎの粗切り、残りの材料を加え、さらにアクをすくいながら2～3時間煮込み、シノワで漉す。

ソースとつけ合わせ

●材料
ソース［にんじん（1cmの角切り）1本、玉ねぎ（1cmの角切り）1個、ブランデー・マデラ酒・フォン・ド・ヴォライユ・45％生クリーム・塩・白こしょう各適宜］／メークインのトゥルネ30個／にんじんのトゥルネ12個／サラダ油、無塩バター各適宜／ブロッコリー、いんげん、モロッコいんげん、クレソン各適宜

●作り方
ローストで出たジューからソースを作る
1 ローストパンの底の旨みたっぷりの油でにんじんと玉ねぎを炒める。
2 しんなりしたらブランデー、マデラ酒をまわしかけ、木べらで底の旨みを十分にこそぎ落として水分がなくなるまで煮詰める。
3 鍋に移してフォン・ド・ヴォライユを加える。
4 鶏の脂が十分すぎるほど浮いてくるので、アクと一緒に加減しながらすくい取る。
5 生クリームを加えて濃度を調節し、塩、こしょうで味を調える。

つけ合わせを用意する
1 じゃがいも、にんじんは長さ4cmの太い棒状に切り、1本ずつ面取りする。
2 じゃがいもはさっとゆででんぷん質を固め、水気を切り、多めのサラダ油で時間をかけてきつね色に炒め揚げする。途中、バターを加え、全体にからめながら香りを高める。
3 にんじん、クレソン以外の野菜は食べやすく切って塩ゆでし、熱したバターでからめて塩、こしょうをする。
4 トレーにローストを盛りつけて彩りよくつけ合わせを添え、ソースはポットに入れて供する。

Pocher ポッシェ

ダイナミックに丸ゆでするのが基本

ポッシェとは「ゆでる」こと。ローストとならび、丸ゆではは鶏のもっとも典型的な調理法である。今回、紹介するプール・オ・ポは、ゆでるだけで完結する素朴な家庭料理だが、ゆでたあとに各種のソースを組み合わせたり、胸肉を切り出してショーフロワに仕立てるなど、古典料理書には数々の贅沢なメニューが載っている。ほかにも詰めものをしたゆでる肉をゆでるガランティーヌやバロティーヌなども、ポッシェの範疇である。

最近、低温調理、分子料理、真空調理など、科学的な視点を取り入れた調理が流行し、たとえばラップで包んだ肉を、たんぱく質の凝固温度に即した60〜70度のスチームコンベクションで加熱することが普通になったが、これらは古くから行われているシャルキュトリー類をポッシェするときの温度帯とほぼ合致する。昔の基本が最新調理機器と数値化によって最先端に変身したわけである。このことからも、古典料理に習熟することの大切さを、あらためて強調しておきたい。

プール・オ・ポは「土鍋の雌鶏」という意味で、ようするに鶏のポトフである。ゆで汁はブイヨンとして、肉と野菜はメインディッシュとして、肉と野菜はメインディッシュになる。まだ石炭や薪が燃料だった頃は、いつも火種があるオーブンに鍋をのせて、たっぷりの野菜と一緒に丸ゆでにしたものだろう。

現代風に作りかえることは可能だが、善人王として知られるアンリ4世（1553〜1610）が「貧しい農民にせめて日曜くらいはこれを食べさせてやりたい」と願い、フランス料理のダイナミズムを強く感じさせてくれる料理だから、素朴でダイナミックなままが一番だと思う。

田舎の農家ではこんなのどかな風景も見られる。

たっぷりのマスタードと塩だけで豪快かつシンプルに。滋養に富んだブイヨンは病中食にもうってつけだ。翌日、残った肉はほぐし、ブイヨンに米やじゃがいもで濃度をつけてポタージュにするなど、再利用するのが常。

プール・オ・ポ
Poule au pot

●材料（4人前）
若鶏1羽／トリュフの薄切り大6枚／玉ねぎ1/3個／にんじん3cm厚さ4個／セロリ2本／洋ねぎセロリと同量／根セロリ3cm大4片／フォン・ド・ヴォライユ（91ページ参照）適宜／じゃがいも3cm大4個／塩、白こしょう各適宜

●作り方
ぶつ切り野菜と鶏を丸ごと煮込む
1 鶏は胸肉と皮の間に静かに指先をすべり込ませて隙間を作り、トリュフを挟む。
2 ももの先の切断面がむき出しにならないように皮をかぶせ、内側に折り込む。たこ糸でまとめなくてよい。
3 鶏、野菜、かぶるくらいのフォン・ド・ヴォライユを火にかけ、塩、こしょうで軽く下味をつける。
4 アクをすくいながら鶏に火が入り、野菜が柔らかくなるまで約45分間ゆでる。仕上がる15分前にじゃがいもを加える。

皮と身の間にトリュフの薄切りを挟む。ヌーヴェル・キュイジーヌの時代に復活し、もてはやされた古典的な手法。

Ballotine バロティーヌ

現代化が楽しめる古典料理

骨を抜いて一枚開きにした家禽肉に挽き肉などの詰めものをし、ロール状に巻き上げてブイヨンでポッシェする料理がバロティーヌ。元の形に成形してポッシェするガランティーヌも同義の料理である。本来バロティーヌは温製前菜、ガランティーヌは冷製前菜として供するのが普通だったが、近年では境界線が曖昧になった。ともにフランスではシャルキュトリーやトレトゥールの花形商品でもある。詰めものを変えれば無限のバリエーションが可能で、料理人の想像力をかきたててくれる。

今回私が作ってみたように、簡略化したスタイルもありえる。もも肉でほうれん草とアスパラガスを巻き、キャベツとアルミ箔で包み、ちょうど肉に火が入ったかな、という状態にゆで上げる。熱々がおいしい現代的なバロティーヌである。

作り方は112ページ

キャベツで包んだ若鶏のバロティーヌ
Ballotine de poulet en robe de chou vert

Sauter
ソテー

炒めてから煮込む料理である

若鶏のソテー マレンゴ風
Poulet sauté Marengo

鶏肉と甲殻類は古典的な組み合わせ。
揚げた卵とクルトンを添える。

日本的感覚だとただ炒めるだけだが、フランス料理の場合、肉をいったん炒めてから必ずソースで煮込むのがソテーの手法。クリームで白く煮込むフリカッセに対し、ソテーは茶系や赤など色のあるソースで煮込む。

無数にある若鶏のソテー料理のうち、「マレンゴ風」はナポレオンが北イタリアのマレンゴ村で1800年6月、オーストリア軍に勝利した史実とともに名高い。料理人デュナンが、近くの農家で調達してきた鶏と卵とトマトとオリーブ油、沼で採ったザリガニを組み合わせて即興で作った戦場食で、お気に召したナポレオンはその後も所望しつづけたという。

いまから40年前までは、マレンゴ風のような古典料理はどこのレストランでも食べられたものだ。古典料理と、そのバイブルであるエスコフィエを乗り越えようとしたヌーヴェル・キュイジーヌの勃興以降、料理人の創意工夫が尊重されたあまり、こうした過去の料理は失われてしまったが、久しぶりに作ってみると古さは感じない。古典料理にうとい若い料理人には、むしろモダンに映るのではないかと思えたほどである。

作り方は112ページ

95

Fricasser フリカッセ

白く仕上げた煮込み料理の総称

若鶏のフリカッセ　ピーマン風味
Fricassée de poulet aux poivrons

鶏と豚が平和に共存する
フランスの農家。

作り方は112ページ

フリカッセとはクリーム煮のことで、白身肉のヴォライユのほか、仔牛や豚肉にも使われる。家庭料理ではいまもポピュラーな方法だが、かつてはレストランの人気メニューだった。日本でも「チキン・ア・ラ・クレーム」といえば、お洒落な西洋料理の代名詞だった時代がある。

乳脂肪分を控えた低カロリー料理がもてはやされた結果、顧みられなくなってしまったが、いつまでも消えてほしくない普遍的なおいしさがある。

鶏肉をバターで色づけないように炒めてからブイヨンを足して煮、肉にちょうどよく火が通る寸前に取り出す。煮汁に生クリームを加えて煮詰め、澱粉、米、卵黄、ブール・マニエなどで濃度をつけてソースを仕上げる。

組み合わせる野菜はシャンピニョン、小玉ねぎが一般的だが、今回は鶏肉と同様、火を通さねばならないが通しすぎは禁物という、デリケートな火加減を要求するピーマンを選んだ。鶏肉もピーマンも庶民的な食材だが、加熱を適切にすれば本当においしい。そうした原点に戻って作ってみたのである。

96

Mijoter ミジョテ

ミジョテとは、とろ火でコトコト煮る調理法。ソテーと同様に無数の料理があるが、鶏でどうしても挙げなくてはならないのが、ワインで煮込んだコック・オ・ヴァンだろう。

オーベルニュ起源、ブルゴーニュ起源など諸説があり、どのワインを使うべきかの論争も盛んだが、コック・オ・ヴァンが好物だった偉大なるシェフ、レイモン・オリヴェ氏は「確かにグラン・ヴァンで煮込むとおいしいし、そのグラン・ヴァンで食べるのは最高の贅沢だが、煮込むワインにこだわる必要はない」といっている。ようは農家が庭先で飼っている雄鶏をつぶして地酒で煮込んだのがはじまりだから、フランス全土で作られ、各地方、各家庭、各レストランによって違ってくるのも不思議はなく、アルザス地方など白ワインの名産地では、当然のように白ワインで煮込む。

農家風の作り方では最後にソースを鶏の血でつなぎ、鶏の血が手に入らない場合は豚血で代用したが、1960年代くらいから血は加えず、軽く仕上げるのが一般的になった。また、昔は固い雄鶏をマリネ後、時間をかけて徹底的に煮込んだが、それでは肉本来の旨みが消えてしまうので、現在は料理名はコックでも若鶏を用い、短時間で煮上げるほうが多くなっている。

作り方は112ページ

各地方のワインで煮込む代表的な農家料理

コック・オ・ヴァン
Coq au vin

左が約5kgのコック（雄鶏）、右が若鶏。コックは2時間も煮込まないと柔らかくならないが、若鶏は煮すぎないのがポイントになる。

Griller グリエ

もっとも原始的な調理法

網やグリル板を用いて薪や炭火で焼くグリエはもっとも原始的な調理法で、シンプルゆえにみな熱中しやすい。日本人が備長炭にこだわるように、肉を焼くなら葡萄の木、魚ならフヌイユの枯れ枝が最高などと、グリエには一家言あるフランス人が多く、だれもが自分のアイデアを出しながら楽しむ、参加型料理といえる。

日本の焼き鳥はタレの文化だが、グリエは油や酒でマリネしたり、マスタードや香草をまぶすなど、肉自体に風味をつけ加えて焼くことが多い。今回はエルブ・ド・プロヴァンスをびっしりとつけ、ソースは添えず、アンチョビ・バターをのせて南仏風の一皿に仕立ててみた。

古典料理でポピュラーなのは、一枚開きで焼く豪快なスタイル。形がヒエガエルに似ているので「クラポディーヌ」と呼ばれる。途中でカイエンヌペッパー入りマスタードを塗り、パン粉をふりかけてピリッと辛いソースを添えると、有名な「ディアブル風」になる。

作り方は112ページ

若鶏の香草グリエ
Poulet grillé aux herbes

Paner
パネ

細かいパン粉をまぶし、食感が繊細な衣をつける

若鶏胸肉のポジャルスキー風
Suprême de poulet Pojarski

パネとはパン粉をまぶすこと。一般的には粉、卵、パン粉をまぶすが、「イギリス風」になると油、パン粉に変わる。日本のようにたっぷりの油で揚げず、少量の油脂でソテーする。バゲット主体のフランス式パン粉は粒子が細かいため、カリッとしたトンカツの衣とは異なり、非常に繊細な食感になる。

古典料理の「コートレット・ド・ヴォライユ」すなわちチキンカツレツは、キエフ風(バター入りパン粉をまぶしトマトソース添え)、オルロフ風(モルネー・ソースとチーズをのせてグラタンにする)など多彩なバリエーションがある。今回はパネの趣向を変えて、ムース状にした肉をもとの胸の形に整えてパネをした。ポジャルスキーという名前からわかるように、19世紀パリで活躍したロシア人考案の料理である。

ポイントは、ざらつきを残さず、なめらかなペーストになるよう肉を入念に裏漉すこと。そこにポマード状のバターと生クリームを練り込み、やっと成形できる固さに仕上げることである。手間ひまかかるだけに、古典料理ならではの贅沢感が味わえる。

作り方は112ページ

Canard 鴨
カモ

歴史に残るスペシャリテを生んだ高級食材

近年、フォワグラは鷲鳥でなく鴨が主流になった。

カナール（キャナール）は、家鴨、野鴨両方の総称で、家鴨の場合でも、メニューにはただカナールと書く場合が多い。フランスではバルバリー鴨、ルーアン鴨など、品種名を明記する場合もある。また、生後2か月くらいまでの雄の子鴨はカネット、雌の子鴨はカヌトン、フォワグラ用に強制給餌で肥育した鴨の胸肉はマグレと呼ばれる。

白身肉のヴォライユの代表が鶏だとしたら、赤身肉の代表は圧倒的に鴨である。

フランスの鴨の生産量はヨーロッパでトップ。現在、その半分以上はフォワグラ用だが、肉も高級料理用の食材として珍重されてきた。

血でソースをつなぐ「トゥール・ダルジャン」の番号つき鴨料理や「マキシム・ド・パリ」の鴨のオレンジソース、パリの名物ビストロ「アラール」の鴨大根やオリーブ煮、アラン・サンドランス氏の鴨のアピシウス風など、歴史に残る鴨のスペシャリテは枚挙にいとまがない。パテをはじめ、各種の料理に活用されるが、基本になるのは鶏と同じく丸ごとの調理。昔は1羽のまま丸ごとポッシェし、皮をはいで肉に果物の甘いソースをかけることも多かった。いまでは皮に価値観を置いたローストが主体で、しかも甘いソースは敬遠されがちなので、若い料理人は想像もできない味だろう。

今回私が採用したのも、古典的ではあるが私自身がおいしいと思う方法で、丸ごとローストして胸肉はちょうどいいロゼ色に焼き上げ、香り高いモリーユ・ソースを組み合わせた。以前、鴨はエギュイエット（薄切り）にするのが常道だったが、肉汁をより味わうため厚切りにする。固いもも肉は完全に火を通さなくてはおいしくないので、切り取って別にグリエし、盛り合わせた。もも肉はサラダ仕立てにして、二皿目のサービスにしてもよい。

作り方は112ページ

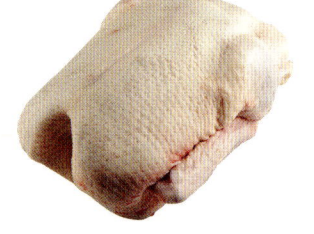

12週齢、1.5～1.7kgのバルバリー鴨。雄は10週で2kgを超えることもある。

家禽の鴨のなかでもっとも大きくなるバルバリー種鴨。フランスの家鴨の8割以上を占めるという。

鴨のフォン

● 出来上がりは1.5ℓ
鴨の骨つきすね肉5kg／玉ねぎ4個／にんじん2本／セロリ1本／にんにく1株／サラダ油、水各適宜／トマトペースト100g／ブーケ・ガルニ（セロリ、パセリの軸、ローリエ、タイムの乾燥各適宜）／黒粒こしょう少々

● 作り方
1 すね肉は1〜2cm幅に叩き切り、野菜はすべて細かく刻む。
2 サラダ油を敷いた天板に肉をのせて200〜250度のオーブンに入れ、ときどき混ぜながら色づくまで焼く。
3 野菜を加えて2と同様に色づくまで焼き、トマトペーストを加えてよく混ぜ、少し焼く。焼き時間は計20〜30分。
4 鍋に移してひたひたより多めの水、たこ糸で束ねたブーケ・ガルニ、黒粒こしょうを加え、強火で沸騰させる。
5 アクをすくって弱火にし、途中で蒸発分の水を足し、45分間煮込んでシノワで漉す。

鴨のロースト　モリーユ・ソース
Canard rôti aux morilles

胸肉をロゼにロースト後、ももはグリエでさらに火を入れる。

皮下脂肪たっぷりの「痩せた肉」マグレ

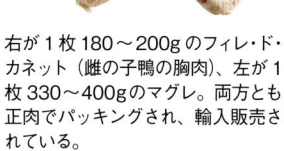

右が1枚180～200gのフィレ・ド・カネット（雌の子鴨の胸肉）、左が1枚330～400gのマグレ。両方とも正肉でパッキングされ、輸入販売されている。

マグレ・ド・カナールのポワレと4種の豆類
Magret de canard poêlé aux quatre pois

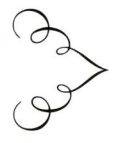

マグレは「痩せた、脂のない」を意味するメーグル（maigre）の派生語。転じてメーグルには「まずい、下手な料理」という意味もあり、マグレははなはだ人聞きの悪い名前である。

フォワグラ用に肥育した鴨の部位のなかでは脂肪が少なく、肉は赤身100％なのでこの名がついたが、実際はたっぷり皮下脂肪がついている。また、近年フォワグラ生産の主流が鵞鳥から鴨にシフトした理由のひとつに、肉厚で大きく、旨みも濃いマグレの需要が高まったことがある。なお、もも肉は鴨の脂で煮込んでコンフィにするのが、もっともオーソドックスな利用法である。

この皮下脂肪の多さが特徴で、皮は熱伝導率が肉より低いため、皮面からゆっくりじっくり焼き、脂を溶かしながら肉をジューシーに仕上げることができる。このとき出た鴨の脂で野菜を炒めると、たいへんに美味。じゃがいもとトリュフを炒め合わせたペリゴール地方の郷土料理が、有名な「じゃがいものサルラデーズ」である。

皮を除いて肉だけで調理する手もあるが、香ばしい皮の風味と脂のコクが持ち味だから、つけたままのほうがよい。肉はしっかりした食感を持ち、ジューシーで食べごたえがある。

作り方は112ページ

102

柔らかく食べやすい子鴨の胸肉

子鴨のシュークルート添え
Filet de canette à la choucroute

カヌトン（雄の子鴨）の看板をかかげたレストラン。

フィレの状態でパッキングされた子鴨の胸肉をローストし、生姜風味の甘酸っぱいソースと、アルザス風にシュークルートを組み合わせてみた。

子鴨のフィレは小さくて扱いやすく、ジューシーさではマグレにかなわないが、肉の味は負けず劣らずしっかりしている。特徴はなんといっても柔らかいこと。大きく切ってもかみ切りやすい。また、バルバリー鴨、シャラン鴨など、各品種の胸肉がフィレの状態で輸入販売されているので、使い分けてみるのもいいだろう。

なお、鴨の処理には血抜きしたタイプと、血抜きせず全身に血をまわした窒息（エトゥフェ）タイプとがあり、サルミに代表される血液でつなぐソースは、窒息のタイプで作るのが常道である。

作り方は112ページ

Pigeon 鳩 ハト

野生に近い風味を持つ赤身肉

フランスで食用飼育鳩といえば、ブレス産。それも巣立ち前の子鳩が最上品とされる。鴨と同様、処理には血抜きと窒息（エトゥフェ）の両方がある。

鳩胸といわれるように厚く盛り上がった胸肉はきわめて柔らかく、ただ焼くだけで最高に旨い。鉄分の多い赤身肉は野生に近い風味があり、ジビエ好きのお客さまにも好評で、抵抗なく召し上がる方が多くなった。

赤身肉のセオリーどおり、胸肉の焼き具合は「ロゼ」から「ア・ポワン」。ももはまだ筋肉が発達していない子鳩でも胸にくらべて固いので、胸より火を入れたほうがおいしく食べられる。

調理法はロースト、ソテー、ココット焼き、ブレゼ、グリエなどの温製料理のほか、ガランティーヌ、ムース、ゼリー寄せなどの冷製料理にもさかんに利用される。

昔はもっぱら伝書鳩用に飼われ、食用にするのはジビエの野鳩中心だったが、伝書鳩がすたれ、野鳩が減った今日、食用鳩の飼育は順調に伸びている。かなりの高級食材だが、なぜか公園の鳩を捕獲してまで食べようとするフランス人はいないようだ。一度、マルセイユの公園で鳩を投網で捕獲している公園管理課の男がいて、これは食用に違いないと声をかけてみると、

「山で放すんだ。帰巣本能でまた公園に戻ってくるし、年中卵を産んで増える。永遠に終わらない、いい仕事だ」と笑っていた。フランスで鳩は手厚く扱われているのである。

頭・羽なしのフランス産子鳩。400g前後がベストとされる。胸部の肉づきを見て良し悪しを判断する。

おしゃれな店構えのマルセイユのヴォライエ（家禽専門店）。

●材料（1〜2人前）
子鳩1羽／塩、白こしょう、サラダ油、無塩バター各適宜／エシャロット（みじん切り）4個／赤ワイン300cc／コニャック少々／鴨のフォン（100ページ参照）150cc／セミドライいちじく（半割り）1個／ドライアプリコット2〜3個／じゃがいも（せん切り）1個／小なす1本／クールジェットの薄切り2枚／プティトマトの薄切り2枚／グリーン・アスパラガス1本

●作り方

鳩をローストしてソースを作る

1 鳩は胸の皮に斜めに軽く包丁を入れ、塩、こしょうをし、サラダ油を熱したフライパンで、油をスプーンですくってかけながら皮面に焼き色をつけ、200度のオーブンで6分間ローストする。
2 もも、胸肉2枚を切りはなし、残りは適当な大きさに切ってサラダ油で炒める。
3 バターでエシャロットをしんなりするまで炒め、赤ワインを加えてアルコールを飛ばし、あめ状に煮詰める。
4 骨を加え、骨を炒めたフライパンが熱いうちにコニャックをふり、底の旨みをこそぎ落として加える。
5 鴨のフォンを加えて味が出るまで約15分間煮詰め、シノワで上から押しながら骨のエキスを漉し取る。
6 さらに味が出るまで煮詰め、ドライフルーツを加えて温め、塩、こしょうで味を調える。

つけ合わせを用意して盛りつける

1 じゃがいもはバターを熱した小さめのフライパンで、円盤状に形を整えながらこんがりと焼き、塩をふる。
2 小なすはへたの周囲をまっすぐにカットして縦に4本包丁を入れ、クールジェットとトマトを交互に挟む。
3 塩、こしょうをしてサラダ油をかけ、180〜200度のオーブンでローストする。
4 アスパラガスは皮の固い部分をむいて塩ゆでし、切りはなさないように縦に包丁を入れる。
5 4を皿の中央に盛って切り込みにドライフルーツを詰める。胸肉ともも、カットした1、3を盛り、ソースをかける。

104

子鳩のロースト　ドライフルーツ風味

Pigeonneau aux fruits secs

Pintade ほろほろ鳥
ホロホロチョウ

野性味と淡白さが同居した白身肉

羽毛の白い斑点が特徴的。

鶏や鴨と一緒に、のんびりと放し飼い。

細身で引き締まった若ほろほろ鳥（pintadeau）。1.3kg前後で4人家族の1回分の食事サイズ。

フランス人は、ほろほろ鳥が大好きだ。家庭料理に、レストラン料理に、その浸透度は日本と比較にならない。実は日本でも1980年代に「ほろほろ鳥ブーム」が起こったことがある。和食の専門料理店ができ、フランス料理店でもさかんに使われたものだ。しかしいつしか人気は遠のき、当時できた飼育農場の大部分が廃業してしまった。

日本に定着しなかった理由は、エスコフィエの書物に「調理法はきじに準ずる」とある、きじに近い肉質だろう。野生のきじ肉のように、脂肪が少なく、味が濃く、しっかりした噛みごたえがあるほろほろ鳥の肉質が、脂肪が多くて柔らかい肉をなにより喜ぶ日本人の嗜好とは、マッチしなかったのである。

フランス人が魅力と感じるのが、まさに日本人が抵抗感を抱いた風味と食感。淡白さと野性味が共存した肉は、やはりフランス料理に仕立てるのがいちばんふさわしい。白身肉なので鶏と同様、火の通し方に微妙な配慮を必要とし、火が入っているか入っていないかのぎりぎり瀬戸際に仕上げなくてはいけない。境界を越えるとパサパサになり、見極めには注意が必要だ。

ローストやグリエにも適しているが、もっとも有名なのが「パンタード・オ・シュー」。キャベツと一緒に煮る料理だが、私はもっとシンプルにポッシェするほうが肉がふっくらと、ジューシーに食べられると思う。

●材料（4〜5人前）
ほろほろ鳥1羽／玉ねぎ¼個／にんじん¼本／フォン・ド・ヴォライユ（91ページ参照）適宜／45%生クリーム200cc／グラス・ド・ヴィヤンド少々／塩、白こしょう各適宜／クールジェット、かぶ、姫にんじん、姫大根、グリーン・アスパラガス、セロリ各適宜／自家製ラヴィオリ[薄力粉250g、強力粉250g、全卵3個、塩3g、ナツメッグ少々、セルフィユ適宜]／セルフィユ少々

●作り方
ほろほろ鳥を丸ごとゆで、ソースを作る
1 ほろほろ鳥はたこ糸をかけて形を整える（写真1、2）。
2 鍋に入れて玉ねぎ、にんじんを丸のまま加え、全体がかぶるくらいのフォン・ド・ヴォライユを注ぎ、蓋をして吹きこぼれないよう注意して35分間ゆでる。
3 ゆで汁300ccを別鍋に取って味が出るまで煮詰める。
4 生クリーム、グラス・ド・ヴィヤンドを加えて塩、こしょうで味を調える。
5 クールジェットは姫にんじんと形を揃えて細長く切って面取りし、かぶは縦8等分、姫にんじんと姫大根は皮をむき、アスパラガスは半分に切り、セロリは食べやすい大きさに切る。すべてゆで汁で火を通す。

自家製ラヴィオリを作って仕上げる
1 ふるった粉の中央をくぼませて卵、塩、ナツメッグを入れ、まわりの粉をくずしながら混ぜ合わせる。
2 全体がまんべんなく混ざったらひとつにまとめてラップ紙に包み、冷蔵庫で一晩休ませる。
3 パスタマシンで薄く伸ばす。途中、セルフィユの葉を数か所にのせて挟み、パスタマシンに数回かける。
4 3を10cm四方に切って下ゆでし、水気を切ってフォン・ド・ヴォライユで軽くゆでる。
5 ほろほろ鳥の胸肉を切りはなし、皮を除き、ひと口大に切り分けて皿に盛る。
6 4ラヴィオリと野菜を添えてソースをかけ、セルフィユのみじん切りをふる。

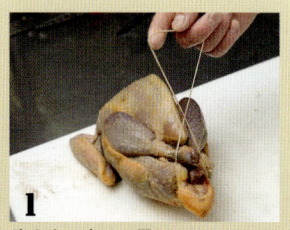

1 腹を上に向けて尾にひっかけ、クロスさせて首の方向へ引っぱる。

2 肩を通って背中にまわし、しっかりと縛る。

ほろほろ鳥のポッシェ　香草のラヴィオリと野菜のラグー

Pintadeau poché, raviolis aux fines herbes et ragoût de légumes

Caille 鶉
ウズラ

かつては王侯貴族が珍重した高級な鳥

かつては野生のうずらを焼き鳥や鍋で食べる習慣があったらしいが、いまの日本でうずらといえば卵中心。かたやフランスでは昔、王侯貴族がジビエとして珍重し、今日も身近な家禽肉としてたいへん親しまれている。

高級レストランの食材として活躍するいっぽう、一般のマルシェでも丸で簡単に入手できる。私がフランスにいたころは「擊ったその場で料理するのが一番おいしい」といった狩猟話をよく聞いたものだが、野生の生息数は激減してしまったようだ。キジ科の鳥なので白身だが、体は小さくても赤身のヴォライユに近いしっかりした味がある。一人前1羽というサイズも使いやすく、値段も手頃である。

鴨ならルーアン、にんじんはヴィッシー、牡蠣はカンカル、うさぎはリヨン……というように、食材と土地が密接に結びつきやすいフランスで、うずらはなぜか名産地が思い浮かばない。そのかわり、うずらを使ったメニューはきりなく発達している。つぼ抜きをした腹に詰めものをしてローストやココット焼きに、豚の背脂やベーコンを巻いて蒸し焼きに。背開きにしてソテーやグリエに。パテやゼリー寄せなど、クラシックな冷製前菜に仕立てることも多い。果物の甘酸っぱいソースを組み合わせるのがオーソドックスだが、一枚開きにして溶かしバターを塗り、パン粉をまぶしてグリエまたはローストで焼き上げ、デイアブル・ソースを添える古典料理も有名だ。

今回、作ったのはシンプルなフライパン焼きに肉汁のソース、レバー入りピラフを添えた一皿。レバーは鶏で代用したが、ピラフに独特の風味をつけ加えるには十分だ。白馬の放牧で知られる南仏カマルグ地方は沼と湖が多いデルタ地帯で、フランスで唯一の米産地であることから、「カマルグ風」と名づけた。ピラフはソースを無駄なく食べるのにうってつけのつけ合わせで、肉汁をよく吸うので詰めものにも適している。

片手にのる140〜180gのかわいらしいサイズ。フランス産は窒息（エトゥフェ）処理が多い。

一般向けの精肉店にも並ぶ、フランス人にとって身近な食材。

● **材料（2人前）**
うずら2羽／塩、白こしょう、無塩バター、コニャック、マデラ酒各適宜／フォン・ド・ヴォー100cc／鶏レバー50g／サラダ油適宜／シャンピニオン大3個／ご飯茶碗山盛り1杯／にんにく（みじん切り）、あわび茸（細長く切る）、鳳尾茸各適宜

● **作り方**

うずらをフライパンで焼き、ソースを作る
1. うずらは塩、こしょうをし、バターを多めに熱したフライパンで、スプーンでバターをすくって胸にかけながら表面を色づける。
2. うずらを取り出し、ももを切り取ってフライパンに戻し、炒める。
3. 胴体は縦半分に切り、骨をはずしてももと一緒に炒める。最後に胸肉も加えてさっと炒める。
4. 別鍋でコニャック、マデラ酒少々を煮詰め、フォン・ド・ヴォーを加え、さらに煮詰める。
5. 炒めた骨を加え、味が出たらシノワで漉して塩、こしょうで味を調える。

レバー入りピラフを作って仕上げる
1. レバーはサラダ油で軽くソテーし、小さく切る。
2. サラダ油で縦4等分したシャンピニオンを炒め、1、マデラ酒少々を加えてフランベし、アルコール分を飛ばす。
3. ご飯を加えてさっと炒め、うずらのソース少々を加えて混ぜ、塩、こしょうで味を調える。
4. サラダ油でにんにくを香りが出るまで炒め、茸をソテーして塩、こしょうをする。
5. 皿にピラフを丸く盛り、胸肉とももを並べて茸を添え、ソースをかける。

うずらのカマルグ風

Caille à la Camarguaise

Lapin 兎 ウサギ

給食にも登場する庶民的なヴォライユ

かわいらしい子うさぎ（ラペロー）のうちがもっとも美味。

白身でくせのない淡白な肉質のせいか、飼育の家うさぎはヴォライユの仲間に入り、日本でも1羽、2羽と数えられる。もとになったのは肉が赤いノウサギではなく、白い肉のアナウサギ。群れで暮らし、畑を荒らす害獣だが、繁殖力が強く、飼育しやすいおかげで、美味な食材として人類に大きく貢献してくれてもいる。ちなみにゴルフのホールは、アナウサギが掘る穴が起源だそうだ。

日本人が考える以上にフランスでよく食べられ、学校給食にも出るほど。レストランの高級食材というより、家庭的、庶民的な肉として親しまれている。パテやガランティーヌ作りも盛んだが、煮込みやソテー、ローストでシンプルに食べるのが私のイメージだ。

これはイタリアでの話だが、イスキア島の友人宅に遊びに行ったとき、母上が飼っていたうさぎで料理を作ってくれた。庭から料理ができるまでわずか30分。頭を一撃し、足にひもを引っかけてぶら下げ、切れ目を入れてするりと皮をむく。間髪入れず内臓を出してぶつ切りにし、ささっと炒めてトマトソースで煮込む、その手際のよさには感心したものだ。

フランスでは、クリーム系のソースで煮込むことが多いうさぎ料理に、手打ちの自家製ヌイユは切っても切れない関係。おいしいソースがよくからみ、とても相性がよい。また、淡白な肉にはピリッと酸味と辛味が利いたマスタードがよく合う。そして、うさぎが春の訪れを知らせる復活祭のシンボルであるように、春野菜の代表格であるグリーンピースもまた、うさぎにつきものののつけ合わせである。

● 材料（6人前）
うさぎ1羽／塩、白こしょう、サラダ油、コニャック各適宜／白ワイン200cc／フォン・ド・ヴォライユ（91ページ参照）適宜／にんじんのトゥルネ36本／シャンピニョン（薄切り）20個／45％生クリーム350cc／ディジョンマスタード120g／ブール・マニエ少々／グリーンピース大さじ6／自家製ヌイユ［ほうれん草1/2把、水少々、薄力粉250g、強力粉250g、全卵3個、塩3g、ナツメッグ少々］

● 作り方

うさぎをおろしてクリーム煮にする

1 うさぎは頭を取って内臓を取り除く。レバーだけ使用する。前後の足、胴体に分け、胴体は肩の部分を切りはなし、残りは4つの筒切りに、ももはそれぞれ2等分する（写真）。
2 塩、こしょうをし、サラダ油を熱したフライパンで色づけないように表面を焼き固める。
3 コニャックをまわしかけて炎を入れ、鍋に移して白ワインを注ぎ、アルコール分が飛ぶまで煮詰める。
4 フォン・ド・ヴォライユをひたひたより少なめに加え、アクをすくいながら軽く煮詰める。
5 にんじんを長さ4〜5cmの棒状に切り、面取りしてフットボール形に整えた36本を4に加え、軽く塩をして15分間煮る。
6 シャンピニョンを加えて肉に火が入ったところで、一度ザルにあけて漉す。
7 煮汁を味が出るまで煮詰め、生クリーム、マスタードを加えてさらに煮詰める。
8 濃度が足りない場合は、ブール・マニエを加え、泡立て器で混ぜて溶かす。
9 野菜と茸、うさぎを戻し、別に塩ゆでしたグリーンピースを加えて軽く煮込み、塩、こしょうで味を調える。

自家製ヌイユを作って仕上げる

1 ほうれん草を塩ゆでして水気を絞り、水とともにミキサーにかける。
2 ふるった粉の中央をくぼませて残りの材料を加え、粉をくずしながら混ぜ合わせる。
3 1を加えて全体がむらなく混ざったらひとつにまとめ、ラップ紙に包んで冷蔵庫で一晩休ませる。
4 パスタマシンで薄く伸ばしながら8mm幅に切り分け、柔らかく塩ゆでする。
5 水気を切ったヌイユを皿に盛り、中央にうさぎの煮込みをのせる。

フランスでは新鮮なレバーを誇示して販売。

頭を入れて13分割。頭と前足はだし用に加える。

うさぎの煮込み　マスタード風味
Fricassée de lapin à la moutarde

キャベツで包んだ若鶏のバロティーヌ
●材料（2人前）
若鶏もも肉1枚／塩適宜／ほうれん草の葉4〜5枚／グリーン・アスパラガス2本／キャベツ大1.5枚／無塩バター、フォン・ド・ヴォライユ（91ページ参照）各適宜／つけ合わせ［グリーン・アスパラガス4本、ヤングコーン2本、ブロッコリー2片、にんじんのトゥルネ6本、セロリの葉4本、いんげん2本］／白こしょう、レモン汁各適宜
●作り方
キャベツに包んでゆでる
1 もも肉は皮をつけたまま包丁を入れて均一の厚さに切り広げ、塩ゆでしたほうれん草とアスパラガスの順にのせて巻く。
2 塩ゆでしたキャベツで1を包む。
3 アルミ箔にバターを塗って塩をふり、2をしっかりと包む。
4 3をひたひたの湯で5分間、ひっくり返して10分間煮る。
5 野菜は、それぞれフォン・ド・ヴォライユでゆでる。
6 フォンを味が出るまで煮詰め、バターを溶かしてレモン汁、塩、こしょうで味を調える。
7 肉を斜め半分にカットしてアルミ箔をはずし、皿に盛る。まわりに野菜を添え、6を流す。

若鶏のソテー　マレンゴ風
●材料（4人前）
若鶏もも肉4本／塩、白こしょう、サラダ油、無塩バター各適宜／コニャック少々／白ワイン適宜／トマトソース適宜／シャンピニョン（縦4等分）20個／エクルヴィス12尾／全卵4個／クルトン12枚／パセリのみじん切り適宜
＊トマトソースは湯むきしたトマト8個を粗切りにし、にんにく、ベーコンの小片をオリーブ油で炒めたところに加え、ローリエ、タイムを香りづけに加えて煮込み、塩、こしょうで味を調える。
●作り方
もも肉をソテーし、トマトソースで煮込む
1 もも肉は骨を除き、4つ割りにして塩、こしょうし、同量のサラダ油とバターで皮面を色よく焼く。
2 油を切ってコニャックをふり、炎を入れてアルコール分を飛ばす。
3 白ワイン、トマトソース、シャンピニョンを加えて5分間煮込み、塩、こしょうで味を調える。
つけ合わせを作って仕上げる
1 エクスヴィスはボイルして殻をはずす。
2 卵は多めのサラダ油で半熟に揚げる。
3 ハート形クルトンの先端にバター、パセリをまぶす。
4 もも肉を皿に盛って2をのせ、1、3を添える。

若鶏のフリカッセ　ピーマン風味
●材料（2人前）
若鶏½羽／塩、白こしょう、無塩バター各適宜／玉ねぎ、赤ピーマン、黄ピーマン各¼個／ピーマン1個／シャンピニョン4個／白ワイン100cc／フォン・ド・ヴォライユ（91ページ参照）150cc／45％生クリーム100cc／ブール・マニエ少々
●作り方
胸とももを野菜と一緒に煮込む
1 86ページを参照して4つにおろした鶏½羽分の胸、もも肉をそれぞれ4等分して塩、こしょうし、熱したバターで表面が色づかないよう炒める。
2 2cm角に切った野菜、シャンピニョンを加えて白ワインをまわしかけ、蓋をする。
3 強火で1〜2分間蒸し煮し、野菜に火を通す。途中、鶏を野菜の上にのせて蒸し煮する。
4 フォン・ド・ヴォライユを加えて鶏に8分ほど火が入ったらすべて取り出す。
5 煮汁を煮詰め、軽くとろみがついたら生クリームを加える。
6 ブール・マニエで濃度をつけ、鶏、野菜、シャンピニョンを戻してちょうどよく火を入れ、塩、こしょうで味を調えて皿に盛る。

コック・オ・ヴァン
●材料（2人前）
若鶏もも肉2本／若鶏胸肉1枚／赤ワイン½本／ベーコン150g／サラダ油、小玉ねぎ7〜8個／シャンピニョン6個／塩、白こしょう各適宜／強力粉大さじ1／コニャック少々／ブーケ・ガルニ（イタリアンパセリ少々、ローリエ少々、タイム少々）／クルトン2枚
●作り方
赤ワインでマリネして煮込む
1 86ページを参照してもも、胸を4つ割りにし、赤ワインで1日マリネする。
2 幅1cmの棒状に切ったベーコンをサラダ油で炒め、小玉ねぎ、縦6等分したシャンピニョンを加えて炒める。
3 鶏肉の水気を切って塩、こしょうをし、2に加えてしばらく炒め、強力粉をふって手早く全体にからめる。
4 コニャックをふって炎を入れ、漉したマリネ汁を加えて沸騰させ、たこ糸で束ねたブーケ・ガルニを加えて煮込む。
5 シノワで漉して煮汁と小玉ねぎ、シャンピニョンを鍋に戻して煮詰める。肉類は保温しておく。
6 とろみがついたら肉を戻して塩、こしょうで味を調える。皿に盛りしずく形のクルトンを添える。

若鶏の香草グリエ
●材料（1人前）
若鶏½羽／塩、白こしょう、エルブ・ド・プロヴァンス、サラダ油各適宜／無塩バター、アンチョビ各適宜／タイム、ローズマリー、にんじんの葉、じゃがいも各適宜
●作り方
鶏を半身でグリエする
1 鶏は87ページを参照して開き、ここではもも肉の骨を少し残し、骨つきの手羽中を残した状態で使用する。
2 塩、こしょう、エルブ・ド・プロヴァンスをふり、サラダ油をかける。
3 グリル板を弱火で熱し、皮をカリッと、肉にはちょうどよく火が入るよう焼く。
4 バター5に対し、裏漉したアンチョビ1の割合で混ぜる。
5 タイム、ローズマリー、にんじんの葉は素揚げにして塩をふる。じゃがいもは皮つきのまま細い櫛切りにし、揚げて塩をふる。
6 皿に鶏を盛って4をのせ、5をまわりに添える。

若鶏胸肉のポジャルスキー風
●材料（2〜3人前）
若鶏胸肉2枚／無塩バター、ナツメグ、45％生クリーム、塩、白こしょう、パン粉、サラダ油各適宜／ソース［無塩バター適宜、玉ねぎ（薄切り）1個、白ワイン50cc、フォン・ド・ヴォライユ（91ページ参照）250cc、ご飯15g、クミンパウダー・カレー粉各少々、赤ピーマン（1cm角の賽の目切り）大さじ2〜3、パセリ（みじん切り）少々、塩・白こしょう各適宜］／ゆでた赤米、ヤマブシ茸各適宜
●作り方
鶏肉をムースにして成形する
1 胸肉を一口大に切ってフードプロセッサーにかけ、裏漉す。
2 常温に戻したバター大さじ3、ナツメグ、生クリームを加えて塩、こしょうを混ぜる。
3 150gずつに分けてコートレット形に成形し、パン粉をまぶし、冷蔵庫でしばらく休ませる。
4 同量のバターとサラダ油で、香ばしく色づけながら焼く。
スパイシーなソースを作る
1 バターで玉ねぎをしんなりするまで炒め、白ワインを加えて水分がなくなる直前まで煮詰める。
2 フォン・ド・ヴォライユを加えてさらに煮詰め、炊いたご飯を加えてつなぎにする。
3 ご飯が柔らかくなったらミキサーにかけ、さらに裏漉す。
4 クミン、バター少々、色づけ程度のカレー粉、赤ピーマン、パセリを加えて塩、こしょうで味を調える。
つけ合わせを用意して仕上げる
1 赤米にバターをからめて塩、こしょうをする。
2 ヤマブシ茸はサラダ油で炒め、塩、こしょうする。
3 皿に肉を盛り、1と2を添えてソースを流す。

鴨のロースト　モリーユ・ソース
●材料（2人前）
鴨1羽／塩、白こしょう、サラダ油各適宜／にんじん1本／玉ねぎ¼個／鴨のフォンの2番300cc／フォン・ド・ヴォライユ（91ページ参照）150cc／モリーユ茸の乾燥（水で戻す）13個／45％生クリーム100cc／セップ茸大2本／ジロール茸6個／焦がし無塩バター、パセリ（みじん切り）各適宜
＊鴨のフォンの2番は100ページの鴨のフォンを最後に漉して残ったガラに水少々を足し、30〜40分間煮込んで煮詰め、漉す。
●作り方
鴨をローストし、骨を炒めてジューを作る
1 鴨は首つる、手羽先を切りはなし、塩、こしょうする。
2 サラダ油を熱したフライパンで油をすくってかけながら全体をきつね色に焼く。
3 220度のオーブンで10分間ロースト、15分間休ませる。
4 胸肉を切りはなし、ももは根元から切って保温する。
5 ガラはぶつ切りにして新たに熱したサラダ油で炒め、2cm角のにんじん、玉ねぎを加え、しんなりするまで炒める。
6 鴨のフォンの2番、フォン・ド・ヴォライユを加えてアクをすくいながらしばらく煮詰め、シノワで漉す。
モリーユ・ソースを作って盛りつける
1 戻したモリーユ茸、生クリームを香りが出るまで2〜3分間煮る。
2 ジュー300ccを加え、塩、こしょうで味を調える。
3 サラダ油で縦にスライスしたセップ茸、ジロール茸を炒めて塩、こしょうする。
4 ももはグリル板で焼き、厚めに切った胸肉とともに皿に盛る。
5 茸を添え、パセリを混ぜた焦がしバターをかけ、胸肉にモリーユ・ソースをかける。

マグレ・ド・カナールのポワレと4種の豆類
●材料（2〜3人前）
レンズ豆のつけ合わせ［サラダ油適宜、にんにく1片、にんじん厚さ3cm ½本分、玉ねぎ¼個、乾燥緑レンズ豆100g、フォン・ド・ヴォライユ（91ページ参照）適宜、ベーコン少々］／鴨のマグレ1枚／塩、白こしょう、サラダ油各適宜／ソース［45％生クリーム100cc、グラス・ド・ヴィヤンド大さじ1、鴨のフォン（100ページ参照）50cc、塩・白こしょう各適宜］／さやいんげん、スナックえんどう各4〜5本／モロッコいんげん1〜2本／無塩バター適宜／芽キャベツ1個
●作り方
レンズ豆のつけ合わせを作る
1 サラダ油でみじん切りにした野菜をしんなり炒め、レンズ豆を戻さずに加えてさっと炒める。
2 フォン・ド・ヴォライユ、ベーコンを加え、柔らかめに煮る。
マグレをソテーし、ソースを作って仕上げる
1 マグレの皮面に1cm間隔で縦と斜めに包丁を入れ、塩、こしょうをする。
2 熱したサラダ油で皮面から焼き、保温してロゼに仕上げる。
3 ½量に煮詰めた生クリームにグラス・ド・ヴィヤンド、鴨のフォンを加え、味が出るまで煮詰め、塩、こしょうで味を調える
4 さやいんげん、スナックえんどう、モロッコいんげんはそれぞれ塩ゆでし、モロッコいんげんは食べやすい長さに切る。熱したバターでからめ、塩、こしょうをする。
5 芽キャベツは塩ゆでして縦半分に切り、熱したバターでからめ、塩、こしょうをする。
6 マグレを厚さ1cm弱にスライスして皿に盛り、ソースを流してレンズ豆、4、5を添える。

子鴨のシュークルート添え
●材料（1人前）
子鴨の胸肉1枚／塩、白こしょう、サラダ油各適宜／赤ワインヴィネガー100cc／ルビーポルト酒150cc／コンソメ、鴨のフォン（100ページ参照）／生姜（せん切り）、長ねぎ（せん切り）、自家製シュークルート、フォン・ド・ヴォライユ（91ページ参照）／玉ねぎ各適宜／ねずの実少々／キャベツ2枚
●作り方
胸肉をローストし、ソースを作る
1 胸肉は皮面に斜めに数か所切り目を入れ、塩、こしょうをする。
2 サラダ油で皮面から焼き、表面を焼き固める。
3 200度のオーブンで3分間ローストし、温かい場所で保温しておく。
4 赤ワインヴィネガーを水分がなくなる寸前まで煮詰め、ポルト酒を加えてさらに煮詰め、甘味を引き出す。
5 コンソメを少しずつ注いで伸ばし、鴨のフォンを加える。
6 塩ゆでした生姜を加えて風味を煮出し、長ねぎを加え、塩、こしょうで味を調える。
仕上げをする
1 シュークルートは水洗いして酸味を抜き、フォン・ド・ヴォライユ、刻んだ玉ねぎ、ねずの実と一緒に煮る。
2 キャベツは幅7〜8mmに切って塩ゆでし、コンソメで軽く煮る。
3 胸肉を縦2等分して皿に盛り、1、2を添えてソースを流す。

VARIATION DE VOLAILLE

塩と砂糖で味を決める和風フレンチ

ichiRyu
金子 隆一

Ryuichi Kaneko
1958年12月埼玉県出身。「上野精養軒」を経て代官山「ヴィスコンティ」で大渕康文シェフと出会い、本格的なフランス料理に目覚める。80年に紀尾井町「成川亭」に移り、食材の枠にとらわれない現在のスタイルを確立。84年恵比寿「リュー・ストゥール」で初めてのシェフを経験、3年後「成川亭」に戻りスーシェフを経て06年の閉店まで13年間シェフとして活躍。07年4月に独立して国内外のワイン、日本酒や焼酎も揃える独自のスタイルで"お箸で食べられる和風フレンチ"を提供する。

今回使用のヴォライユ
岩手県産ほろほろ鳥
鴨のフレッシュフォワグラ
比内鶏
ナント産子鳩
ナント産うずら
ナント産コクレ

「素材と向き合え」。金子シェフが若いころ、「成川亭」の師匠、片倉順二氏に始終浴びせられた言葉である。当時、さっぱりわからなかった意味が理解できたのは、それから4年以上が経ち、シェフの地位に立ってからのことだ。

醤油や味噌、梅干しまでも材料に取り入れ、和風フレンチの素地を教えてくれた片倉氏。その方向性にすっかり惹き込まれたが、師匠に追いつき、超えるには、既成概念を捨て、素材そのものの味を主体的にとらえる思考力を鍛え上げなければならない。それができれば、食材の選択肢はぐんと広がる。

片倉氏が導いてくれた切り口から、金子シェフ自身がたどりついた新たなテーマがある。塩と砂糖の力で引き出す美味の世界だ。

ヴォライユでこのテーマを実現させるにはまず、胸ともも、それぞれの脂の香り、肉の旨みを塩だけで引き出すこと。ハーブやバターを使わないぶん、ほんの少し塩を控えるが、かといって控えすぎては味がぼやけてなしになる。まさにミクロの塩梅である。

また、つけ合わせはソースと同様にはっきりとした方向性を定め、野菜を多用して作り込む。このとき、入っているかいないか分からないくらい微量の砂糖を加え、野菜の甘味を引き出すのがポイントだ。

わずかな塩とわずかな砂糖。この足し引きをテーマに素材と向き合うとき、「和」の世界へ導く想像力の源になるのが、フランス料理の古典技術であることは、いうまでもない。

いまでは、古典的なフランス料理に不可欠なエシャロットや洋ねぎはもう必要ない。こしょう、香草、バターも、量は極限に抑える。調理酒の棚からワインが消え、ポルト酒とコニャックを香りづけに使うのみ。しかし技術だけはしっかりとフレンチを駆使する。

ichiRyu
住所　東京都港区麻布台3-4-8 VKビルB1F
電話　03-3560-2116
http://ichiryu-world.com

ほろほろ鳥胸肉とラングスティーヌのガランティーヌと
もも肉と豚足のアスピック仕立て
オレンジのヴィネグレット・ソース

Galantine de pintade et langoustine avec aspic de cuisse de pintade et pied de porc à la vinaigrette d'orange

繊細で淡白なほろほろ鳥は、組み合わせる食材や調理法次第で、さまざまな持ち味が引き出せる。ローストのように香ばしく焼くのだけは、淡い旨みが隠れるので避けたい。ここでは胸肉にラングスティーヌを巻き込んでガランティーヌに、ももは豚足のゼラチン質で固めてアスピックにと、ベーシックなフレンチの技法でそれぞれの美味しさを楽しんでもらう。ガランティーヌはいっさい香草を使わず、クレピネット、真空パックの順に覆い、旨みをしっかりと封じ込めて加熱。淡白な肉と相性のよいオレンジのヴィネグレット・ソースを添えた。

作り方は 194 ページ

里芋のおじや風リゾット　鴨のフォワグラ添え　黒トリュフソース
Rizotto de colocases avec sauté de foie gras de canard truffé

あえて里芋と生米のぬめりを出したリゾットである。香ばしく焼いた鴨のフォワグラ、濃縮したジューにトリュフの香り広がるソースはどちらも脇役。フォワグラは、溶けた脂をリゾットにからめるソースの役割だ。野菜の中でも淡白な里芋は、塩の力だけでは本来の旨みが引き出せない。そこでひらめいたのが砂糖。純度の高い氷砂糖を用い、リゾットにひと片落としてみると予想は的中。里芋の香りが立ち、フォワグラとの相性もぐっとよくなった。　　**作り方は 194 ページ**

比内鶏とスッポン、
エスカルゴの大根ケース詰め焼き
パセリ風味のバターソース
新挽き粉揚げ添え

Poulet d'Hinai et amyda et escargot
à la persillade avec friture de poulet d'Hinai

乾燥させた米を炒って細かくした新挽き粉は和食の材料。揚げても色づきにくく、盛りつけが華やぐ。

比内鶏とスッポンのどちらにも豊富に含まれるたんぱく質の一種、コラーゲンを意識した一品である。地鶏の中でも脂肪が少なめで、柔らかく上品な比内鶏だが、胸肉はあっさり、ももは濃厚という肉質の違いがはっきりしている。この味の対比を楽しませたいので、胸肉は新挽き粉をまぶしてカラッとフライに、ももはエスカルゴ、スッポンを組み合わせてさらにコラーゲンの存在感を強め、スッポンのスープで煮含めた大根の器に詰めた。同じ鶏とは思えない、ふたつの肉の味が同時に堪能できる。ワインは国産ワインの代表的なぶどう品種、"甲州"100％で作られた、すっきりとした辛口の白「古代甲州」がおすすめである。

作り方は 193 ページ

子鳩のロティ　グレープフルーツ風味ソース
Pigeonneau rôti au pamplemousse

たんぱく質の凝固温度に沿って加熱し、旨みを最大限に引き出せる方法として人気の真空調理だが、いまひとつなじめない。しかし鳩にかぎっては別。これほど適した調理法はほかになく、肉汁を一滴たりとも逃さず調理したいという願いを、完璧にかなえてくれる。肉の凝固温度は50～60度と決まっているので、あとは自分の好みに合った時間を割り出せばよい。鳩は胸、ももの肉質に差はないので、同じパックに詰める。60度で8分間。最高にジューシーな仕上がりだ。合わせたワインはすっきりしてコクがあり、華のある赤。ニュージーランドに土地を購入し、ワイン作りを始めたという日本人の蔵"KUSUDA"から届いたお気に入りの1本である。

作り方は193ページ

和風フレンチスタイルは、箸で食べやすい大きさに切ってサービス。

うずらは胸、ももの味に違いが少ない。火入れに気を遣う必要がなく、シンプルに食べたい場合は丸ごとフライパン焼きしても美味しい。しかしここでは胸ともも、それぞれに別の調理法を用い、まったく異なる印象に変化させる。胸肉はグリエして燻し香が立つくらいに皮を焦がす。ももはリ・ド・ヴォーとミンチにして優しい味に仕立て、パート・フィロに包んできつね色に揚げる。ソースは2種。コリアンダーの香りを抽出した肉のジュー、微量の砂糖を加えてかぼちゃの自然な甘味を引き出したピュレ風のソースを添えた。

作り方は 193 ページ

フィロの詰めものはももとリ・ド・ヴォーを2対1で合わせたミンチがベース。

うずらの網焼きとパート・フィロ包み揚げ かぼちゃとコリアンダー風味ソース

Aumônière de caille en robe de pâte à filo, sauce à la coriandre et purée de potiron

丹波産黒豆とコクレの ichiRyu 風煮込み
Ragoût de coquelet aux sojas noirs

鶉鳥や鴨と白いんげん豆を煮込んだ郷土料理「カッスーレ」から発想し、コクレ（ひな鶏）に黒豆を組み合わせた。コクレは煮る、焼く、どんな調理法でも旨みが出しやすく、また肉だけでも飽きずにたくさん食べられる。黒豆はおせち料理のイメージが強いが、じゃがいものように、他の材料の味をよく吸って全体と調和するのが得意な素材だ。黒豆とコクレは同時に火が入るように、別々に煮込んでから合わせるのがポイント。黒豆は下ゆでのさいに三温糖を少量加え、黒豆自体の旨みを引き出しておくことも大切である。

作り方は 192 ページ

玉ねぎの甘味が溶け込んだチキンブイヨンで、コクレと黒豆を煮込んだ。

VARIATION DE VOLAILLE

弘法は筆を選ばない

銀座シェ・トモ
市川知志

Text Masako Takahashi

変革こそ、フランス料理の使命。本国の一流店は世界中から集まる美食家の期待に応えようと、今や過激で斬新な料理ほど「アーティスティック！」と評価される時代だ。そんな風潮に危機感を感じたミッシェル・トロワグロ氏ら中堅料理人たちが「古典回帰」で異議申し立てをしたが、彼らとて前進は止めない。古典と前衛がつねにせめぎ合いながら前に進むのが、フランス料理なのである。

そんななかポール・ボキューズ氏が「もう進化はやめた。私はフランス料理が戻れる灯台でありたい」と宣言した。

旧世代のグランシェフ、レイモン・オリヴェ氏に「大きな皿に鳩の餌」と酷評されたヌーヴェル・キュイジーヌの巨人が、「コーヒーやチョコレートのソースはもういい。鳩にはジューしかない」と、シンプルな基本に戻ることの大切さを説いたのである。

だから今回も「体だけのテクニックと従来型の道具だけでできるアナログな火入れの限界」に挑む。写真からも、自然なぬくもりと率直なおいしさが立ち上ってこないだろうか？「弘法筆を選ばず」というように、すぐれた料理人の料理も、道具の良し悪しを問わず、心に響く力がある。

市川シェフの世代にとっては、ヌーヴェル・キュイジーヌがすでに古典であり基本である。機械や化学を利用したデジタル調理が主流になっても、人間らしい感覚、修練された技を駆使して調理したいと考える。科学技術と伴走する料理を否定はしないが、興味はない。

今回使用のヴォライユ
ブレス産若鶏
ブレス産鳩
イタリア産うさぎ

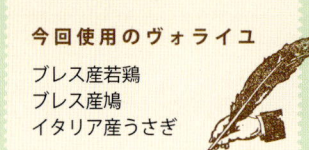

Tomoji Ichikawa
1960年、東京都生まれ。25歳で渡仏して「トロワグロ」など有名レストランで研鑽を積み、91年帰国。赤坂「ル・マエストロ・ポール・ボキューズ」、西麻布「レストランW」シェフを経て2002年白金に「シェ・トモ」を、05年には広尾にフランス郷土料理の支店「ラ ピッチョリー ドルル」をオープン。09年「銀座シェ・トモ」を開店し、白金の店を「アトリエ・ド・アイ」に改装。客と店の距離を縮めつつ、時代の一歩先をいく進歩を心がけながら、和食や中華に並ぶようフランス料理をさらに根づかせるのが自分たち世代の義務と心得る。

GINZA chez tomo
住所　東京都中央区銀座 1-7-7 ポーラ銀座ビル 11、12F
電話　03-5524-8868
http://www.chez-tomo.com

ブレス鶏のアン・ヴェッシー
Poulet de Bresse en vessie

白身肉のヴォライユは、あらゆる肉のなかでもっとも火の入れ方が難しい。100％火が通る一歩手前で、赤身肉でいうア・ポワンの一歩先に着地させなければならない。ストライクゾーンが狭く、まことにプロフェッショナルな領域である。そのなかで市川シェフいわく「人智を超えた芸術的な火入れ」ができるのがブレス鶏だ。細胞質の違いさえ感じさせるほど完成度の高いこの鶏は、料理人を決して裏切らず、思い通りに火を入れさせてくれる。そのブレス鶏とヴェッシーは、まさに天の配剤のような組み合わせ。豚の膀胱で材料を密閉し、湯を始終すくってかけながらゆで、見えない・さわれない・匂いも嗅げない状況下でストライクゾーンを見極めなければならない。アナログ料理のなかでも最難関だけに、肉汁を閉じ込めてゆっくり低温加熱された肉は、完璧の一語。先人の知恵に敬意を表す意味でも、作り継ぎたい料理である。

作り方は192ページ

アナログな道具と技術による究極の「ピンポイント加熱」、アン・ヴェッシー

プレスして乾燥させた状態のヴェッシー（豚の膀胱）。一晩水に浸し、柔軟にして使用する。

芸術的な火入れができるブレス鶏。背中にはブレス鶏生産者委員会が発行するAOCラベルが貼られている。

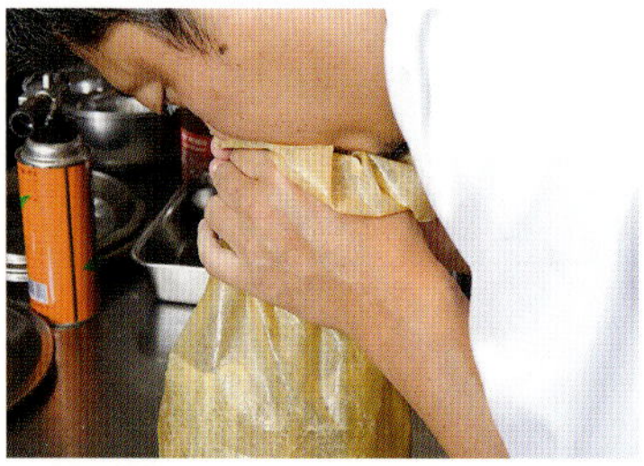

9 空気を吹き込んで、7割くらいふくらませる。この7割がポイント。

10 一度縛った上部を外側にめくり返し、さらにきつく縛って完全に密封状態にする。

5 コンソメとフォン・ド・ヴォーを加える。ゼラチン質の濃厚なこのフォンは、ソース、ジューに欠かせない。

1 ローリエ、タイム、にんにくを加えたフォン・ド・ヴォライユを70〜75度に保ち、胸肉を8分間ゆでる。

11 ふくらんだヴェッシーが鍋肌につかないよう回転しながら、レードルで湯をかけ続けてゆでる。

6 なじんだら、塩、こしょうで味を調え、フォワグラのテリーヌを溶かし込み、風味をつける。

2 手の感触で確かめ、肉が締まる前に取り出す。

12 60〜70度で20分間ゆでたら湯から上げ、ヴェッシーを破いて肉とソースを出す。緊張の一瞬だ。

7 下ゆでした胸肉。黄色がかった皮がブレス鶏の特徴。

3 並行してソースを作る。鷲鳥の脂とバターでエシャロットとにんにく、砂肝と心臓を炒める。

13 密封状態でゆっくりと熱が入っていくため、最大限に柔らかくジューシーに仕上がる。肉はピンクに近い。

8 ヴェッシーに胸肉を入れてソースを注ぐ。2人がかりで作業する。

4 ポルト酒、マデラ酒、アルマニャックを加えて煮詰める。酒の使いこなしは、フランス料理に不可欠な技術。

ブレス鶏もも肉のコンフィ
Confit de cuisse de poulet

胸肉はアン・ヴェッシーのような繊細な火入れが最適なブレス鶏だが、放し飼いで育った鶏だからももは筋肉が発達し、むしろ日本の地鶏より引き締まって固く、歯ごたえがある。ローストで肉汁を味わうのもよし、コンフィでとことんやわらげるのもよし。今回は、フォワグラの脂で風味を加えたラードでコンフィにし、サラダ仕立てにした。ふたりでブレス鶏1羽を、アン・ヴェッシーとコンフィの二皿仕立てで堪能するのが、最高の贅沢である。

作り方は192ページ

ラードとフォワグラの脂でコンフィしたもも肉。
足先はブレス鶏の証である鉛色をしている。

赤身肉のヴォライユは、ロゼに焼くのが鉄則。白身肉にくらべてストライクゾーンの幅が広いが、肉汁は赤身肉のほうが流出しやすい。出たがる肉汁をどうやって押さえ込むか、210〜220度のオーブンでローストしたあと、焼いた時間の2倍以上かけて休ませるのが最重要ポイントだ。肉汁が閉じ込められ、中心まで温まっていてしかもロゼに仕上げられる。ソースにはなんとツナ缶を利用する。突飛なように感じるが、実はトロワグロ時代に覚えた組み合わせだという。鳩肉の鉄分とツナの鉄分が相乗効果を生み、偉大なグラン・ヴァンにも合う格調高いソースになる。

作り方は192ページ

ブレス産のひな鳩。生後約26日目あたりで繊細で柔らかい肉質。

ロースト後、15分間休ませると、ちょうどよく火が入る。

ブレス産鳩のロティ　ツナのソース
Pigeon rôti sauce au thon

うさぎ背肉のソテー　軽い燻製仕上げ
Râble de lapin sauté légèrement fumé

うさぎは鮮度が勝負の肉。鶏よりも日持ちせず、足が速く、すぐに嫌な匂いが出てしまうので、いかに鮮度のいいものを仕入れ、よい状態のまま食べてもらうかに苦心する。その解決策のひとつが、スモーク。さばいてすぐ1, 2分間スモークし、おいておく。元来スモークは保存食だから、肉の殺菌・保存に効果を発揮する。そしてサービス時に表面だけソテーし、今度はガラス製の器で再度スモーク。器を客席へ持って行き、煙を見て愉しんでもらうパフォーマンスつきだ。うさぎ肉は、味は鶏のささみよりさらに淡白で、火の入り方もデリケートだ。はれものを扱うように注意深く焼き、生のときのピンク色が肌色に変わった瞬間をとらえ、火から上げなくてはいけない。

作り方は 191 ページ

スモークウッドとチップ、アール・グレイ茶葉、グラニュー糖。茶葉には殺菌効果もある。

ガラスのココットで数10秒間スモーク。蓋を取って香りも楽しんでもらう。

色がつく寸前にバターを加え、焦がさないように風味と焼き色をつける。

VARIATION DE VOLAILLE

「ぶれない軸」で生きる今のエッセンス

東京ステーションホテル
総料理長
石原雅弘

「家禽類は、日本のフランス料理になくてはならない存在。正統な味を伝えられる日本産の食材は限られており、その位置づけはますます高くなるだろう」

そう考える石原シェフにとって、なかでも鳩は特別な存在。フレッシュが流通しはじめた頃、中村勝宏氏がロゼ色に焼き上げた鳩肉のジューシーさに驚き、「このピジョンを扱えるなら、ムッシュと働きたいと思った」運命的な食材なのである。

ホテル育ちの石原シェフは、昔の料理と技巧をじかに学べたぎりぎり最後の世代。新旧それぞれの利点が見えている世代である。現在、最新の調理機器を使いこなし、進化した料理を実践するときも、古典料理の知識をいつもかたわらに置いている。

目下、フランスの若い料理人たちは「フランスと日本が融合したら最高の料理になる」と口を揃え、自分なりの解釈で和を取り入れている。しかし「見た目重視で驚かすことばかり熱が入りがちな風潮にある」という現地の熟練シェフの言葉にはおおいに共感できた。

パリのある三つ星レストランの鳩料理にも失望した。焼いた肉にフルーツのソースだけが添えられ、斬新だが伝統的なおいしさとはかけ離れたものだった。これに対し、感心した店の料理は、新しくても必ず古典がベースにあり、何をアレンジしたのか明確にわかった。

これらの体験によって、しっかりした肉汁のソースがあってはじめて、新しい味や香りが生きることが再確認でき、最近は好みで食べてもらえるよう、クラシック、軽め、個性的な薬味風と2、3種のソースを添えることが多くなった。

常に心がけているのは、フランス料理の基本の軸から絶対にはずれず、経験から得た匙加減で、今風のエッセンスを加えていくこと。

「古典をベースに、軽やかに、華やかに」。恩師に受け継がれる主義にゆるぎはない。

東京ステーションホテル
住所　東京都千代田区丸の内1-9-1
電話　03-5220-1111（代表）
http://www.tokyostationhotel.jp

Text Mamiko Saito

Masahiro Ishihara
1963年千葉県出身。高校卒業後、サッカー少年だった頃から憧れていた料理の世界へ入る。「レストラン四季」、「京王プラザホテル」、「銀座東武ホテル」を経て、88年「ホテルメトロポリタンエドモント」に入社。中村勝宏シェフに師事し、研鑽を積む。99年、フォーグレイン料理長に就任。2007年9月から約半年、オーヴェルニュ地方「レジス・エ・ジャック・マルコン」（3つ星）、サヴォワ地方「ル・シャビシュー」（2つ星）で研修し、ノルマンディー、アルザスなどの各地を回る。また、08年北海道洞爺湖サミット総料理長として活躍した中村氏を多数の著名シェフとともに補佐し、貴重な体験をする。12年「東京ステーションホテル」総料理長に就任。

今回使用のヴォライユ

ブレス産若鶏
ブレス産ほろほろ鳥
ドンブ産うずら
ドンブ産うさぎ
ブルターニュ産ひな鶏
鴨のフォワグラ
ラカン産若鳩
宮崎県産地頭鶏

シトロンヴィネガー風味の白桃とのマリアージュ
Suprême de Poulet Chaud-Froid
Piqué de Pistaches au Coulis de Pêche Blanche

胸肉の黒トリュフ風味
Suprême de Poulet à la Vapeur en Chemise de Truffes Noires

ブレス産若鶏　2種の味
Poulet de Bresse〈Deux Saveurs〉

繊細なブレス鶏の胸肉を冷温ふたつの方法で盛り合わせた。冷たいほうは、桃を皮ごとピュレにしたショー・フロワソースで肉をコーティングして冷やし、柔らかなムース風の口当たりに。もう一方はトリュフを張りつけて蒸し、温かいまま供する。交互に食べ、みずみずしい桃とトリュフの香りの相性、2種の素材の対照的な季節感や温度差を楽しんでもらう。北海道サミットではじめて知ったオーストラリア産黒トリュフは、真夏に冬の香りを持ち込むことができる、得がたい食材だ。いったんはずした皮を肉に張って蒸し、皮の旨みを移してブレス鶏の味わいを最大限に残すのがシェフのこだわり。

作り方は 190 ページ

香り、色、大きさともフランス産と遜色のない西部オーストラリア産黒トリュフ。最盛期は6〜8月だから、北半球の夏の食材との新しい組み合わせが期待される。

右からシトロンヴィネガー、フランボワーズヴィネガー、ピスターシュの油。果実を発酵させブランデーや糖分を加えたヴィネガーは、酸味がおだやかで香り高い。ナッツ100%の油は際立った香ばしさ。

ドンブ産うずらとフランス産鴨のフォワグラのトゥルト 松の実風味のエミュルジョンソース
Tourte aux Cailles et au Foie Gras de Canard, sauce Émulsionnée aux Pignons

うずらのやさしい味わいが楽しめる、温かい前菜。半日マリネした肉をミンチにし、ガラから取ったグラス、トリュフやフォワグラを混ぜたファルスと胸肉、フォワグラを重ねてパイ皮で包む。トゥルトは本来、大型のものだが、焼き時間がかかり、切り分けるとトリュフの香りがとんでしまう。そこで、中村シェフのもとで試作を重ねて完成したのがこの1人前サイズ。コンベクションオーブンの普及によって焼き時間が大幅に短縮され、温度管理も簡単になった。北海道サミットの前菜に登用されたほど、中村シェフも大切にされている一品。エスプーマで泡状にした松の実のクリームソースはゼラチンと寒天で固め、泡の持ちをよくしてある。マデラソースに混ぜると松の実の香りがアクセントになり、ファルスの豊かな風味がぐっと増す。

作り方は 190 ページ

熱々のパイ、温かいソースに冷たい泡のクリームが取り合わせの妙味。

宮崎県産地頭鶏の温かいガランティーヌ モリーユ茸とロックフォールのソース

Galantine Chaude de Poulet 〈Miyazaki Jitokko〉, Sauce aux Morilles et au Roquefort

国産の地鶏で気に入って使っている地頭鶏は、大振りでシャモのようにしっかりとした肉質で、皮目の脂のりがよく、味わい深い。クラシックなガランティーヌにしたのは、古典料理を若い料理人に見てもらいたいから。現在では出す店も宴会料理としても少なくなったが、30年前、石原シェフが料理人になりたての頃の先輩諸氏は当たり前のようにメニューに載せていた。今はコンベクションを利用した失敗なくできる加熱法がさまざまあるが、布で巻いてゆでる本来の方法を試せば、しっとりとした昔ながらの味を確認できるだろう。鶏のジュー、白ワイン、マデラ酒、ブランデーとモリーユの風味を凝縮した濃厚なソース、さらにロックフォールソースの2種で重厚さをプラスし、力強い赤ワインにも合うメインとして供する。ロックフォールは好みに個人差があるので、端に添えて混ぜながら食べてもらう趣向だ。　作り方は190ページ

みっちりファルスが詰まったガランティーヌ。昔ながらの布でゆでる基本の作り方でベストな火の入り具合に。

柔らかく火を入れてしっとりした仕上がりにする。休ませる間に余熱で完全に熱が入り、肉汁も落ち着く。

ラカン産若鳩　セップ茸とノワゼットのファルス　アーモンドとシトロネル風味焼き

Pigeonneau de Racan Farci aux Cèpes et Noisettes en Croûte, Parfum d'Amande et de Citronnelle

鳩の胸肉に地元の食材を詰め、コルネ形にするレジス・マルコン氏の斬新なスタイルを取り入れた一皿。胸肉の厚みを利用して鳩と相性のよい茸やナッツを詰め、立体感のある三角形に整えて低温で火を通し、フライパンで皮を焼いて香ばしさをつける。85度のコンベクションオーブンで15分、きれいなロゼ色にする火加減がポイント。もも肉、手羽、内臓類をポワレやグリルで盛り合わせ、鳩1羽を丸ごと味わってもらう。内臓類にふったマニゲットはギニア産の香辛料で、こしょうと山椒の間のような香りが好きでよく使っている。家禽のなかで鳩はディナーのメインディッシュとして、重厚なボルドーワインを楽しむために最適な素材。濃い目の赤ワインに負けない濃密なソースは、フランス料理の贅沢な味わいへの期待感を裏切らない。最後に落とすノワゼット油の香りも新鮮。

作り方は188ページ

ローストしたヘーゼルナッツそのものの香りが感じられる。マルコン氏は無類のノワゼット油好きでよく茸と合わせていた。

きれいなコルネ形に成形し、低温調理で火を入れる。

うさぎのコンポゼ　香草風味ソース
季節の小野菜添え

Composé de Lapin aux Herbes Aromatiques avec Petits Légumes

　うさぎは食用とする哺乳類のなかで最も小さな部類だ。豚や羊、まして牛の各部位を一度に食べ比べることはまず無理だが、うさぎなら端から端まで楽しめる。古典料理のジブロット（ワイン煮込み）風にうさぎの骨で取ったフォンで煮込んだもも肉、背肉のペルシャード焼きなど、脂肪分が少なく、ヘルシーな肉を各部位に合った調理法、味つけに仕上げた。家庭料理で親しまれているうさぎを、レストランだからこそ得られる贅沢感や高級感で提供したい。野菜畑に見立てた小野菜も、1種類ずつグラッセやソテーなど食感、味を変え、肉も野菜も飽きることなく味わい尽くせる。「うさぎが大好きな野菜の畑にいるイメージで。ギャルソンから内容の説明をされたら、きっと食べてみたくなる料理」とシェフ。バジルソースが清々しく、食欲が落ちがちな夏の献立に出したい皿。

作り方は189ページ

ブレス産ほろほろ鳥のプレッセ　バスク風
Suprême de Pintade Pressée à la Basquaise

真っ赤にまぶしたバスク風ドライパウダーは、赤ピーマン、トマト、チョリソーを乾燥させた粉末にアーモンド、ピメントを合わせた自家製。

バスク地方の郷土料理、鶏のバスク風を現代風にしてみたらと思ったのが発端。発想を進めてエレガントな前菜にしてみた。ほろほろ鳥の肉だとは想像できないように四角のテリーヌ風にし、旨みを残すために真空調理法でプレスする。この技法なら2〜3人前でも作れるうえ、加熱時に皮が縮むことがない。肉と赤ピーマン、チョリソー、にんにく、エシャロットを層にし、風味豊かなバスク風ドライパウダーをまぶし、上品な肉の味わいや食感のよさを引き立てる。フランスでは好まれる家禽だが、日本では食べられる店が減り、「このままでは日本から消えてしまいそうなほろほろ鳥のおいしさをもっと知らせていきたい」と石原シェフ。鶏肉にはない旨みや肉の歯切れのよさが魅力の家禽だという。フリカッセや、ソテーにしてモリーユソースやマスタードソースと合わせても美味。

作り方は189ページ

ピマンデスペレットは、刺激的な辛味がなく、香り高い。ピストースープやあさりのスープなどにも合う。右はイベリコ豚のチョリソー。

ブルターニュ産ひな鶏のファルシ　香草パン包み焼き
Poussin de Bretagne Farci en Croûte de Pain aux Herbes

小さなひな鶏は1羽をちょうど二人で食べられる大きさ。丸ごとを食卓に出し、目の前で切り分ける演出も楽しめるようにしたい。柔らかで繊細な味を出すには、むきだしのままローストするよりも、何かで包んでもっと穏やかに火を入れたいと考え、食べられるパン生地を選んだ。スパイシーな風味をつけた野菜や雑穀類をつけ合わせとして腹の中に詰め、タイムやレモンバームの香草類と一緒に包み込む。パンで閉じ込められていた詰めものや鶏、香草の香りが放たれる瞬間が、包み焼きの醍醐味のひとつ。焼きたてを客席に運び、ギャルソンがうやうやしくパンから出して切り分けて、ソース、香りが移ったパン、サヴォワ地方の家庭の味のひとつだというポレンタを添えてサービスする。

作り方は187ページ

ソースの隠し味に加えた紫マスタード。赤ワインを使った粒入りマスタードで辛味よりコクや甘味がある。金山寺みそと合わせて網焼きにした牛肉、仔羊の薬味に添えてもおいしい。

鶏のだし汁の細部に迫る

鶏料理だけでなく、各種の肉や魚介、野菜にと応用範囲が広い基本中の基本のだし汁だけに、材料と煮込み方に各シェフの個性と考え方がはっきり現れる。

石原雅弘　ジュー・ド・ヴォライユ

脂を1割ほど残すのがポイントで、冷却後、脂とクリアな濃いジューの2層になり、脂も利用する。基本的にソースにはつなぎを使用しないため、ソース作りにコクを補ってしっかりした味に仕上げられる濃厚なジュー。

● 材料（出来上がり2ℓ）
鶏手羽4kg／サラダ油少々／エシャロット（1cm角に切る）500g／にんにく2株／白ワイン750cc／水、フォン・ド・ヴォライユ各2ℓ

● 作り方
1 手羽は水洗いして水気を拭き、2cm角に叩き、サラダ油で焼き色をつける。脂が焦げないようにこまめに火を調節しながら弱めていき、全体にきつね色に焼き色がついたらエシャロット、皮つきのまま横半分に切ったにんにくを加えてさらに炒め、出てきた脂の半量を捨てる。
2 白ワインを注ぎ、鍋についた旨みを取り、水とフォン・ド・ヴォライユを加え、沸騰したらアクのみを取り除く。脂は残しておき、1時間ほど静かに煮る。
3 アクを取りながら、2時間ほどコトコト煮て漉す。再び火にかけてアクをきれいに取り、1割ほどの脂は残し、多いときには除く。さまして冷蔵庫で保存する。

下野昌平　ブイヨン・プール

雑味のない澄んだブイヨンで、主役である素材の味がクリアにわかる。フォン・ド・ヴォーをベースにすると、すべて似がよった味になるうえ、ゼラチン質が強すぎて味がぼやけるため、ソースはすべてこのブイヨンを使う。

● 材料（出来上がり約10ℓ）
つめ鶏4羽／鶏手羽先4kg／水適宜／玉ねぎ4個／にんにく2株／にんじん、セロリ各3本／塩少々

● 作り方
1 つめ鶏と手羽先は掃除してそのまま鍋に入れ、水をひたひたに加えて強火にかけ、煮立ったらアクと脂をよく取り除く。
2 玉ねぎは横半分に切り、切り口を下にしてフライパンに並べ、切り口が真っ黒に焦げるまで焼く。にんにくはつぶす。
3 1に2、丸ごとのにんじんとセロリ、塩を加え、再び煮立ったら火を弱め、静かに5〜6時間煮てシノワで漉す。

石原雅弘　フォン・ド・ヴォライユ

下ゆでせず水でさらし、血を完全に抜いてからゆっくり煮出す。旨みはありながらも他素材をじゃましないシンプルなフォン。脂はすべて除き、目の細かい専用のシノワで澄んだ仕上がりにする。

● 材料（出来上がり15ℓ）
つめ鶏5kg／鶏ガラ10kg／水30ℓ／香味野菜（玉ねぎ5個、にんじん、セロリ各5本、洋ねぎ2本、にんにく1株）／ブーケ・ガルニ（パセリの茎、タイム、ローリエを洋ねぎで束ねる）1束

● 作り方
1 鶏と鶏ガラは内臓や血、汚れなどを掃除し、水洗いして水に30分さらす。
2 鍋に1、水を入れて沸騰させ、アクと脂を取り除く。乱切りにした香味野菜、ブーケ・ガルニを入れ、弱火でゆっくりと静かに、途中、アクや脂をこまめに除きながら5時間煮る。
3 目の細かいシノワで漉し、再び火にかけて脂を取り除く。

中田雄介　ブイヨン・ド・ヴォライユ

弱火で6時間かけてじっくり煮出す。首つるを中心にあばら骨より上の部位のガラしか使わず、丁寧に血抜きすることにより、長時間煮出しても臭みが出ず、風味とゼラチン質が溶け出し、しっかりとした味わいになる。

● 材料（出来上がり8ℓ）
鶏ガラ10kg／水適宜／岩塩30g／香味野菜（皮つき玉ねぎ3個、にんじん2本、セロリ1本）／ブーケ・ガルニ（ローリエ1枚、タイム1枝、パセリの茎5本、粒白こしょう10粒）1束

● 作り方
1 鶏ガラを流水で30分〜1時間血抜きする。
2 鍋に1とひたひたの水を入れ、沸騰させる。沸騰したら火を弱めてアクをきれいに取り、岩塩を入れ、再度アクをきれいに取る。丸ごとの香味野菜とブーケ・ガルニを入れ、アクを取りながら6時間弱火で煮る。そのとき、浮いた脂は香りを残すために取らない。
3 漉してアクと脂を取り、さらに布で漉す。

市川知志　フォン・ド・ヴォライユ

おもに野菜のポタージュのベースに使うクリアなブイヨン。ジューのベースとしては利用しない。ガラは可能なら首つる100%で作ると、より上品で繊細な仕上がりになる。

● 材料（出来上がり5ℓ）
鶏ガラ、つめ鶏各3羽分／水5ℓ／玉ねぎ3個／にんじん3本／セロリ5本／パセリの軸10本／ローリエ3枚／タイム（乾燥）15g

● 作り方
1 鶏ガラとつめ鶏の不要な内臓や脂肪を取り除き、一晩流水にさらす。
2 1と水を沸騰させ、アクと脂を丁寧に取り除く。
3 玉ねぎは4等分に、にんじんは皮つきのまま4等分に、セロリは3等分に切る。
4 2のアクが少なくなってきたら、3、パセリの軸、ローリエ、タイムを加え、再度沸騰したら弱火にして5時間煮込む。途中でアクと脂を取り除き、煮詰まったら、随時水を加える。
5 4を布漉しし、再度沸騰させ、アクと脂を取り除く。

岸本直人　ジュー・ド・ヴォライユ

完成されたジューとして、焼きつけた手羽とフォン・ド・ヴォライユからとる。ローストした素材に少しかけるなど、ソース的に使用する。短時間でできる、濃いジューである。

● 材料（出来上がり約500cc）
鶏手羽2kg／オリーブ油適宜／フォン・ド・ヴォライユ適宜

● 作り方
1 手羽は洗って水気を拭く。オリーブ油で手羽を焼き、焼き色をつける。出てくる脂を捨てながら、香ばしくなるまで焼きつける。
2 ひたひたになる量のフォン・ド・ヴォライユに焼いた手羽を入れ、肉が骨から離れるまで約1時間煮出し、シノワで漉す。中火で沸騰させながら、アクを完全に取り、1/5量に煮詰める。

金子隆一　チキンブイヨン

野菜の甘味をどこまで引き出せるかがテーマ。ミルポワをくたくたに蒸し煮してから鶏ガラと水を注いで約3時間煮込む。タイムの香りは前面に出さず、エストラゴンを多めに加える。肉、魚介のソース、スープにと利用範囲は豊富。

● 材料（出来上がり4ℓ）
鶏ガラ3kg／香味野菜（玉ねぎ4個、にんじん2本、セロリ4本、長ねぎ4本、にんにく1株）／オリーブ油、水各適宜／ブーケ・ガルニ（ローリエ・タイム・エストラゴン・パセリの軸）1束／白粒こしょう、粗塩各適宜

● 作り方
1 鶏ガラは脂、内臓を取り除いて掃除し、流水にさらす。
2 香味野菜は厚さ2cm程度に切り、にんにくは横2等分する。天板に広げてオリーブ油をまわしかけ、180度のオーブンでじっくり蒸し焼きにする感覚で1時間〜1時間半火を通す。
3 鶏ガラを鍋に入れて全体がかぶるくらいの水を注ぎ、沸騰させてアクを丁寧に取り除く。
4 3に2、糸で束ねたブーケ・ガルニ、粒こしょう、粗塩を加え、約3時間煮込んでシノワで漉す。

岸本直人　フォン・ド・ヴォライユ

基本のフォンとして、素材の種類にかかわらず使用できる。新鮮な鶏ガラのみを使用し、出るアクを徹底的に取り除き、完全に澄んだ仕上がりにする。甘味を抑えるため、香味野菜の量はかなり少なめ。

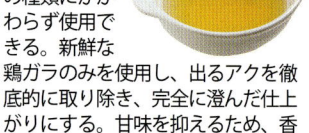

● 材料（出来上がり約12ℓ）
鶏ガラ5kg／水適宜／玉ねぎ600g／にんじん500g／セロリ100g／香草（エストラゴン、セルフィユ、イタリアンパセリなどを束ねる）適宜／白粒こしょう適宜

● 作り方
1 鶏ガラは水洗いし、汚れや血を落とし、水気を拭き取る。鍋に入れ、ひたひたの水を注ぎ、乱切りにした香味野菜と香草、白粒こしょうを加えて火にかける。
2 沸騰したらアクを完全にすくい取り、材料がゆらゆらと動くくらいの火加減で5〜6時間かけて煮出す。途中、アクはきれいにすくう。シノワで漉す。

VARIATION DE VOLAILLE

生産現場で体験した五感に忠実であれ

ランベリー　ナオト・キシモト
岸本直人

Text Mamiko Saito

Naoto Kishimoto
1966年東京・渋谷生まれ。都内の洋食店「スエヒロ」で料理人としての第一歩を踏み出す。TVドラマ「天皇の料理番」に触発され、フランス料理に興味を持ち、渋谷「ラ・ロシェル」で坂井宏行氏に師事する。94年に渡仏し、ロワール「ラ・プロムナード」、パリ「フォーシェ」、ブルゴーニュ ヴェズレーの三つ星ホテルレストラン「レスペランス」など各地で研鑽を積み、96年に帰国。同年、銀座「オストラル」スーシェフ、2001年同店シェフに就任。新店開店に向け、素材の生産地をはじめ、フランス各地のレストランで見識を深め、06年「ランベリー」をオープン。13年にビストロ「ランベリービス」、14年には京都に支店を開店。

今回使用のヴォライユ
シャラン産鴨
ラカン産鳩
ラカン産ほろほろ鳥
ブルターニュ産うずら
イタリア産うさぎ
ランド産鴨のフォワグラ

　料理のアイデアは、素材の育つ土地や自然や風土にふれ、生産者や土地の人々と話すことから生まれることが多い。土地に根ざした素材には、必ずその土地ならではのおいしい食べ方があり、現場で体験した五感がオリジナルな料理を生む。鴨のなかでも特別な鴨、シャラン鴨の飼育地を訪ねた帰路に浮かんだのは「海水の風味を鴨につけてみたら」だった。「皿の上にストーリー性があるとお客さんも楽しいでしょ」。まさにフランス料理の魅力をいいあてた至言だと思う。

　フランスでの最初の修業先「ラ・プロムナード」では、地元の野菜をふんだんに使い、注文ごとにその場で料理を仕上げていくア・ラ・ミニッツ（瞬間の調理）を目の当たりにし、大きな影響を受けた。ジャッキー・ダリー氏の、東京では見たことも、聞いたこともない手法には、驚かされっぱなしだった。
　たとえば、乾燥させたラディッシュの葉をソテーして最後に水を少したらし、香りが瞬時に立ちのぼったところでフォワグラにかけるといった具合。いま採ってきたばかりの野菜のおいしさ、できたての瞬間の味を感じてほしいというシェフの熱意が皿に溢れていた。
　鶏料理なら、現地でしか入手できない最高級のブレス鶏に処理して間もない新鮮なフォワグラを詰め、フォン・ド・ヴォライユでゆでる「レスペランス」のスペシャリテを思い出す。五感に忠実であれば、遠い生産地と東京を一本の線で結ぶ料理が可能になる。家禽類が育つ大地の息吹までを卓上に届け、「味の鮮度」を表現してみたい。それが岸本シェフが全力で取り組む本日の一皿となる。

だけではなにかが足りない。ソースに鴨やフォワグラの脂を少し加える、つけ合わせの野菜を脂でコンフィにするなどの工夫で、フランス料理らしい味の豪華さや必要な重さを出す。

L'EMBELLIR　Naoto Kishimoto
住所　東京都港区南青山5-2-11 R2-A棟B1F
電話　03-6427-3209
http://www.lembellir.com

イタリア産うさぎのガランティーヌとなすのフォンダン
Galantine de Lapereau aux Aubergines Fondants

パリ17区にあった「アンフィクレス」のフィリップ・グルート氏から伝授され、岸本シェフ15年来のスペシャリテになった大切な一品。昔ながらのガランティーヌを現代風に進化させたものだ。香草を大量に加えることが軽く仕上げる秘訣。こうした料理自体を知っている客も、手の込んだ料理を作る店も少なくなってきている。「だからこそ、多くの人に知ってもらいたいし、ずっと作り続けていきたい」。肉は繊維を生かすため、すべて手切りにする。豚の血、白ポルト酒、コニャック、香草を混ぜて筒状に成形し、一晩寝かせてソテーしたなすで巻き、ラップ、アルミ箔で包み加熱する。昔は布で包みフォン・ド・ヴォライユでゆでた。現在では保存もしやすい真空調理法を用いることが多いが、肉のジューが出て締まった食感となるため、今回は真空処理せずにコンベクションオーブンで蒸し、口中でほぐれる柔らかさを求めた。このデリケートな食感は、「レディタン ザ・トトキ」の十時亨氏のパテ・ド・カンパーニュから受けた衝撃から発想したもの。みっしりと身が詰まってなお、このうえなく柔らかく、口に入れると簡単に崩れ、惜しみなく手をかけた奥深い味わいを堪能できる。

作り方は187ページ

鶏のデリケートなムースリーヌ
モリーユ茸とキャベツのクリームスープ

Mousseline de Poulet, Crème de Morille aux Choux

　フランス帰りのスタッフが賄いに作った、その時点での最新料理をアレンジし、軽やかなスープに仕立てた。原形は、古典的な冷製デザート「イル・フロッタント」にあるが、手法も味わいも現代的である。胸肉をていねいに裏漉し、卵白、生クリームと合わせ、ムースリーヌに。帆立よりざらつき感が残りやすい鶏肉をいかにスムーズにするかがポイント。厳守すべき点は、生地を混ぜるボウルをよく冷やし、ミキサーは低速で混ぜ、5分おきに生クリーム少量ずつを加え、そのつど肉と完全につなぐことだ。回転速度、生クリームを入れるタイミングのわずかな差で生地が分離を起こす、難度の高い作業だが、加熱後にしぼまず、スフレのような繊細さを維持したまま冷凍保存も可能。注文が入ってすぐに温めるだけで口あたりのよいムースリーヌができる、合理的な手法である。スープのクリームは極力控え、泡立てたクリームの上に注いで見た目の軽さを演出した。

作り方は 187 ページ

銀座時代から人気のあるメニューのひとつ。最大の特徴は客に「生なのではないか」と疑われたことがあるほど柔らかなファルス（詰めもの）にある。あらかじめ炒めた豚肩肉の粗ミンチ肉、湯通ししたのど肉、背肉、フォワグラに牛乳とパン、ハーブを多めに混ぜ込んだファルスで、パンは牛乳で粥状に煮て卵、生クリームを加えてから混ぜる。焼く途中で飛び出してしまうほど柔らかいので、ゆでたキャベツで包み込んで詰める。ジョエル・ロブション氏をはじめとする著名シェフが師と仰ぐジャン・ドゥラヴェイヌ氏考案の、クラシックにして斬新なファルスである。マデラソースは、皿に盛る直前に数滴のコニャックでキレを出すのが岸本シェフ流。コニャックはアルコールのなかでもキレよく、香りが上品なうえ、濃い色がつくこともないため、好んで使う。香り高いペリグーソースも合う。

作り方は 186 ページ

右が今回使用したブルターニュ産。左のドンブ産インペリアルは通常サイズに比べ、胸肉が厚く格別に脂ものっている。肉質を堪能するには、平らに開き、スパイスやバジルオイルを塗りながらの串焼きが最適。

ナイフを入れるとファルスがとろりとこぼれるほどの柔らかさ。キャベツで包むことによって流出を防ぐ。

フランス産うずらのファルシー
ジャン・ドゥラヴェイヌ

Caille farcie "Jean Delaveyne"

ラカン産ピジョンのキャラメリゼ
柑橘といちじく、燻製クリーム
Pigeon de Racan Caramélisé avec Agrumes, Figue et Crème Fumée

短時間揚げて皮をパリッとさせる。

ラカンの鳩はケージに数羽という衛生的な環境の中で飼育されている。窒息処理され、柔らかな肉質と上品な旨みを持つ。生産地を訪ねて納得して以来、使用する鳩はこれのみ。

香港の名物料理に「鳩の丸揚げ」がある。肉質の密度が濃いラカン産の鳩ならもっとおいしくできると確信し、油でカリカリに揚げる技法を取り入れた。まず、ソミュール液に丸1日漬け込み、味をしみ込ませたら、68度で30分ゆでる。この方法なら誰もが完璧なロゼ色に仕上げることができる。次に片栗粉、ヴィネガー、水飴で飴がけ状にコーティングし、完全に乾燥させる。この状態である程度の保存が可能だ。加熱調理ずみだから、注文が入るごとに油でさっと揚げて仕上げればよく、短時間で理想的な肉の状態を提供できる利点も大きい。香ばしいパリパリの皮、全身に血を行き渡らせたきめ細かでふっくらとした肉質、ふたつの食感の違いが味わえる。軽い燻香をつけたクリームは、鳩がたちまち燻製風に変わる楽しさもある。ビーツのジュレやメロンのガスパチョとも相性抜群のクリーム。

作り方は186ページ

ラカン産ほろほろ鳥の炭火焼き
Pintade de Racan Grillée

ほろほろ鳥は白身と赤身の中間のイメージがあり、白身より力強さを感じる素材。その醍醐味を引き出すにはどうするか、考えたすえ、丸焼きという直球勝負に決めた。炭火で焼かれた素材の外側はパリッと香ばしく、中側は火から放してもしばらく熱々のまま保たれる。岸本シェフにとって魅力的な調理法のひとつだという。直火の高温にさらされるため、パサつきやすいが、脂がよくのった鳥類にはとても有効な手法。丹念に肉の向きを変え、じっくりと炙り焼きにして炭火独特の香りをまとわせる。ソースもシンプルに素材の風味を移すことにポイントをおき、焼き上がったほろほろ鳥のガラをすぐに肉からはずし、フォン・ド・ヴォライユで瞬間に煮出す。主にジビエ料理のソースに用いる調理法だ。後ろに添えたクラシックなパテは、濃厚な持ち味にオレンジの香りがアクセント。

作り方は185ページ

炭火を入れた東京・合羽橋特注の銅製グリルに焼きたてを盛り、客前でお披露目。この後、スタッフ数人で骨を細かく叩き、短時間でソースを仕上げて供される。

炭火でダイナミックに丸ごと焼き上げる。焼き加減を観察しながら回転させ、均一に火を入れる。

シャラン産鴨のココット焼き
海藻バターとセル・ド・メールの香り
Canard Challandais aux Algues Cuit en Cocotte

シャラン産鴨。骨つきの胸肉は、中央で半分に骨ごと切り分けて使用する。100年に及ぶ伝統飼育法と瞬間に窒息させる方法で知られ、出回るのも高級レストランが中心。

良質な自然海塩の結晶がたっぷり入ったブルターニュ産のバター、セル・ド・メールに、上質の塩昆布（中）、佐賀産の乾燥海苔（手前）を混ぜて海藻バターを作り上げる。旨みが強いため、入れすぎに注意。

鴨の生産者であるビュルゴー家を訪問し、土地や飼育状況を見、そしてビュルゴーさんとの会話から生まれた一品。ヴァンデ県シャラン村は海辺近くの湿地帯。水路が編み目状に入り組み、鴨は穀物のほか、ミネラル分豊富な水を飲み、水中の餌をついばんで育つ。そこからの連想で、海の香りを鴨と合わせてみた。切り昆布と塩を混ぜた昆布塩を塩、こしょうのかわりに使うのがこだわりだ。さらに自家製の海藻バターをかけながら、旨みと海塩の味で包み込むように焼き、鴨の風味を引き出す。ココットで皮下の脂を丹念に落とし、歯ごたえを楽しむため、厚めに切る。ソースはさらりとした鴨のジューに焼いたあとのバターを少量たらして磯の風味を増幅させる。秋から冬にかけ、鴨の旨みがのってくる季節には、黒トリュフがソースに加わり、海と土の香りの相性のよさが堪能できる。まさにテロワール（土地の旬の味）を実践した皿である。

作り方は 185 ページ

VARIATION DE VOLAILLE

優しい味の奥にしかける鋭いキレ味

シャントレル
中田雄介

Text Hiromi Yamamoto

Yusuke Nakada

1972年11月、静岡県生まれ。大学生時代に初めて食べた「ラ・ブランシュ」の味に感動し、フランス料理の道を志す。同店の味が忘れられず、田代和久シェフの下で6年間修業して基本を学び、29歳で渡仏。パリで1年、三つ星（当時は二つ星）「レジス・エ・ジャック・マルコン」で2年間働く。三つ星獲得に向けて活気あふれる環境のなか、献身的な働きぶりでマルコンシェフの信頼を得る。オーベルニュ地方の豊かな自然の恵み、郷土料理をベースに洗練された一皿へと再構築していく柔軟な発想、手法を目の当たりにし、新しい感性を育む。帰国後、2004年「ラルテミス」のシェフに就任。2011年に独立し、「シャントレル」をオープン。

今回使用のヴォライユ
福島県産川俣軍鶏
ヴァンデ産子鴨の胸肉
ヴァンデ産鴨のフォワグラ
アンジュ産窒息鳩
ロワール地方産ほろほろ鳥
秋田県産うさぎの骨つきもも肉

うさぎ、鳩、鴨、ほろほろ鳥など、日本人になじみの薄い家禽なら、それだけでインパクトを十分に与えることができる。しかし、焼き鳥やから揚げといった庶民的な料理で身近な鶏は、そうはいかない。フランス料理の技法でしか出せない味わいを楽しんでもらえるよう、加熱の精密度、調理法、味の調整など、細かい点にいっそうの注意を払い、客を喜ばせようと意気込む。

そんな中田シェフにとって、鶏は基本の材料。ブイヨン・ド・ヴォライユを肉、魚、野菜すべての料理のベースとして使う。

6時間かけて煮出すこのブイヨンには、鶏の旨みとゼラチン質が余すところなく溶け出し、インパクトはあるが雑味がなく、あらゆる素材の味を引き立ててくれる。実に頼もしい陰の立役者である。

このブイヨンを核に、つねに酸を、ときには酸から派生する香りをアクセントに用い、シャープなキレ味を目指すのが中田シェフのやり方。「ラ・ブランシュ」の田代シェフから学んだ手法である。舌に感じるストレートな酸味だけでなく、ヴィネガーやアルコール類を煮詰めることによって生まれる旨み、果物の甘酸っぱさ、柑橘系の皮の香りまでも計算に入れ、肉の旨みを引き立たせてしまう。

酸の効用で、口に運んだ瞬間は優しげな印象を受ける料理も、食べ進むうちにじわじわと味の強さが伝わってくるはず。名前からすると重そうな「鳩のパイ包み」や「ほろほろ鳥のシヴェ」も、拍子抜けするほどの軽さでありながら、キレ味の鋭さがしっかりと舌の記憶に残る。それが酸味の偉大さである。

Les Chanterelles
住所　東京都渋谷区元代々木町24-1
　　　アブニール元代々木1F
電話　03-5465-0919
http://www.chanterelle.jp

鶏レバーとフォワグラのムース いちじくのチャツネ添え
Mousseline de foie de volaille et de foie gras au genièvre avec chutney aux figues

「レジス・マルコン」での修業時代に知った「鶏レバーとフォワグラのムース」。鶏レバーは生でも火が入りすぎてもよくない。とくに加熱しすぎはパサパサになり食感が悪くなるばかりか、よい香りが臭みに変化してしまうため、加熱後に余熱で火が入らないよう、急いでミキサーにかける。つなぎは生クリームからバターだけでつなぐやり方に変えた。レバーの加熱を最小限に抑えているため、生クリームでは劣化を早めてしまうからだ。バターは分離しやすいので冷やしながら、ていねいに撹拌することが何よりも肝心であり、空気をよく含ませることによって軽くなめらかな口当たりを生み出している。

作り方は184ページ

国産鶏のレバー。白レバーが多いほど、味のグレードが上がる。レバーの状態に合わせ、混ぜるバターやフォワグラの量は加減する。

レバーへの火入れ時間を限界まで抑えているので、鮮度のよいうちに食べきること。日持ちの目安は3日。

川俣軍鶏とキャベツのテリーヌ
かわまたしゃも

Terrine de coq de combat aux choux en crêpe

軍鶏を丸ごと1羽使い、レバーもしっかり入ったテリーヌなのに、口当たりが驚くほど軽いのは、肉とほぼ同量のキャベツを加えているからだ。通年メニューだが、「冬キャベツが出回る2〜3月が最高においしい」。甘味が減り、葉が堅くなる夏場は白ポルト酒を多めに加え、旨みを足している。手羽ともも肉は煮込んで旨みを凝縮させてからほぐし、ささみ、レバー、心臓は生のままミンチにし、つなぎとして混ぜ合わせている。加熱しないミンチを使うのは、しっとりとした口当たりにするため。以前、煮込んだ肉だけで作ったこともあるが、出来上がりは歴然の差だったという。繊細な味のテリーヌには、8分立てのクリームにレモン汁を利かせた爽やかな酸味のマスタードクリームソースがよく合う。

作り方は184ページ

福島県産の川俣軍鶏。筋肉が引き締まり、地鶏のような適度な歯ごたえとコクがあり、あっさりとしたなかにも旨みがある。

軍鶏の胸肉のハム。真空パックで加熱するが、肉は半生より少し火が入った状態がベスト。保存は冷蔵で2日間が目安。

軍鶏の胸肉のハムと冷やしなすのロックフォールクリーム

Suprême de coq de combat et aubergines braisées à la coriandre refroidies sur un lit de crème au roquefort

軍鶏のブイヨンに香草で味を加えた煮汁になすを入れる。さめてくるとゼラチン質で固まり、煮こごり状態になる。

さらし布に巻いた子鴨の胸肉のハム。冷蔵庫で1〜2か月乾燥させ、身がしまるのを待つ。

修業のために滞在したオーベルニュ地方はフランス国内でも有数のチーズ産地で、料理への取り入れ方や発想が大胆。ソースに惜しげもなく溶かし込み、香りとコクを楽しむという手法を身につけ、今回は個性の強いロックフォールを冷製クリームソースに仕立てている。濃厚なクリームのインパクトをしっかり受け止める食材として、師匠である田代シェフのスペシャリテ「冷やしなす」との組み合わせを思いついた。軍鶏のブイヨンで煮込み、旨みを吸ったなすにチーズのクリームがからまり、優しく上品な味わいとなる。軍鶏をたっぷり使いながらも主役はなすという贅沢な料理であり、なすが旬を迎える夏から秋にしか登場しない季節限定メニュー。

作り方は184ページ

うさぎのシナモン煮　ブルグールのリゾット添え
Lapin braisé à la cannelle sur le risotto de "Boulgour"

蒸して乾燥させたデュラム小麦を粉砕したブルグール。クスクスによく似た、中東の伝統食材。

秋田産うさぎの骨つきもも肉。肉は淡いピンク色で、鶏に近い淡白な味わい。

ミルポワもフォンも加えず、水、シナモン、塩で煮るだけ。それなのに、肉の味はしまり、旨みがぎゅっと引き出される。しかも、約1時間しっかり煮込むことで、筋肉質の肉が骨から簡単にはずれるほど柔らかくなる。オーベルニュで修業していたときに出会い、感激した調理法である。つけ合わせには、煮込んでもプチプチした食感が残るブルグールのリゾットを添え、肉質の柔らかさを引き立てる。うさぎ料理にはクリームソースが定番という思いから、その煮汁に生クリームを加えて泡立てた、ふわふわの軽やかなソースをかけて仕上げた。

作り方は182ページ

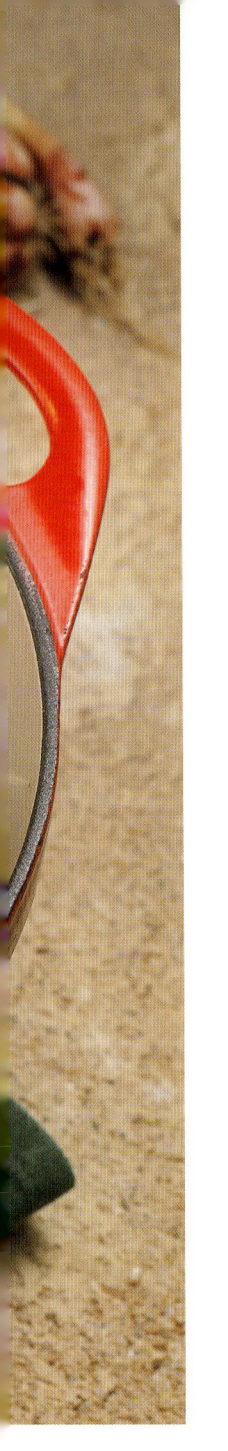

身は柔らかく、さっぱりと淡白な子鴨をおいしく味わうには、ナッツの香りとコクで補うのがベスト。カリカリに焼いた皮面に、砕いたヘーゼルナッツ入りの合わせバターを張りつけ、サラマンドルでこんがりと焼いた。さらにレモンの酸味が効いたつけ合わせには、ローストしたアーモンドを加えて香りづけしている。ジュー・ド・キャナールがベースの甘味のあるソースにも、最後にヘーゼルナッツ油を入れ、濃厚な香りを立ちのぼらせた。異なるナッツ香を重ねることで、香りのみならず、味にも相乗効果がもたらされる。子鴨と同じように、淡白な鶏の胸肉にもよく合う調理法だ。

作り方は 183 ページ

ヴァンデ地方産の子鴨の胸肉。「小さいほどより肉質が柔らかい」と、1枚130～140gを仕入れる。

余熱も計算に入れてロゼに仕上げ、ジューシーな旨みを味わう。

子鴨のヘーゼルナッツ焼き
Canette gratinée en croût de beurre de noisette

ほろほろ鳥とブルーベリーのシヴェ　スパッツェル添え
Civet de pintade aux myrtilles avec des spätzles

恩師、レジス・マルコン氏の作品集で「ブルーベリー風味のシヴェ」を見つけ、同店での修業時代を懐かしく思い出し、作った一皿。ほろほろ鳥は、淡白ながらも独特の風味をもち、軽く煮込んでもしっかりと味が残ることに目をつけ、野兎などのジビエに用いられることの多い、シヴェという意外性のある調理法を思いついた。ブルーベリーの甘酸っぱさが加わることにより、一般的なシヴェよりも軽い仕上がりにできる。フランスの素朴な田舎料理からの連想で、つけ合わせにはアルザス地方の郷土料理、パスタの仲間のスパッツェルを添えた。こしがあり、炒めても形が崩れず、弾力のあるもちもちした食感が楽しめる。

作り方は183ページ

スパッツェルはバターでしっかり炒め、塩、こしょうで味つけし、にんにく、エシャロットなどでシンプルに風味づけする。ほろほろ鳥のソースとよく合う。

野性味はあるが、クセのない柔らかな肉質が特徴。今回はロワール地方産を使用。

パイ包みにフォークを入れた瞬間、オレンジの香りが漂う。鳩の胸肉はロゼ色したレアな状態で供す。

鳩のパイ包み オレンジの香り
Feuilleté de pigeon au foie gras et à l'orange

グレープシード油に、オレンジの皮を1週間以上漬けて香りを移した、オレンジ油。

アンジュ産の窒息鳩。屠鳥後すぐに調理するより10日程度熟成したほうが旨みが出る。

パイ包みのなかは、ローストした鳩の胸肉、フォワグラ、コンフィにした鳩の内臓入りの炒め野菜という3層仕立て。フォワグラをサンドしたのは、脂肪の少ない鳩にねっとりとした食感をプラスするためである。重そうな印象だが、炒め野菜にキャベツ、アプリコット、オレンジの皮を取り入れたことが功を奏し、意表をつくほど軽やかに仕上がっている。キャベツは炒めることで甘味と軽さが引き立ち、そこにアプリコットのねっとり感と酸味、オレンジの皮の酸味がアクセントとなっている。個性の強いジュー・ド・ピジョンのソースにもオレンジ香のする油を効かせ、爽やかで軽やかな後味となった。　**作り方は182ページ**

VARIATION DE VOLAILLE

肉本来のおいしさに徹する低温加熱と真空調理

ア・ニュ ルトゥルヴェ・ヴー
下野昌平

Text Nobuko Namiki

Shouhei Shimono
1973年1月山口県生まれ。辻調理師専門学校を卒業後、「ヴァンサン」と「ル・ブルギニオン」で約8年働いて基本を身につけるとともに、城悦男氏には料理に対する情熱、菊地美升氏には客に対する真摯な姿勢を学ぶ。30歳で渡仏し、「トロワグロ」「タイユヴァン」で腕を磨きながら、常に進化し続けるフランス料理の偉大さを実感。「ル・ジュ・ドゥ・ラシエット」開店にあたって33歳で帰国し、シェフに就任。09年に独立。

今回使用のヴォライユ
シャラン産シャラン鴨
ラカン産ほろほろ鳥
ラカン産鶏
イタリア産うさぎ
茨城産地鶏
茨城産子鳩

パリの老舗「タイユヴァン」で、肉部門をまかされた下野シェフ。肉食文化の本場で学んだ最も重要なことは熟成だった。熟成はジビエに限らず、家禽でも行われる。日本とは比較にならないほど多種類の肉をさわって弾力を確かめ、指で覚えた経験は、かけがえのない財産となった。

今も肉料理は熟成から。輸送期間に熟成する輸入ものは不要だが、国産は必ず状態を見て、必要なら熟成でたんぱく質の分解を促す。そしてジャストタイミングで火を入れる。目指すは肉の持ち味を最大限に引き出すため、肉全体に均一に火を入れること。肉の表面を焼き固めてから休ませる伝統的な方法は、中心部こそベストに仕上がるが、それ以外はかたくなってしまう。それを解消するため、油や出た肉汁をかけながら焼くアロゼという手法をとらず、ごく低温のオーブンで加熱したり、熱と味が均等に浸透する真空調理を多用する。細かな温度設定は試行錯誤の賜物。赤身肉は適温の幅が広めだが、白身の鳥類は脂肪分が少ないせいで余熱が回りやすく、1〜2度の差でまったく違ってくるからだ。

また、肉の香りを守るため、にんにくやハーブ、スパイス、バターなどはほとんど使わず、こしょうさえふらないときがある。オリーブ油も香りが強いので、焼くときはグレープシード油。ソースも野菜を活用して軽やかに。

肉そのもののおいしさに徹する料理は和食に通じるものがあり、刺し身を楽しむのに近い感覚がある。「お客さまが見た瞬間、僕の料理とわかるのが理想」と、個性的な世界を展開している。

à nu, retrouvez-vous
住所　東京都渋谷区広尾5-19-4 SR広尾ビル1F
電話　03-5422-8851
http://www.restaurant-anu.com

柚子の香りのラパンで包んだフォワグラ
3種の桃の食感とともに

Foie gras de canard enrobé de lapin parfumé au yuzu,
accompagné de pêches de trois textures différeutes

在仏中、同胞の友人のウェディングパーティーのために考案した料理。友人の実家が柚子の生産農家で、よく瓶詰の柚子が送られてきたことからひらめいた。テーマは「フォワグラを柚子で軽やかに」。その仲立ちをするのがうさぎだ。野うさぎとは対照的に家禽のうさぎはくせがなく、特に背肉はあっさりしているので柚子の果汁でマリネし、フォワグラを巻いて蒸す。フォワグラは下ごしらえで脂を極力抜いておくこと。蒸す間に柚子の香りがフォワグラに浸透し、脂も中和され、旨みだけがふわっとさわやかに広がる。ミッシェル・トロワグロ氏が「的鯛のダンテル、しそと柚子風味」で注目を集めたように、フランスでも柚子は人気の素材で、その友人のパーティーでも評判は上々。今は店のスペシャリテの前菜となっている。

作り方は 181 ページ

ラカン産パンタードと栗のブルーテ
Pintade de Racan et velouté de châtaignes

「タイユヴァン」時代、冬場にきじで作っていたスープを、同じ目のほろほろ鳥でアレンジした一品。きじの骨からはよいだしがとれるが、これも浮き実にする胸肉以外、骨と内臓を含めたすべての部位を使うのがポイント。フォンと同様、脂を焼ききる感覚でしっかりと炒めてから煮込み、骨から濃厚なエキス、内臓からコクを出したうえ、サーモミックスで骨まで砕いて徹底的に旨みを絞り取る。栗は国産を使用。濃厚なスープに負けることなく、後口のよい甘味とコクをつけてくれる。まろやかな口当たりに深くしみわたる味わいは、ジビエが好きなお客さまにも、食べなれない肉は苦手という女性客にも好評だ。　**作り方は 181 ページ**

茨城産地鶏の香草エピスマリネ
パパーダの香り　じゃがいものソース

Poulet fermier d'Ibaraki mariné avec des épices,
en chemise de Papada, sauce aux pommes de terre

マリネ液ごと真空調理で蒸した胸肉にパパーダをのせ、低温で2〜3分加熱し、パパーダの脂を溶かして仕上げる。

イベリコ豚の肩肉を塩漬けにして乾燥させたパパーダ。イタリア産のグアンチャーレと同様、大部分が脂肪で、強い風味を生かしてさまざまな料理の味だしに使われる。

脂肪分が少ない鶏胸肉は、いかにしっとりとやわらかく調理するかが工夫のしどころ。下野シェフはマリネと真空調理でそれをクリアし、パパーダの脂肪で淡泊さもカバーした。香草のマリネはヨーグルトにセルフィユやミント、トロピカル風の甘い香りがするトンカ豆、アリサなどを加えた、ちょっと中近東風のテイスト。これで胸肉をしっとりとさせ、55度というぎりぎりの火入れでふっくらとジューシーに仕上げる。パパーダはさっと加熱して溶かすと脂っこさがやわらいで旨みだけが残り、透き通って見た目も美しい。かみしめると独特の風味がにじみ出て、あっさりした胸肉と好相性。シンプルなじゃがいものソースも、脂肪を中和させる役割を果たしている。このソースは牛肉のローストにもよく合い、じゃがいもはさらっとした静岡県三方原産メークインが最適。　**作り方は181ページ**

マダム・ビュルゴーのシャラン鴨のロティ　白と赤のソース
Suprême de canard challandais rôti de chez Madame Burgaud, sauce blanche et rouge

シェフのスペシャリテ。最高級の鴨の特長を引き出すため、まずは骨つきの胸肉をストーブ脇で30分アロゼし、次に60度のオーブンで1時間弱寝かせながら焼き上げる。切り口の艶と透明感に満ちたロゼ色からわかるとおり、肉全体に均一に火が入り、肉汁が閉じ込められ、中心部も皮の近くも差がなく非常にやわらかい。あえてスライスせずに供し、かみしめる旨み、カリカリッとした皮との対比を楽しんでもらう。白のソースは玉ねぎ。"鴨ねぎ"と言われるように相性は抜群だ。赤のソースはビーツの絞り汁とフォン・ド・キャナールを煮詰めたもの。ビーツの土の香りと鴨の血の香りが引き合う。シャラン鴨の味を第一に考え、ソースはあっさりと脇役に徹している。

作り方は180ページ

伝統的な方法で育てられたビュルゴー家のシャラン鴨は、肉質が繊細でいて味は力強く、血の香りは品よく、脂肪は焼ききってもなお旨みがあると、下野シェフが惚れ込む食材。

ラカン産プーレットとフォワグラの低温キュイとそのジュー

Poulette de Racan et foie gras cuits à basse température
accompagnés de leur jus

　鶏肉の皮と身の間に詰めものをする伝統的な調理法の、きわめて現代的なアレンジ。従来ならフォワグラ以外の材料もいろいろ詰め込んで鶏肉に味をプラスするのに対し、これは胸肉の潤いを補うためのフォワグラを挟んで塩、こしょうするのみ。素材そのものの味をストレートに出すにはハーブさえ余計と考える。60度の真空調理で1時間蒸すと、フォワグラの脂を吸い込んで胸肉ならではのやわらかさと旨み、甘味が十二分に出る。最後に軽くアロゼして皮はパリッと。レアに仕上がったフォワグラもさらっと食べられ、胸肉の味を邪魔しない。ソースは濃厚なジューを少量添えるだけ。つけ合わせも味が強いものではなく、野菜のエチュベでやさしくまとめる。レストランではランチ用のイメージが強い鶏肉だが、これはディナーのメインにもできる一皿。　作り方は181ページ

ラカン産雌の若鶏。中央フランス・トゥールのやや北に位置するラカンで自然な環境で放し飼いにされ、穀物や木の実などを食べて育つ。真っ白な羽と白い肌の美しい姿、良質の肉と脂肪がほどよく混ざり合った味わいが特長。

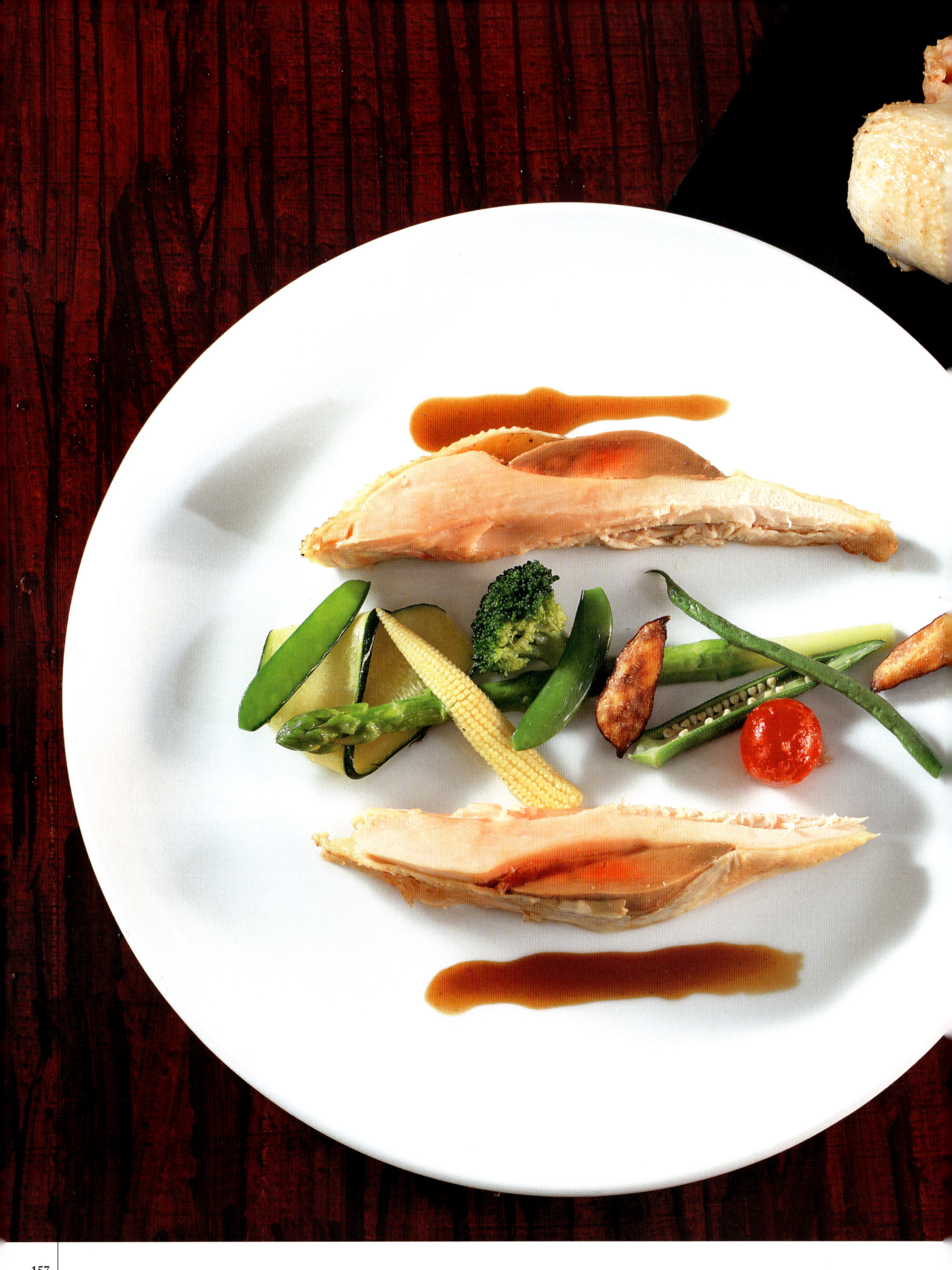

鳩の各部位を異なった調理法で味わい尽くす一皿。肉質は繊細、なめらかでありながら血の味が濃い胸肉はローストに。皮が薄く火が入りやすいため、肉をいじめないようにアロゼで若めに火を入れ、60度のオーブンでゆっくり寝かせて仕上げる。モリーユのソースは定番のサルミソースに負けない力強さがある。ゼラチン質が多いが骨も多い手羽先はやわらかくコンフィにし、食べやすいように工夫をした。もも肉は趣をがらりと変え、とうもろこしを詰めてフライに。今回は国産鳩を使ったが、ラカン産鳩の場合、胸肉はもっと繊細で味も濃い。骨つきのまま真空パックにし、芯温58度まで真空調理し、フライパンで皮目をパリッと焼いて仕上げるという具合に火入れの方法を変えている。

作り方は180ページ

茨城産鳩はフランスのグリーモ種を取り寄せ、とうもろこしと小麦だけで28〜49日飼育。夏場は毛なし、冬場は毛つきで届く。

繊細でいて血の香りも弾力も富んだ胸肉ロースト。鳩の餌の小麦から、つけ合わせにはスペルト小麦を選んだ。

もも肉のフライにも鳩の餌であるとうもろこしを詰めて。味の相性がよいのはもちろん、皿全体の一体感が高まる。

茨城産子鳩のロティとそのもも肉のフリット 手羽先のフォワグラコンフィとモリーユのソース

Pigeonneau d'Ibaraki rôti, ses cuisses frites et ses ailerons confits dans la graisse de foie gras, sauce aux morilles

VARIATION DE VOLAILLE

国産が切り開くヴォライユの新しい価値

プレヴナンス
静井 弘貴

「生きた食材からすでに料理がはじまる」

静井シェフは、「いま穫れたものをいま食べる」ことこそ、もっとも自然な行為であり、最高の贅沢だと考えている。

たしかに、長い歴史を持つフランス産のヴォライユは質がいいが、日本のレストランに届くまでには1週間近くかかる。それに対し、国産は早ければ処理された当日に、遅くても翌日には必ず手元に届く。

新鮮なヴォライユは水分が多くジューシーで、身がぶりっと張っている。内臓の匂いも肉にまったく移っていない。熟成させて旨みを凝縮させたほうがよいという意見もあるが、静井シェフは、国産をあえてフランス産の味に近づける必要はないと考える。フレッシュでなければ味わえない独特の肉質を長所として生かし、国産ヴォライユの価値を確立したい。レストランが使うことで国産のよさが認められれば、農業が活性化し、レストランもさらによい食材を使えるようになる。そんな循環を実現させるのが目標だ。

生産者のもとへも足しげく通う。なかでも関東の食材を積極的に使うのは、すぐに会いに行けるからだ。生産者の思いを直接感じれば食材への愛情が深まると同時に、フランス料理の源流をたどる確認作業の場にもなっている。

が引き締まる。生きる姿を実際に目にしたときの感動を、皿の中で表現したいという思いも強まった。いまでは、現地の光景を思い浮かべながら料理を組み立てられる。そうして突き詰めると、定番の組み合わせに行き着くことが多いという。

「何十年、何百年も前の人々も自分と同じ光景を見て育ち、定番といわれる料理が誕生したのかもしれない」

静井シェフにとって、農場はインスピレーションを得る場。と同時に、フランス料理の源流をたどる確認作業の場にもなっている。

Hiroki Shizukai

1975年茨城県出身。専門学校を卒業後、四ツ谷「レストラン美味小家」に入社。23歳でドイツへ渡り、デュッセルドルフの1つ星「ビクトリアン」でフランス料理の修業を積む。帰国後「カフェ ド シノワーズ南青山」、丸の内「サンス エ サヴール」で研鑽を積んだのち、渡仏。ニース「Keisuke matsushima」で松嶋啓介氏の右腕として活躍。35歳で神宮前「レストラン アイ」のシェフに就任し、1つ星を獲得する。独立に向け、38歳で再度渡仏。各地をまわり、技術だけでなく、現地シェフの料理や経営に対する哲学を学ぶ。2013年、独立開店。

今回使用のヴォライユ
東京世田谷産岡崎おうはん
埼玉県産うずら
フランス産うさぎ
茨城県産鳩
ヨーロッパ産カエル

Prévenance
住所　東京都港区南青山2-13-7　マトリス1F
電話　03-6804-3182
http://prevenance.biz

岡崎おうはん腿肉のロティとトリュフに見立てた卵
Cuisse de poulet rôti et diamant noir

骨つきのままゆっくりとアロゼすることでジューシーに仕上がる。

処理した当日に届いた岡崎おうはん。放し飼いで自由に動き回っているので、筋肉質で歯応えが非常に強く、旨みも濃厚だ。

「横斑プリマスロック」と「ロードアイランドレッド」を親にもつ卵肉兼用品種の岡崎おうはん。東京・世田谷の「吉実園」では岡崎おうはんを飼育する傍ら、自家用に野菜も栽培している。中央においた卵を生産者の家に見立て、まわりに野菜と鶏肉を盛りつけ、農園の情景を表現した。卵にはイカスミのパン粉をまぶして揚げる。卵をトリュフに見立てるというユニークな発想で、岡崎おうはんに敬意を表してみた。半熟卵をくずし、パルメザンチーズ入りのじゃがいもピュレ、ジュー・ド・プーレと一緒にからめて食べる。　作り方は179ページ

モリーユを詰めた鶏胸肉の低温調理
Suprême de volaille aux morilles

新鮮な鶏肉の最大の長所は、火が入るギリギリのラインを狙ってローストできることだ。低温のオーブンでたんぱく質が凝固する少し手前まで中心温度を上げておき、表面を焼いたときにちょうど火が入るように調整し、国産ならではのジューシーなおいしさを最大限まで引き出した。農園の裏にモリーユ茸が自生していたことから、生のモリーユ茸を組み合わせた。バロティーヌの内側には薄くムースを伸ばし、モリーユ茸の香りが肉に移りやすくなるよう工夫している。

作り方は 179 ページ

埼玉産うずらのロティ　大麦とねぎぼうず

Caille rôtis, blé, Négibouzu

　1羽丸ごと焼くなら、切り分けて肉だけを提供するのはもったいない。骨には、あらかじめ用意したジューにはない香ばしさがあるからだ。焼き上げたうずらをお見せして、ほかの料理を供している間に切り分け、残った骨でジューを作る。これぞ丸焼きならではの醍醐味だ。うずらは小形で火が入りやすいので、オーブンには入れず、バターとオリーブ油で時間をかけてゆっくりアロゼする。油の温度が上がりすぎないよう、調整するのがポイントだ。うずらの好物の麦をつけ合わせ、食感に変化をもたせた。

作り方は 179 ページ

丸ごとの状態でいったん食卓に運ぶ。皿に盛りつけて供するまでの時間も演出のひとつ。

切り分けたガラはバターで炒め、香ばしさをより引き出す。

ジュ・ド・カイユに入れて煮込み直し、焼いた香ばしさをソースに移す。

椎茸のデュクセルを詰めたうさぎ背肉のバロティーヌ
レモン風味のサバイヨンのエスプーマとほうれん草のクーリー

Ballontine de lapin, sabayon d'espuma citroné, coulis d'épinard

ほんのり酸味をきかせたサバイヨンは、バーナーで焼いて香りをつける。

バロティーヌの丸と、レモン風味のサバイヨンの黄色で、月うさぎ伝説をイメージ。遊び心のある一皿だ。冬に畑を訪れたおり、積もった雪で枯れてしまったほうれん草の隣に小さな新芽が顔を出していた。その生命力に感激し、ファルスにはほうれん草を使ったところ、青い香りがサバイヨンのもったりした味わいを見事に引き締めた。野うさぎが暮らす里山で栽培される椎茸もファルスに加え、旨みも増幅させている。肉は直接焼くと固くなってしまうので、網脂を巻いて焼き、肉の柔らかさと焼いたときの香ばしさをどちらも実現させた。

作り方は 178 ページ

東南アジアを中心に広く栽培されるロングペッパー。来日したフランス人シェフに教わり使ってみたところ、甘く刺激的な香りが赤身のヴォライユによく合い、気に入っている。

フォワグラを詰めたピジョンのロティ カブの甘酸っぱいマリネ

Rôtis de pigeon au farce de foie gras, navet aigre douce

パンと張った独特の肉質を最大限に生かすには、丸ごとシンプルにロティするのが一番だ。国産ならではの水分を多く含んだ肉は、輸入の鳩よりも熱伝導がよく、休ませている間にどんどん火がまわる。今回は中にフォワグラを詰めているので、火入れのタイミングが中と外で異なり、よりコントロールが難しい。そこで、真空にかけて均一に加熱し、氷水でフォワグラを完全に固め、仕上げにまわりだけを香ばしく焼き上げた。表面にふりかけたロングペッパーのエキゾティックな風味が、血の香りを隠し、鳩らしいよい香りだけを引き立ててくれる。蜂蜜ヴィネガーを使ったソース・エーグルドゥースはつけ合わせのカブにからめるだけ。鳩とカブを一緒に食べると、肉汁、フォワグラの脂、カブの水分が混ざり合い、口の中でソースが完成する。

作り方は 178 ページ

茨城県産の鳩は処理した翌日には確実に届く。身がぷりっと張り、水分量が非常に多くジューシー。臭みもまったくない。

頭を切り落とし、開いた口から骨と内臓を取り除いてつぼ抜きする。

カエル腿肉のフリット　にんにくとアーモンド風味
ソース・クレソン

Friture de grenouille au l'ail et aux amandes sauce cresson

長野県産の天然クレソンを使う。栽培とは比べものにならない清涼感だ。

フランスの市場では、カエルは鶏と一緒に売られることも多い。白身肉であることから、ヴォライユの仲間として扱われている。カエルの鳴き声が夏の風物詩であった少年時代を思い出し、クレソンのソースと合わせて清涼感溢れる夏らしいフリットに仕上げた。カエルの肉はパサつきやすいので、衣で保護できるフリットは最適の調理法。にんにくクリームを中に少量詰め、香りづけと同時に内側から肉をしっとりさせる効果を狙う。アーモンドプードルをパン粉がわりに使い、ナッツの香ばしさをまとわせた。　作り方は178ページ

VARIATION DE VOLAILLE

アナログ調理を研ぎすます

ル・ジュー・ドゥ・ラシエット
髙橋 雄二郎

「ひとつの食材を使い尽くすのがフランス料理の醍醐味」

髙橋シェフにとって、ヴォライユは小規模なレストランでも1羽丸ごと仕入れられる貴重な食材だ。店のコースは、昼夜ともにシェフのお任せ1本。それだけに、庶民的な白身のヴォライユをメイン料理として供するのは難しいが、骨から内臓まで、食材のすべての部位を使って一皿を仕上げることで、レストランでしか味わえないヴォライユ料理を目指している。

なかでも神経を使うのは、肉の火入れ。修業時代の大半を費やし、技術を磨いてきた。肉汁を一滴も逃さず、切った瞬間に表面に肉汁が浮き上がって輝くのがシェフが考える最高の状態だ。真空調理を使えば均一に火が入れられるが、あえて昔ながらのアナログ調理に心血を注ぐ。食材のたんぱく質凝固温度を駆使し、肉が「いまだ！」と語りかけてくる瞬間をつかみたいからだ。

肉のたんぱく質凝固温度は知識として把握しているが、調理場で数字には頼らない。30分かけて焼いた肉と1時間焼いた肉では、中心温度が同じでも余熱のまわり方が異なる。数字より、感覚のほうが確実だ。

最近の主流になりつつある低温長時間での加熱の場合、乾燥が最大の敵。とくに白身肉のヴォライユは見ただけでは状態が分かりづらく、少しでも機を逃すと一気にパサついてくる。こまめに肉を休ませるだけでなく、網脂で包んで焼く、油を表面に吹きかけて乾燥を防ぐなど、試行錯誤を繰り返しながらそれぞれの肉のベストな焼き上がりを常に模索している。

Yujiro Takahashi

1977年福岡県出身。食べ歩きが趣味の両親のもと、幼少の頃から食への興味を育む。大学卒業後、中村調理師学校でフランス料理の歴史に惹かれ、修業を決心。表参道「ビストロ・ダルブル」で谷口哲也氏に師事。26歳でフランスに渡り、パリ3つ星「ルドワイヤン」、「ビストロ・ラミジャン」などで3年間研鑽を積む。留学時代にはブーランジュリー「メゾンカイザー」、パティスリー「パンドシュクル」でも修業を重ね、幅広い技術を吸収する。帰国後、丸の内「ヌーヴェルエール」でスーシェフとして腕をふるう。2009年、「ル・ジュー・ドゥ・ラシエット」シェフに就任。

今回使用のヴォライユ

- 青森県産シャモロック
- 岩手県産ほろほろ鳥
- 埼玉県産うずら
- ラカン産子鳩
- 長野県産うさぎ
- フランス・パティ産プーラルド

Le jeu de l'assiette
住所　東京都渋谷区恵比寿西2-17-5　サンビレッジ代官山2F
電話　03-6415-5100
http://www.augoutdujour-group.com/la/

青森県産シャモロック、フォワグラ、セロリラブ、蛤のプレス "地層"
焦がし玉ねぎのパン粉とクレソンのサラダ

Terrine de poulet "shamoroque Aomori" foie gras, céleri rave et palourde,
panure d'oignon caramélisé et salade au cresson

「地層」をイメージして、色彩を統一。地層には貝殻の化石が埋まっているところから想像をふくらませ、蛤とアサリを合わせてみた。シャモロックと貝はどちらも非常に旨みが強いが、味の方向性は正反対。そこで、セロリラブを両者のつなぎ役として間に挟み、ほろ苦さで一体感を持たせた。層ごとに加熱時の適正温度が異なり、その温度より上昇すると水分と一緒に旨みが抜けてしまう。各層の厚みを調整し、全体に火がちょうど入った瞬間を見極めるのがポイントだ。テリーヌは焼き色をつけないので、焦がした玉ねぎとパン粉を粉状にしてまわりにふり、香ばしさを補った。

作り方は178ページ

岩手県産パンタード胸肉、レバーペーストのタルティーヌ 金柑とトリュフのサラダ

Suprême de pintade "Iwaté" et son pâté de foie. à la façon de tartine. salade au "kinkan" et truffe

レバーペーストは大胆にたっぷりと塗るのがおいしさのポイント。

岩手県産のほろほろ鳥は内臓つきで届く貴重な食材だ。ほろほろ鳥ならではのジューシーな肉質とクセのないレバーの特性を生かし、定番のレバーペーストのタルティーヌを軽やかなサラダに仕立てた。レバーは加熱しすぎると食感が悪くなるだけでなく、鉄分の風味も強くなってしまうので、ロゼ程度に炒めておく。胸肉は骨つきのままアロゼでじっくり火を通し、ほろほろ鶏のジューで作ったヴィネグレット・ソースを少量かける。噛んだ瞬間に、みずみずしさとほろほろ鳥らしい香りが広がる。

皮はオーブンで煎餅状になるまで焼いて、タルティーヌに散らす。香ばしく、食感の変化もつけられる。

作り方は177ページ

小形のうずらを旨みを1滴も逃さず焼き上げる方法として行き着いたのが、つぼ抜きして脚と手羽の骨まですべて抜き、「1枚肉」にすることだ。これならもも肉も焼きすぎず、均一に火入れできる。ジューをベースに自家製スパイスを加えたソースを塗り重ねながら、タンドリーチキンのようにオーブンで焼き上げた。ファルスにはゼラチンで固めた卵黄をミンチで包んで詰める。焼いたときにゼラチンが溶け、ナイフを入れると中から卵黄がとろりと溢れ出してくる。

作り方は177ページ

手羽の骨も抜いて1枚肉になったうずら。四角く形を整えれば、厚みが均一になる。

ファルスの卵黄は焼き上げたときに火が入りすぎないよう冷凍し、半熟に仕上げる。

埼玉県産うずらのキャラメリゼ　スパイスとピマンデスペレット "スコッチエッグ"　ポンム・スフレ

Caille de "Saitama" caramélisé, parfum d'épice et piment d'espelette accompagné de pomme soufflé

ラカン産子鳩のロースト　内臓のアンチョビ仕立て　ルッコラとピジョンのジュー

Pigeon de Racan rôti, pâté d'abats aux anchois, jus de pigeon et roquette

内臓の新しい使い方を提案したい。考えをめぐらせ、鮎の肝を使った伝統的な塩辛「うるか」をヒントに、塩漬けしたレバーとハツをオイルに漬け込んでアンチョビを作ってみた。意外にもクセはまったくないうえ、発酵によって鳩らしい香りと味が凝縮され、万能の「旨み調味料」が完成した。今回は内臓のアンチョビに鳩のジューとルッコラのピュレを組み合わせ、さっぱりした夏向けの味わいに。胸肉はシンプルなローストに、もも肉は豚足と豚耳と合わせてソーセージにし、食感でアクセントをつける。頭は骨まで焼き切らず、脳みそのなめらかさを楽しんでもらう。

作り方は 176 ページ

レバーとハツのアンチョビ。裏漉してからオイルに漬け込む。野禽でも作れ、3週間は日持ちする。

フランス・パティ産プーラルド
胸肉のロースト　アバを入れたソース・シュプレーム・レジェ
もも肉のクネルとフォワグラ、モリーユ茸のコンソメ "アンクルート"
ヴァンジョーヌ風味

Poularde de patis son suprême aux abats légèrs, et son consommé en croûte, au vin jaunes

ロワール地方、サルト県にあるパティ産のプーラルド。プーラルドは「肥育鶏」で、通常の若鶏（プーレ）とは区別される。肉質が繊細で、肉厚。上品な脂が特徴。

コンソメは贅沢にトリュフ、フォワグラ、もも肉のクネルを浮き実にした。コンソメが濁らないようにフォワグラは下処理を徹底し、クネルは生クリームを加えず作る。

プーラルドは味が濃く、ジューシーな脂が魅力的。コンソメとローストの2種仕立てで、異なる角度からそのおいしさを存分に味わってもらう。高橋シェフにとって、コンソメ作りの要はブイヨン作りの最初の工程。味が出る前の段階でアクを徹底的に取り除くことで、澄みきった味が生まれる。また、クラリフェでは卵白を一切使わない。卵のかすかな味さえもコンソメにつけたくないからだ。仕上げにはシェリー酒のかわりにヴァンジョーヌとポルト酒を加え、ほろ苦さでキレを出した。胸肉は骨つきのままゆっくりアロゼする。フォン・ド・ヴォライユとルーを合わせたソース・シュプレームにレバーを少量合わせて香りを補強し、カプチーノ仕立てで現代風にアレンジ。コンソメ、アロゼ、ソース、すべてにクラシックな技法を用いながら、軽やかな料理へと変身させている。　　**作り方は 176 ページ**

長野県産うさぎのロニョナード　フォワグラとリ・ド・ヴォー　みかん風味
ソース・ガストリック　マンダリン・ナポレオン　セージの香り

Lapin de "Nagano" en rognonnade, foie gras et ris de veau à la mandarine,
sauce gastrique à la "Mandarine Napoléon" parfum de sauge

肉に直接火が当たらないように網脂で巻く。鍋肌に当たるのも避けたいので、底には網を敷き、左右はアルミ箔を置いて肉が動かないよう固定する。オリーブ油と水を霧吹きでこまめに吹きかけ、乾燥を防ぎながら焼くのがポイント。

鴨料理の定番、オレンジソースをみかんで応用。古典的なガストリックの手法を使いながら、斬新な味わいに仕上げた。みかんとうさぎの組み合わせは師匠の谷口哲也氏からの直伝だ。オレンジでは酸味が強すぎるが、みかんなら味がまろやかになり、淡泊な肉によく合う。ロニョナードにはロニョン、リ・ド・ヴォー、フォワグラを詰め、食感に変化をつけた。フォワグラが溶け出さないよう、短時間で火入れしたいところだが、強火だと肉がパサついてしまう。そこで、網脂を巻き、アルミ箔の蓋をのせてローストする。これなら肉に間接的に火が入り、熱を逃せるので中心の温度が上がりすぎることがない。まわりにはパン粉と混ぜたみかんの皮をまぶし、肉にも柑橘の香りをまとわせた。

作り方は175ページ

ピースのピュレ (500g) [グリンピース300g、塩・ピュア・オリーブ油各適宜、新玉ねぎ60g、白ワイン5g、ベーコン10g、コンソメ用のブイヨン・ド・ヴォライユ200cc、水適宜、牛乳30g、38%生クリーム30g、塩・白こしょう各適宜、無塩バター10g] ／プーラルドの胸肉半身／ピュア・オリーブ油、黒こしょう各適宜／タイム1本／ソース・シュプレーム [白ワイン200cc、ヴァンジョーヌ20cc、白ポルト酒100cc、コンソメ用ブイヨン・ド・ヴォライユ400cc、牛乳100cc、38%生クリーム50g、レモン汁5g、塩・白こしょう各適宜、無塩バター20g、レシチン5g] ／小玉ねぎ2個／グリンピース20粒／そら豆6粒／無塩バター、フルール・ド・セル各適宜

*コンソメ用ブイヨン・ド・ヴォライユは、右項のコンソメ・ド・ヴォライユを参照。
*フォワグラは1個を6等分し、牛乳75cc、水225cc、トレハロース3gと一緒に真空パックにかけ、35～37度の湯煎で40分ほど血抜きし、水気をよく切って使用する。

● 作り方
コンソメスープのパイ包みを作る
1 もも肉は皮とすじを取り除き、ミンサーでミンチにする。
2 クネルの材料を粘りが出るまでよく混ぜ合わせ、1個20gずつクネル形に整える。
3 コンソメ・ド・ヴォライユの2番で表面を固める程度にゆでる。
4 モリーユ茸は水で戻してよく洗い、戻し汁とコンソメを同量で混ぜた液体と塩で2分ほどゆでて下味をつける。
5 ルビーポルト酒を1/4まで煮詰め、ヴァンジョーヌと混ぜ合わせる。
6 耐熱容器にクネル、5mm角に切った黒トリュフ、1.5cm角に切って塩、白こしょうしたフォワグラ、モリーユ茸、コンソメ・ド・ヴォライユ150cc、5を入れる。パイ生地をかぶせ、端をしっかり止める。表面に卵黄を2度塗りする。

グリーンピースのピュレを作る
1 グリーンピースを1分ほど塩ゆでし、皮をむく。
2 オリーブ油を敷いた鍋を中火にかけ、薄切りにした玉ねぎをしんなりするまで炒める。
3 弱火にし、グリーンピースを加えて軽く炒め、白ワインを加えてアルコールを飛ばす。
4 ひと口大に切ったベーコン、ブイヨン・ド・ヴォライユ、ひたひたの水を加え、グリンピースが柔らかくなるまで煮る。
5 牛乳と生クリームを加えて塩、白こしょうで味を調える。ベーコンを取り除き、バターを加えて溶かす。
6 サーモミックスでなめらかになるまで回し、シノワで漉す。

仕上げる
1 フライパンにオリーブ油を薄く敷いて弱火にかけ、塩、黒こしょうをした胸肉を皮を下にしてのせる。肉を60度ぐらいまで熱したら油を骨にかけ、2～3回アロゼしたら火からはずし、オーブンの上など温かい場所で3分休ませる。この作業をくり返し、中心温度を66度まで上げる。
2 コンソメのパイ包みを250度のオーブンに入れ、コンソメが沸騰し、パイ生地がふくらむまで7～8分焼く。焼き上がったらパイにタイムの枝を刺し、皿にのせる。
3 ソース・シュプレームを作る。白ワイン、ヴァンジョーヌ、白ポルト酒を水分がなくなるまで煮詰め、ブイヨン・ド・ヴォライユを加えて半量まで煮詰める。
4 火からはずし、牛乳、生クリーム、レモン汁を加え、弱火でわかさないように注意しながら香りを移す。塩、こしょうで味を調える。バターを加えて揺り動かしながら溶かす。
5 シノワで漉し、レシチンを加えてバーミックスで泡立てる。
6 小玉ねぎは皮をむいて半分に切り、グリーンピース、そら豆と一緒にバターを溶かしたフライパンで色づけないように炒める。
7 別皿の中央に豆類と小玉ねぎを盛り、上に肉をのせてフルール・ド・セルを軽くふる。まわりにたっぷりソース・シュプレームをかけて仕上げる。

コンソメ・ド・ヴォライユ
● 材料 (出来上がりが5ℓ)
プーラルドのガラ2羽分／老鶏1羽／にんにく1株／玉ねぎ5個／にんじん2本／セロリ2本／ブーケ・ガルニ [ローリエ1枚、タイム2～3本、パセリの茎2～3本] ／黒粒こしょう30粒／水20ℓ／クラリフェ用 [胸肉500g、にんじん1/5本、玉ねぎ1/3個、エシャロット1/2個、セロリ1/6本]

● 作り方
1 177ページ「ブイヨン・ド・ヴォライユ」を参照し、鶏ガラをプーラルドのガラと老鶏に変え、同様の手順でブイヨンを作る。
2 胸肉をミンサーでミンチにし、野菜はすべてみじん切りにする。ミンチ肉と野菜を混ぜ合わせる。
3 冷たいブイヨンを鍋に入れて2を加え、よく混ぜ合わせる。
4 弱火にかけ、固形物が鍋底にあたらないように木べらで静かに混ぜながら加熱する。
5 固形物が表面に上がってきたらレードルで真ん中に穴をあけて対流させ、静かに沸騰する状態を維持しながら液体が完全に澄むまで加熱する。
6 キッチンペーパーを敷いたシノワで少量ずつ漉す。

長野県産うさぎのロニョナード フォワグラとリ・ド・ヴォー みかん風味 ソース・ガストリック マンダリン・ナポレオン セージの香り

カラー写真は174ページ

● 材料 (2人前)
リ・ド・ヴォー (仔牛胸腺肉) 80g ／クール・ブイヨン適宜／塩、白こしょう各適宜／うさぎ1羽／黒こしょう適宜／鴨フォワグラ80g／豚の網脂適宜／水、ピュア・オリーブ油各適宜／みかん1個／30ボーメシロップ適宜／にんじんのピュレ (10人前) [にんじん1本、無塩バター10g、牛乳200cc、水200cc] ／マンダリン・ナポレオンのガストリック (10人前) [みかん果肉2個分、グラニュー糖30g、白ワインヴィネガー20cc、38%生クリーム20g、白ワイン200cc、マンダリン・ナポレオン100cc、ジュー・ド・ラパン400cc、粗挽き黒こしょう適宜、みかん皮のすりおろし2個分、仕上げ用白ワインヴィネガー3g] ／無塩バター10g／みかんのパン粉 [みかん皮のすりおろし5個分、パン粉50g] ／セージ、サラダ油各適宜／ミニにんじん4本／フルール・ド・セル適宜
* 30ボーメシロップは、グラニュー糖130gと水100gを沸騰させて作る。

● 作り方
ロニョナードを焼く
1 リ・ド・ヴォーを沸騰させたクール・ブイヨンで5分ゆでる。氷水に入れてさまし、薄皮を取り除く。脱水シートで6時間脱水し、長さ12cm、厚さ1cmの棒状に成形して塩、白こしょうをふる。
2 うさぎをさばき、肉はあばら骨とささみをはずす。骨はゆでこぼしてきれいに掃除し、飾り用に取っておく。ロニョンは横半分に切り、尿管を取り除く。
3 フォワグラは直径1cmの棒状に成形し、塩、黒こしょうする。ロニョンにも塩、黒こしょうをする。背肉を広げ、リ・ド・ヴォー、フォワグラ、ロニョンをのせて巻き、たこ糸で縛って俵形に成形する。塩、黒こしょうし、網脂を巻く。
4 鍋底に網をのせ、3を上に置く。両サイドに棒状に整えたアルミホイルをおき、肉が転がらないように固定する。水とオリーブ油を同割で混ぜた液体を霧吹きで肉にかけ、アルミホイルをかぶせる。
5 200度のオーブンで3分焼き、オーブンの上などの温かい場所で3分休ませる。これを6～7回くり返し、肉に火が入る直前まで焼く。
6 熱したフライパンに肉をのせ、網脂に焼き色をつける。

つけ合わせを作る
1 みかんのチュイルを作る。みかんを冷凍し、ごく薄い輪切りにする。
2 シルパットに並べ、30ボーメシロップを刷毛で両面に塗り、70度のコンベクションオーブンで一晩乾燥させる。
3 にんじんのピュレを作る。にんじんは皮をむき、十字に切って芯を取り除く。5mm幅の細切りにする。
4 鍋にバターを溶かして中火にし、にんじんをしんなりするまで炒める。
5 牛乳と水を加えて柔らかくなるまで煮る。サーモミックスにかけてシノワで漉す。

ソースを作る
1 鍋にみかん果肉とグラニュー糖を入れて中火にかけ、きつね色になるまで煮詰め、火からはずして白ワインヴィネガーを加える。
2 別鍋で生クリームを1/2量まで煮詰める。
3 別鍋に白ワインとマンダリン・ナポレオンを入れて半量まで煮詰める。
4 1に3を加え、水分がなくなるまで煮詰め、ジュー・ド・ラパンを加えて2/3量まで煮詰める。
5 火からはずし、煮詰めた生クリーム、粗挽き黒こしょう、みかん皮を加えて10分おき、茶漉しで漉す。白ワインヴィネガーを加える。
6 1人前につき30gを取って温め、バター5gを加えて鍋を揺らしながら溶かし込む。

つけ合わせを作って仕上げる
1 みかん皮とパン粉をロボクープで回して細かくする。
2 ロニョナードから網脂をはずす。オリーブ油を敷いたフライパンを熱し、ロニョナードをのせてごく軽く焼き色をつけ、みかんのパン粉を表面にまぶす。
3 セージを160度のサラダ油で素揚げする。
4 ミニにんじんは塩ゆでし、オリーブ油を敷いたフライパンで色づけないように香ばしく焼く。
5 皿にピュレで線を描き、ソースを数か所たらす。ロニョナードを3等分し、あばら骨を刺して飾りつけ、皿に盛りつける。切り口にフルール・ド・セルをふる。にんじん、チュイルを添え、セージを散らして仕上げる。

ジュー・ド・ラパン
● 材料 (出来上がりは200cc)
うさぎのガラ1羽分／にんにく1/2株／エシャロット80g／ピュア・オリーブ油適宜／白ワイン10cc／フォン・ド・ヴォー300cc／ブーケ・ガルニ [ローリエ1枚、タイム2～3本、パセリの茎2～3本] ／黒粒こしょう10粒／水適宜

● 作り方
1 うさぎのガラはきれいに掃除し、2cm幅に切る。にんにくは皮つきのまま横半分、エシャロットは1cm角にそれぞれ切る。
2 オリーブ油を敷いた鍋ににんにくを切り口を下にしてのせ、中火にかけて香りを出す。
3 ガラを加え、200度のオーブンに入れ、底をこそげるように炒めながら全体に焼き色をつける。
4 オーブンから取り出してエシャロットを加え、中火にかけてしんなりするまで炒め、白ワインを加えて鍋についた旨みを取り、フォン・ド・ヴォーとひたひたの水、ブーケ・ガルニ、黒粒こしょうを加える。
5 沸騰したらアクを丁寧に取り除き、弱火にして2時間煮込む。
6 シノワで漉し、半量まで煮詰めて使用する。

レー粉10gを混ぜ合わせ、挽いたもの。
● 作り方
うずらにファルスを詰める
1 うずらの頭を切り落とし、首元から包丁を入れて内臓と骨を引っ張り出し、つぼ抜きする。手羽と足の骨、すじも取り除く。ももの端のほうの肉はファルス用に切り取る。肉を四角くなるように成形する。
2 レバーとハツは血管を取り除き、流水に30分さらして血抜きし、水気を拭き取る。ファルス用のもも肉、レバー、ハツをミンサーで一緒にミンチする。
3 ミンチ肉、エシャロット、塩、こしょう、白ワイン、全卵を粘りが出るまでよく練り、3mm角に切ったフォワグラとパセリを加えて軽く混ぜ合わせる。
4 卵黄をシリコンのフィナンシェ型に入れて冷凍する。
5 ベジタブルゼラチンと水を混ぜて75度まで温め、ゼラチンを溶かす。竹串に卵黄を刺してゼラチンの液体にくぐらせ、バットにのせて再度冷凍する。卵黄を3で包む。
うずらをローストする
1 シェリーヴィネガー、白ポルト酒、マデラ酒を水分がなくなるまで煮詰め、ジュー・ド・カイユを加えてソースを作る。刷毛で塗るぶんを少量取り、自家製スパイス少々を加えて混ぜ合わせる。
2 ファルスをうずらに詰めて閉じる。塩、こしょうをふる。
3 鍋底に網を敷いてうずらをのせ、アルミ箔で蓋をし、200度のオーブンに入れる。
4 オリーブ油と水を同割で混ぜた液体を肉に霧吹きで吹きかけながら2分焼く。オーブンの上などの温かい場所で3分休ませる。この作業を繰り返し、芯温が45度になるまで焼く。
5 フライパンにオリーブ油を敷いてよく熱し、胸肉の表面を香ばしく焼く。
6 ソースを刷毛で全体に塗り、200度のオーブンで照りが出るまで焼く。焼き上がったときに芯温が60〜63度になるように調整する。
つけ合わせを作って仕上げる
1 ポンム・スフレを作る。じゃがいもの皮をむき、水にさらして1時間おく。直径3.5cmのセルクルで抜き、スライサーで厚さ3〜4mmに薄切りにする。再度水に30分さらす。
2 水気をよく切り、130度のサラダ油で10分揚げる。別に180度のサラダ油を用意し、じゃがいもを移しかえてふくらむまで揚げる。油を切り、塩、自家製スパイスをふる。
3 甘長唐辛子を180度のサラダ油で素揚げする。
4 ドレッシングの材料を混ぜ合わせ、アマランサスのスプラウトと芽ねぎにからめる。
5 うずらを皿にのせ、ソースを上からかけ、唐辛子、アマランサス、芽ねぎをのせる。自家製スパイス、ピマンデスペレットをふりかける。

ジュー・ド・カイユ
● 材料（出来上がり200〜300cc）
うずらのガラ4羽分／にんにく1/2片／エシャロット80g／ピュア・オリーブ油適宜／白ワイン10cc／フォン・ド・ヴォー200cc／水1〜2ℓ
● 作り方
1 うずらのガラは水洗いしてきれいに掃除し、3cm角に切る。にんにくは皮つきのまま半分、エシャロットは8mm角にそれぞれ切る。
2 オリーブ油を敷いた鍋ににんにくを切り口を下にしてのせ、中火にかけて香りを出す。
3 ガラを加え、200度のオーブンに入れ、底をこそげるように炒めながら全体に焼き色をつける。
4 オーブンから取り出してエシャロットを加え、中火にかけてしんなりするまで炒め、白ワインを加えて鍋についた旨味を取り、フォン・ド・ヴォーとひたひたの水を加える。
5 沸騰したらアクを丁寧に取り除き、弱火にして2時間煮込む。
6 シノワで漉し、半量まで煮詰めて使用する。

ラカン産子鳩のロースト 内臓のアンチョビ仕立て ルッコラとピジョンのジュー

カラー写真は171ページ

● 材料（4人前）
内臓のアンチョビ［鳩のレバーとハツ2羽分、マリネ用（フルール・ド・セル5g、黒粒こしょう5g、にんにくの薄切り1片分、タイム3本、ローリエ1枚）、ピュア・オリーブ油適宜、にんにく1/2片、タイム3本、エクストラバージン・オリーブ油適宜］／子鳩2羽／キュイスのソーセージ仕立て［子鳩のもも2羽分、豚足と豚耳のプレス50g、にんにくのみじん切り5g、エシャロットのみじん切り10g、パセリ適宜、ドライベルモット・白ワイン各少々、塩・黒こしょう各適宜、豚の網脂適宜、ピュア・オリーブ油各適宜］／塩・黒こしょう各適宜／ピュア・オリーブ油、水各適宜／ルッコラ30g／小かぶ2個／アスパラガス4本／小玉ねぎ4個／スナップエンドウ4本／かぼちゃ4mm厚さの薄切り4枚／ジュー・ド・ピジョン適宜／フルール・ド・セル、クレソン、粗挽き黒こしょう各適宜

● 作り方
内臓のアンチョビを作る
1 レバーとハツの両面にフルール・ド・セルをまぶし、こしょう、にんにく、タイム、ローリエをのせ、ラップ紙をして一晩マリネする。
2 流水で軽く洗い、脱水シートに挟んで3時間脱水する。
3 ピュア・オリーブ油にタイムとにんにくを入れて66度に温め、レバーとハツを加えて10分煮る。
4 レバーとハツを取り出して油をよく拭き取り、裏漉す。密閉容器に入れ、エクストラバージン・オリーブ油をかぶるまで注ぐ。冷蔵庫で1週間寝かせる。
キュイスのソーセージ仕立てを作る
1 鳩をさばき、胸肉ともも肉、ガラに分ける。頭と砂肝はつけ合わせ用にとっておく。
2 もも肉は骨と固い筋を取り除く。皮はつけたまま、粗めのミンチにする。豚足と豚耳のプレスは3mm角に切る。
3 ボウルに2、にんにく、エシャロット、パセリ、ドライベルモット、白ワインを入れ、粘りが出るまでよく混ぜ合わせる。塩、こしょうを加える。
4 4等分して俵型に成形し、網脂で包む。
5 ピュア・オリーブ油を敷いたフライパンを熱し、強火で網脂に焼き色をつける。中火にして10分ほど焼き、中まで火を通す。
胸肉をローストする
1 胸肉は鎖骨を取りのぞき、骨つきのままバトー形に成形し、塩、こしょうする。
2 鍋に網を敷いて上に胸肉をのせ、アルミ箔で蓋をし、200度のオーブンに入れる。
3 ピュア・オリーブ油と水を同割で混ぜた液体を霧吹きで肉に適宜吹きかけながら2分焼く。オーブンから出し、オーブンの上など温かい場所で3分休ませる。この作業を繰り返し、芯温が45度になるまで焼く。
4 フライパンにオリーブ油を敷いてよく熱し、胸肉の表面をパリッと焼く。温かい場所で10分休ませる。
つけ合わせを作って仕上げる
1 ルッコラを柔らかくなるまで塩ゆでし、氷水につけてよく冷やす。サーモミックスにかけてシノワで漉し、ピュレ状にする。
2 砂肝と頭はきれいに掃除し、頭は半分に切る。塩、こしょうし、ピュア・オリーブ油を敷いたフライパンで香ばしく焼く。
3 野菜類はそれぞれピュア・オリーブ油を敷いたフライパンで香ばしく焼く。かぶ、玉ねぎ、アスパラガスは半分に切る。それぞれ塩をふる。
4 胸肉を骨からはずし、骨に面していた部分に塩、こしょうを軽くふる。グリル板で皮面に焼き色をつける。
5 内臓のアンチョビを油から取り出し、60度に温める。ルッコラのピュレをたらして線を描き、ジュー・ド・ピジョンをかける。
6 胸肉、キュイスのソーセージ仕立て、砂肝、頭を盛りつけ、足の骨を飾る。胸肉にフルール・ド・セルをふる。小かぶ、アスパラガス、小玉ねぎ、スナップエンドウ、かぼちゃ、クレソンをのせ、粗挽き黒こしょうを添えて仕上げる。

豚足と豚耳のプレス
● 材料（出来上がりは80g）
豚足3本／豚耳1枚／玉ねぎ2個／にんじん1本／セロリ1本／ブーケ・ガルニ［ローリエ1枚、タイム2〜3本、パセリの茎2〜3本］
● 作り方
1 豚足と豚耳を水から5回ゆでこぼし、鍋に入れ、かぶる程度の水を加えて沸騰させ、アクをすくう。
2 皮をむいて横半分に切った玉ねぎ、皮をむいて4等分したにんじんとセロリ、ブーケ・ガルニを加え、中火で柔らかくなるまで煮る。
3 取り出して豚足の骨をはずし、熱いうちに豚耳と一緒にテリーヌ型などに入れて重しをする。粗熱を取り、冷蔵庫で冷やし固める。

ジュー・ド・ピジョン
● 材料（出来上がりは200cc）
子鳩のガラ2羽分／エシャロット50g／にんにく1/4株／ピュア・オリーブ油適宜／白ワイン40g／フォン・ド・ヴォー50cc／水適宜
● 作り方
1 子鳩のガラを水洗いしてきれいに掃除し、3cm角に切る。エシャロットは8mm角に切る。
2 オリーブ油を敷いた鍋ににんにくを切り口を下にしてのせ、中火にかけて香りを出す。
3 ガラを加え、200度のオーブンに入れ、底をこそげるように炒めながら全体に焼き色をつける。
4 オーブンから取り出してエシャロットを加え、中火にかけてしんなりするまで炒め、白ワインを加えて鍋についた旨味を取り、フォン・ド・ヴォーとひたひたの水を加える。
5 沸騰したらアクを丁寧に取り除き、弱火にして2時間煮込む。
6 シノワで漉し、2/3まで煮詰めて使用する。

フランス・パティ産プーラルド胸肉のロースト アバを入れたソース・シュプレーム・レジェ もも肉のクネルとフォワグラ、モリーユ茸のコンソメ "アンクルート" ヴァンジョーヌ風味

カラー写真は172ページ

● 材料（2人前）
もも肉のクネル（10人前）［プーラルドのもも肉2本、エシャロックのみじん切り30g、にんにくのみじん切り2g、卵白10g、ジュー・ド・プーレ（177ページ）10g、パセリのみじん切り5g、白ワイン5g、白ポルト酒5g、ヴァンジョーヌ3g、塩、黒こしょう各適宜］／コンソメ・ド・ヴォライユ（175ページ）の2番適宜／モリーユ茸10個／塩適宜／ルビーポルト酒20g／ヴァンジョーヌ10g／黒トリュフ20g／鴨フォワグラ50g／白こしょう、コンソメ・ド・ヴォライユ各適宜／自家製パイ生地直径12cm、7mm厚さ2枚／卵黄適宜／グリーン

ド・セロリラブ（20人前）［ピュア・オリーブ油適宜、玉ねぎの薄切り1/4個、根セロリの薄切り1/2個分、白ワイン10cc、ブイヨン・ド・ヴォライユ100cc、水・牛乳各200cc、テリーヌ用根セロリの残り適宜、38%生クリーム40cc、塩・白こしょう・レモン・ヴィネグレット各適宜］/焦がし玉ねぎのパン粉（20人前）［無塩バター、ピュア・オリーブ油各適宜、玉ねぎの薄切り6個分、パン粉適宜］/クレソン、カタバミの葉と花、フルール・ド・セル、粗挽き黒こしょう各適宜
＊ピスターシュはあらかじめ香ばしくローストしておく。

● 作り方

材料の準備をする

1 シャモロックをさばき、もも肉、胸肉、ささみ、ガラに切り分ける。
2 もも肉、胸肉、ささみにマリネ用の材料をまんべんなくまぶし、一晩マリネする。皮をはぎ取る。
3 蛤を鍋に入れ、白ワイン50cc、皮をむいたにんにく1/2片、ひたひたの水を加えて中火にかける。殻が開いたら取り出して殻からはずす。煮汁はファルス用にとっておく。アサリも同様に蒸す。
4 煮汁を混ぜ合わせ、1/2量まで詰める。
5 ファルスを作る。もも肉をミンサーでミンチにする。肉に玉ねぎ、エシャロット、にんにく、全卵、ジュー・ド・プーレ、貝の煮汁をよく練り合わせ、塩、こしょうで味を調える。ピスターシュを加え、まんべんなく混ぜ合わせる。
6 フォワグラを常温に戻し、繊維を壊さないように注意しながら血管を取り除く。重量に対して1.1%の塩、0.4%のグラニュー糖、白こしょう、コニャック、白ポルト酒をまぶし、ラップ紙をかけて密閉し、一晩マリネする。
7 根セロリは皮をむき、1cm～1.2cmに薄切りする。鍋に入れ、ブイヨン・ド・ヴォライユと水を同割でかぶる程度まで注ぐ。レモン汁と塩を加え、中火でやや固い程度にゆでる。

型に詰めて加熱する

1 33cm×8cm、高さ7cmのカードルにラップ紙を敷いて底を作り、ファルスを空気が入らないように1.2cm高さに敷き詰める。
2 根セロリを重ならないように隙間なく並べる。残りはソース用に取っておく。
3 蛤とアサリを重ならないように並べる。隙間にはファルスを詰め、平らにならす。
4 フォワグラを1cm厚さに敷き詰める。
5 胸肉を敷き、隙間を埋めるようにささみをのせる。上からラップ紙をかける。
6 コンベクションオーブンに蒸気を入れ、70～75度で1時間半ほど、芯温がおよそ65度になるまで加熱する。
7 取り出して粗熱を取り、重しをのせて冷蔵庫で一晩寝かせる。重しをのせ、さらに2～3日寝かせる。

レモン・ヴィネグレットを作る

1 レモン汁とエクストラバージン・オリーブ油を1：3の割合で混ぜ合わせて乳化させ、塩、白こしょうで味を調える。

クーリ・ド・セロリラブを作る

1 ピュア・オリーブ油を敷いた鍋に玉ねぎを入れ、弱火で色づけないように炒める。
2 しんなりしたら根セロリを加え、色づけないように炒める。
3 白ワイン、ブイヨン・ド・ヴォライユ、水、牛乳を加えて煮る。テリーヌで残った根セロリを加え、柔らかくなるまで煮る。
4 火を止めて生クリームを加え、塩、こしょうで味を調える。サーモミックスでピュレ状にし、目の細かいシノワで漉してさます。
5 レモン・ヴィネグレットを少量加えて酸味をつける。

焦がし玉ねぎのパン粉を作って仕上げる

1 同量のバターとピュア・オリーブ油を入れた鍋に玉ねぎを入れ、きつね色になるまで炒める。
2 火からはずし、一晩おいて乾燥させる。
3 玉ねぎ、玉ねぎに対して3倍量のパン粉をサーモミックスにかけて粉状にする。
4 クーリ・ド・セロリラブを皿に敷き、テリーヌを1cm厚さに切って上にのせる。
5 クレソンにレモン・ヴィネグレットをあえる。クレソン、カタバミの葉と花を添える。
6 焦がし玉ねぎのパン粉でまわりに円を描く。
7 テリーヌにフルール・ド・セルと粗挽き黒こしょうをふって仕上げる。

ブイヨン・ド・ヴォライユ

● 材料（出来上がりが約5ℓ）

鶏ガラ7kg／にんにく1株／玉ねぎ5個／にんじん2本／セロリ2本／ブーケ・ガルニ［ローリエ1枚、タイム2～3本、パセリの茎2～3本］／黒粒こしょう30粒／水20ℓ

● 作り方

1 鶏ガラを水洗いしてきれいに掃除し、脂を取り除く。にんにくは皮つきのまま横半分、玉ねぎは皮をむいて横半分、にんじんとセロリは皮をむいて4等分する。
2 鶏ガラと水を鍋に入れて沸騰させ、アクと脂を徹底的にすくう。
3 玉ねぎ、にんにく、にんじん、セロリ、ブーケ・ガルニ、こしょうを加えて中火で再度沸騰させアクをすくう。弱火にし、95度を保ち、アクをすくいながら4時間煮込む。シノワで漉す。
4 鍋に戻して強火にかけ、半量まで煮詰める。

ジュー・ド・プーレ

● 材料（出来上がりが約100cc）

シャモロックのガラ1羽分／にんにく1/2株／エシャロット100g／ピュア・オリーブ油適宜／白ワイン20g／フォン・ド・ヴォー200cc／水適宜

● 作り方

1 鶏のガラを水洗いしてきれいに掃除し、3cm角に切る。にんにくは皮つきのまま横半分、エシャロットは8mm角にそれぞれ切る。
2 オリーブ油を敷いた鍋ににんにくを切り口を下にしてのせ、中火にかけて香りを出す。
3 ガラを加え、200度のオーブンに入れ、底をこそげるように炒めながら全体に焼き色をつける。
4 オーブンから取り出し、エシャロットを加え、中火にかけてしんなりするまで炒める。白ワインを加えて鍋についた旨みをこそげ取る。フォン・ド・ヴォーとひたひたの水を加える。
5 沸騰したらアクを丁寧に取り除き、弱火にして2時間煮込む。
6 シノワで漉し、1/3まで煮詰めて使用する。

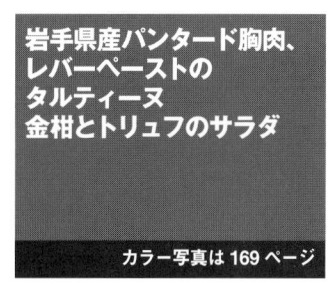

岩手県産パンタード胸肉、レバーペーストのタルティーヌ 金柑とトリュフのサラダ

カラー写真は169ページ

● 材料（4人前）

レバーペースト［ほろほろ鳥のレバーとハツ1羽分（約50g）、ピュア・オリーブ油適宜、にんにくのみじん切り2g、エシャロットのみじん切り10g、ルビーポルト酒8g、無塩バター20g、塩・黒こしょう各適宜］／ほろほろ鳥の胸肉1羽分／塩、黒こしょう、ピュア・オリーブ油適宜／パン・ド・カンパーニュ3～4mm厚さ4枚／無塩バター適宜／ヴィネグレット・ソース［ジュー・ド・パンタード10cc、シェリーヴィネガー10cc、エクストラバージン・オリーブ油30cc、塩・黒こしょう各適宜］／ドレッシング［シェリーヴィネガー20cc、ディジョンマスタード5g、エクストラバージン・オリーブ油60cc、塩・白こしょう各適宜］／ミニクレソン、チェンマイレッド、カタバミの葉、金柑、ナスタチウム各適宜／黒トリュフ適宜

＊ジュー・ド・パンタードは、左項の「ジュー・ド・プーレ」を参照し、ほろほろ鳥のガラに変えて同様に作る。

● 作り方

レバーペーストを作る

1 レバーとハツは血管を取り除き、流水に1時間ほどさらして血抜きし、よく水気を切る。
2 オリーブ油を敷いた鍋を中火にかけ、にんにくを入れて香りが出るまで炒め、エシャロットを加えてしんなりするまで炒める。
3 レバーとハツを加え、レバーの芯温が60度になるまで炒める。ルビーポルト酒を加えてアルコールを飛ばす。
4 裏漉し、熱いうちに常温のバターを加えて溶かし、塩、黒こしょうで味を調える。

胸肉をオーブンで焼く

1 胸肉に塩、黒こしょうをふる。フライパンにオリーブ油を薄く敷き、中～弱火にかけ、胸肉を皮を下にしてのせる。
2 油を骨にかけて2～3回アロゼしたら火からはずし、オーブンの上などの温かい場所で3分休ませる。この作業をくり返し、中心温度を66度まで上げる。皮と骨をはずす。
3 皮はオリーブ油を敷いたフライパンにのせ、上にパイ皿をのせて重石にする。180度のオーブンで8分ほど焼き、せんべい状になるまで焼く。飾り用に取っておく。

パンにのせて仕上げる

1 パンにバターを薄く塗り、軽く焦げ目がつくまでトーストする。
2 ヴィネグレット・ソースの材料をよく混ぜ合わせる。胸肉を3～4mm厚さに切ってヴィネグレット・ソースを少量かける。パンの上に並べ、レバーペーストを3mm厚さに塗る。
3 ドレッシングの材料をすべてよく混ぜ合わせ、ミニクレソンとチェンマイレッドにからめる。
4 3、カタバミの葉、薄切りにした金柑、ナスタチウムをのせ、鶏肉の皮を飾る。黒トリュフのせん切りを散らす。

埼玉県産うずらのキャラメリゼ　スパイスとピマンデスペレット"スコッチエッグ"ボンム・スフレ

カラー写真は170ページ

● 材料（4人前）

うずら4羽／ファルス［うずらのもも肉・レバー・ハツ4羽分、エシャロットのみじん切り20g、塩・黒こしょう各適宜、白ワイン10cc、全卵1/6個分、鴨フォワグラ10g、パセリのみじん切り3g、S玉の卵黄4個分、ベジタブルゼラチン37g、水750cc］／シェリーヴィネガー10cc／白ポルト酒、マデラ酒各20cc／ジュー・ド・カイユ（176ページ）100cc／自家製スパイス少々／塩、黒こしょう各適宜／ピュア・オリーブ油、水適宜／ボンム・スフレ［じゃがいも（メークイン）2個、サラダ油・塩・自家製スパイス各適宜］／甘長唐辛子4本／サラダ油適宜／ドレッシング［シェリーヴィネガー20cc、ディジョンマスタード5g、エクストラバージン・オリーブ油60cc、塩・白こしょう各適宜］／アマランサスのスプラウト、芽ねぎ、ピマンデスペレット各適宜

＊自家製スパイスはコリアンダー25g、八角20g、ターメリック20g、黒粒こしょう20g、クローブ10g、クミン15g、シナモン20g、カイエンヌペッパー2g、カルダモン10g、キャラウェイ15g、カ

ド・ヴォライユ 300cc／粗挽き白こしょう3g／タイム1本

● 作り方
1 バターとオリーブ油を同量敷いたフライパンにガラとくず肉をのせ、180度のオーブンできつね色になるまで焼いて取り出し、少量の水を加えて旨みをこそげ取る。
2 オリーブ油を敷いた鍋にエシャロットを入れ、しんなりするまで炒める。
3 ガラ、くず肉、白ワインを加えて水分を飛ばし、フォン・ド・ヴォライユ、1の水を加えて沸騰させる。
4 アクを取り除き、こしょう、タイムを加えて弱火にし、30分煮込んでシノワで漉す。
5 鍋に戻し、半量まで煮詰める。

椎茸のデュクセルを詰めたうさぎ背肉のバロティーヌ レモン風味のサバイヨンのエスプーマとほうれん草のクーリー
カラー写真は164ページ

● 材料（3人前）
椎茸のデュクセル［エシャロットのみじん切り1/2個、無塩バター15g、椎茸のみじん切り100g、塩・白こしょう各適宜］／にんにく1片／ほうれん草30g／無塩バター、塩各適宜／うさぎの背肉1羽分／豚の網脂適宜／ほうれん草ピュレ［ほうれん草1株、塩、重曹各適宜］／サバイヨン［無塩バター125g、レモン汁3g、レモン皮2個分、全卵1個、卵黄1.5個、塩3g］／エクストラバージン・オリーブ油、シャンピニオン、フルール・ド・セル、赤茎ほうれん草各適宜

● 作り方
ファルスを肉で巻く
1 エシャロットをバターを敷いた鍋でしんなりするまで中火で炒め、椎茸を加えて水分がなくなるまで炒める。塩、こしょうで味を調える。
2 にんにくの皮をむいてフォークに刺す。別鍋にバターを敷き、ほうれん草を入れてフォークで混ぜながらしんなりするまで炒め、にんにくの香りを移す。塩で味を調える。
3 うさぎは骨をはずし、余分なすじを取り除き、縦に2等分する。
4 両面に軽く塩をふり、背中側に椎茸のデュクセルをのせ、ほうれん草を並べて巻き、網脂で覆う。
5 ラップ紙で包み、70度のコンベクションオーブンに入れ、蒸気を入れて7〜8分蒸し焼きにする。
6 取り出して水分を拭き取り、フライパンを中火にかけて網脂に焼き色をつける。（写真）
7 バットに移しかえ、160度のオーブンで中心まで温める。
ほうれん草ピュレとサバイヨンを作って仕上げる
1 ほうれん草を塩と重曹を加えた湯でくたくたになるまでよくゆでる。

2 ザルにあげて水気をよく絞り、少量の煮汁と一緒にミルサーにかけてピュレにする。シノワで漉し、塩で味を調える。
3 サバイヨンを作る。鍋にバターとレモン汁を入れ、バターが溶けたら火を止めてレモン皮を加える。ラップ紙をして10分おき、シノワで漉す。
4 全卵と卵黄を混ぜ合わせ、3に少しずつ加える。塩を加えてよく混ぜ合わせ、シノワで漉す。エスプーマに入れ、63度のコンベクションオーブンで1時間温める。
5 サバイヨンを皿に2か所絞り、片方はバーナーで炙って焼き色をつける。
6 ほうれん草ピュレにオリーブ油をからめ、刷毛で皿に塗る。
7 バロティーヌを4等分し、皿に3つのせる。薄く切ったシャンピニオンを飾り、フルール・ド・セルを少量ふる。赤茎ほうれん草を添えて仕上げる。

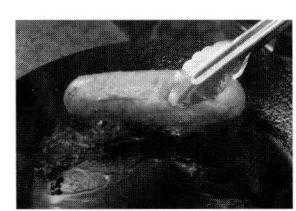

ここではまだ肉に火を入れず、網脂だけを香ばしく焼く。

フォワグラを詰めたピジョンのロティ かぶの甘酸っぱいマリネ
カラー写真は165ページ

● 材料（1人前）
鳩1羽／ロングペッパー、塩各適宜／鴨フォワグラ80g／無塩バター、ジュー・ド・ピジョン各適宜／フルーツかぶ、フルール・ド・セル、はちみつヴィネガー、生姜各適宜

● 作り方
鳩をローストする
1 鳩は首を落として内臓と骨を引っ張り出し、つぼ抜きにする。内側にロングペッパーと塩をふる。
2 フォワグラに塩をふって鳩に詰める。ラップ紙で巻いて形を整え、真空パックにかける。60度のコンベクションオーブンで2時間ほど加熱し、中心温度を54度まで上げる。
3 オーブンから出し、常温で10〜15分休ませる。袋ごと氷水に入れ、フォワグラを冷やし固める。
4 袋から取り出し、足を寄せて楊枝で固定し、形を整える。
5 フライパンにバターを敷き、中火で鳩の表面に焼き色をつける。
6 ジュー・ド・ピジョンを刷毛で表面に塗る。
つけ合わせを作って仕上げる
1 フルーツかぶを2mm厚さに切り、フルール・ド・セルをふる。はちみ

つヴィネガーを多めにふりかけて5分マリネする。
2 生姜は皮をむいてせん切りにする。
3 皿に鳩のローストをのせ、フルーツかぶを添える。上に針生姜を散らし、ロングペッパーをふりかける。

ジュー・ド・ピジョン
● 材料
無塩バター、ピュア・オリーブ油各適宜／鳩のガラとくず肉合わせて300g／水少々／エシャロットのみじん切り1個／白ワイン100cc／フォン・ド・ヴォライユ300cc／タイム1本／粗挽き黒こしょう3g

● 作り方
1 バターとオリーブ油を同量敷いたフライパンに鳩のガラとくず肉をのせ、180度のオーブンできつね色になるまで焼いて取り出し、少量の水を加えて旨みをこそげ取る。
2 オリーブ油を敷いた鍋にエシャロットを入れ、しんなりするまで炒める。
3 ガラ、くず肉、白ワインを加えて水分を飛ばし、フォン・ド・ヴォライユ、1の水を加えて沸騰させる。
4 アクを取り除き、タイム、こしょうを加えて弱火にし、30分煮込んでシノワで漉す。
5 鍋に戻し、刷毛で塗れる濃度まで煮詰める。

カエル腿肉のフリット、にんにくとアーモンド風味 ソース・クレソン
カラー写真は166ページ

● 材料（5人前）
クレーム・ダイユ［にんにく50g、牛乳適宜、35%生クリーム20g、無塩バター10g、塩適宜］／カエル8匹／塩、白こしょう各適宜／マリネ用［エシャロット1個、セロリ1/2本、にんじん1/4本、にんにく1/2片、ピュア・オリーブ油少々、パセリの茎2〜3本、タイム1本、ローリエ2枚］／アーモンドプードル、卵白、パン粉各適宜／サラダ油適宜／ソース・クレソン［無塩バター適宜、エシャロットのみじん切り5g、カエルのガラ、くず肉8匹分、白ワイン50cc、フォン・ド・ヴォライユ180cc、35%生クリーム100cc、クレソン5g、塩適宜］／クレソン、エクストラバージン・オリーブ油、アーモンドスライス、薄切りベーコン、フルール・ド・セル各適宜
＊アーモンドスライスはローストして細かく砕き、ベーコンは90度のオーブンで6時間ほど乾燥させて砕く。

● 作り方
カエルのアーモンドフリットを作る
1 クレーム・ダイユを作る。にんにくは皮をむいて芯を取り、牛乳で柔らかくなるまで煮る。
2 ミルサーに入れ、ミルサーがまわるぎりぎりの量の牛乳を加えてピュレにする。

3 ピュレ50gを火にかけて温め、生クリームを加えてなじませ、バターを溶かし込む。塩で味を調える。
4 カエルをさばき、もも肉とくず肉、ガラに分け、血合いなどを取り除く。もも肉はつけ根から骨を引っ張り出して肉を裏返し、塩、こしょうをする。
5 マリネ用のエシャロット、セロリ、にんにく、にんじんはすべて薄切りにする。もも肉に少量のピュア・オリーブ油をかけ、マリネ用の材料をのせて3時間マリネする。
6 内側に小さじ半分程度のクレーム・ダイユを詰めてぴったりと閉じる。
7 アーモンドプードルをまぶして余分をはたき、コシを切った卵白にくぐらせ、細かく挽いたパン粉をまぶす。
8 180度のサラダ油で3〜4分ほど、きつね色になるまで揚げる。
ソース・クレソンを作って仕上げる
1 バターを敷いた鍋でエシャロットを炒め、しんなりしたらガラとくず肉を加えて香りが出るまで炒める。
2 白ワインを加えて水分を飛ばし、フォン・ド・ヴォライユを加えて1/3まで煮詰め、シノワで漉す。
3 生クリームを加えてなじませ、再度温めてバター5gを加え、鍋を揺り動かして溶かし込む。
4 別鍋でクレソンを塩ゆでし、水気を絞る。ミルサーでピュレにし、シノワで漉す。
5 3にピュレを加え、塩で味を調える。
6 皿にソース・クレソンを敷き、フリットを3本のせる。
7 クレソンに塩をふってエクストラバージン・オリーブ油を塗り、皿に添える。アーモンドスライスとベーコンを散らす。フリットにフルール・ド・セルをふって仕上げる。

青森県産シャモロック、フォワグラ、セロリラブ、蛤のプレス"地層" 焦がし玉ねぎのパン粉とクレソンのサラダ
カラー写真は168ページ

● 材料（15〜16人前）
シャモロック1羽／マリネ用［にんにくの薄切り2片分、生姜の薄切り20g、タイム1〜2枝、ローリエ5枚、キャトルエピス・コニャック・塩・白こしょう各適宜］／蛤、アサリ合わせて1kg／白ワイン100cc／にんにく1片／水適宜／ファルス［シャモロックのもも肉1羽分、玉ねぎのみじん切り1/4個分、エシャロットのみじん切り1/2個分、にんにくのみじん切り1片分、全卵1/2個、ジュー・ド・プーレ20〜30g、蛤とアサリの煮汁適宜、塩・白こしょう各適宜、ピスターシュ50g］／鴨フォワグラ1個／塩、グラニュー糖、白こしょう各適宜／コニャック、白ポルト酒各5g／根セロリ1個／ブイヨン・ド・ヴォライユ、レモン汁各適宜／レモン・ヴィネグレット［レモン汁、エクストラバージン・オリーブ油、塩、白こしょう各適宜］／クーリ・

岡崎おうはん腿肉の ロティと トリュフに見立てた卵

カラー写真は160ページ

● 材料（2人前）
ジュ・ド・プーレ［無塩バター・ピュア・オリーブ油各適宜、岡崎おうはん（鶏）のガラとくず肉1羽分（約500g）、白ワイン少々、エシャロットのみじん切り1個分、水適宜、タイム2本、粗挽き白こしょう3g、塩適宜］／岡崎おうはんのもも肉2本／ピュア・オリーブ油、無塩バター各適宜／じゃがいもピュレ（15人前）［じゃがいも（メークイン）500g、塩適宜、無塩バター120g、牛乳120cc、白こしょう・ナツメッグ各適宜］／塩、白ワインヴィネガー各適宜／全卵2個／パン粉、イカスミ、薄力粉、卵白、サラダ油各適宜／ミニにんじん2本／小かぶ1個／フォン・ド・ヴォライユ適宜／黒トリュフ、フルール・ド・セル各適宜

● 作り方
ジュ・ド・プーレでソースを作る
1 バターとオリーブ油を同量敷いた鉄板にガラとくず肉を入れ、180度のオーブンできつね色になるまで焼く。ガラとくず肉を取り出し、鉄板に白ワインを入れて旨みをこそげ取る。
2 オリーブ油を敷いた鍋にエシャロットを入れ、しんなりするまで炒める。
3 ガラ、くず肉、ひたひたの水、1の白ワインを加えて沸騰させる。
4 アクを取り除き、タイム、こしょうを加えて弱火にし、30分煮込んでシノワで漉す。
5 鍋に戻し、1/3量まで煮詰める。塩で味を調える。

もも肉を焼く
1 もも肉は骨つきのまま焼く。オリーブ油を敷いたフライパンを中火にかけて皮側を焼き、軽く焼き色がついたら弱火にして余分な脂を出す。
2 皮が香ばしく焼けたら脂を捨て、オリーブ油とバターを少量加える。油を肉にかけながら全体に火を通す。オーブンの上など温かい場所で15分ほど休ませる。

じゃがいもピュレを作る
1 じゃがいもを塩ゆでし、皮をむいて裏漉す。
2 鍋に入れて水分が飛ぶまで炒め、バターを加えてよく練り合わせる。
3 沸騰直前まで温めた牛乳を加えてよく混ぜ合わせ、シノワで漉す。塩、白こしょう、ナツメッグで味を調える。

卵を揚げる
1 塩と白ワインヴィネガーを少量入れた水に常温の卵を入れ、水から8分ゆでる。氷水に入れて冷やし、殻をむく。
2 パン粉にイカスミを加え、ミルサーで細かくする。
3 卵に薄力粉をまぶして余分をはたき、コシを切った卵白にくぐらせ、2のパン粉をまぶす。
4 170度のサラダ油で1分ほど揚げ、油を切る。

つけ合わせを作って仕上げる
1 ミニにんじんと小かぶはそれぞれ塩ゆでし、少量のバター、オリーブ油、フォン・ド・ヴォライユと一緒に鍋に入れ、温めながらからめる。
2 もも肉をひと口大に切り、サラマンダーで皮面を軽く焼く。
3 皿にじゃがいもピュレを敷き、上面を少し切った卵をのせ、フルール・ド・セルをふる。卵の上に黒トリュフの薄切りを並べる。
4 ピュレのまわりにソースを流し、卵を囲むようにもも肉を盛りつける。1/4に切った小かぶとミニにんじんを添えて仕上げる。

モリーユを詰めた 鶏胸肉の低温調理

カラー写真は161ページ

● 材料（1人前）
ファルス（3～4人前）［生モリーユ茸50g、ジュ・ド・シャンピニオン適宜、岡崎おうはんの胸肉100g、卵白1/2個分、塩・白こしょう各適宜、35％生クリーム50g］／岡崎おうはんの胸肉1枚／塩適宜／ソース・ポルト（200cc）［生モリーユ茸40g、無塩バター適宜、エシャロットのみじん切り1.5個分、シャンピニョン40g、ルビーポルト酒120cc、フォン・ド・ヴォー700cc、赤ワインヴィネガー適宜］／じゃがいも（メークイン）1個／無塩バター適宜／アスパラガス、ホワイトアスパラガス各1本／レモンの薄切り1枚／岩塩ひとつまみ／ミニにんじん1本／ピュア・オリーブ油、エクストラバージン・オリーブ油各適宜／フォン・ド・ヴォライユ30cc

● 作り方
ファルスを作って鶏肉に巻く
1 モリーユ茸をひたる程度のジュ・ド・シャンピニオンで柔らかくなるまで煮る。モリーユ茸を取り出し、煮汁は水分がほとんどなくなるまで煮詰める。
2 モリーユ茸を粗みじん切りにし、煮汁に戻してからめる。
3 胸肉をひと口大に切り、よく冷やしておいたフードプロセッサーでペーストになりはじめるまで混ぜる。
4 卵白を加えて完全なペーストになるまで混ぜ合わせ、塩、こしょうをして裏漉す。
5 氷水にあてながら生クリームを少しずつ加えてよく練る。
6 胸肉を10cm×7cmの長方形に成形し、軽く塩をふる。
7 ムースの1/3～1/4量を胸肉に伸ばし、上に2をのせる。胸肉を巻いてラップ紙で覆い、成形する。
8 65度のコンベクションオーブンで約30分加熱し、中心温度を62度まで上げる。

ソース・ポルトを作る
1 モリーユ茸をバターを敷いた鍋で軽く炒めて香りを引き出す。
2 バターを敷いた別鍋にエシャロットを入れ、中火でしんなりするまで炒める。
3 薄切りにしたシャンピニョンを加えて弱火にし、水分がなくなるまで炒める。ポルト酒を加え、鍋底に少し残る程度まで煮詰める。
4 フォン・ド・ヴォーを加えて沸騰させ、アクを取り除いたらモリーユ茸を加え、柔らかくなったら取り出す。
5 1/4まで煮詰めて裏漉し、赤ワインヴィネガーで味を調える。
6 バター10gを加えて鍋を揺り動かして溶かし、モリーユ茸を戻してからめる。塩で味を調える。

つけ合わせを作って仕上げる
1 じゃがいもは皮をむいて薄切りにし、2mm幅のせん切りにする。
2 ボウルに入れて軽く塩をふり、水分が出るまでおく。水気をよく切り、溶かしバター20gを加えて全体にからめ、2cm角のセルクルに詰めて冷やし固める。
3 セルクルをはずし、バターを敷いたフライパンで全面を焼き固める。
4 アスパラガスとホワイトアスパラガスはそれぞれ皮をむく。アスパラガスは飾り用に2mm厚さに数枚薄切りにして取っておく。アスパラガスの皮、レモン、岩塩入りのひたひたの水でゆでる。にんじんは皮をむいて塩ゆでする。
5 にんじん、アスパラガス、ホワイトアスパラガスを少量のバター、ピュア・オリーブ油、フォン・ド・ヴォライユと一緒に鍋に入れ、温めながらからめる。
6 鶏肉はラップ紙をはずして水分をよく拭き取る。バターとピュア・オリーブ油を少量入れたフライパンで表面に焼き色をつける。このとき、脂がある部分だけに焼き色をつけ、ないところは転がす程度にとどめておく。
7 皿にじゃがいも、にんじん、アスパラガスをのせる。飾り用に取っておいたアスパラガスにエクストラバージン・オリーブ油と塩をごく少量たらし、アスパラガスに巻きつけて飾る。
8 鶏肉を真ん中で斜めに切り、皿に盛りつける。モリーユ茸とソースをかけて仕上げる。

フォン・ド・ヴォライユ
● 材料（出来上がりは約5ℓ）
ひな鶏のガラ5kg／玉ねぎ2個／水7ℓ／ブーケ・ガルニ［タイム5本、ローリエ2本、パセリの茎5本］／白粒こしょう適宜

● 作り方
1 鶏ガラは血合いなどを取り除き、水にさらして血抜きをし、5cm幅に切る。玉ねぎは皮をむいて十字に切り込みを入れる。
2 鍋に鶏ガラと水を入れて沸騰させ、アクを取り除く。玉ねぎ、ブーケ・ガルニを加えて弱火にし、8時間煮込む。シノワで漉す。

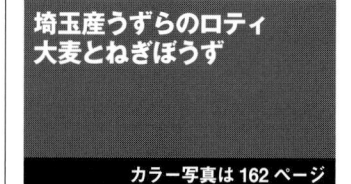

埼玉産うずらのロティ 大麦とねぎぼうず

カラー写真は162ページ

● 材料（2人前）
うずら1羽／塩、ピュア・オリーブ油、無塩バター各適宜／大麦大さじ4／水、フォン・ド・ヴォライユ各適宜／エシャロットのみじん切り10g／白こしょう適宜／ねぎぼうず2本／細ねぎ3本／サラダ油適宜／ジュ・ド・カイユ、フルール・ド・セル各適宜

● 作り方
うずらを焼く
1 うずらの表面に塩をふり、10～15分ほどおいて水分を拭き取る。
2 フライパンにオリーブ油とバターをやや多めに入れて中火にかけ、うずらをのせて表面を焼き固める。
3 弱火にし、油をかけながら5～6分焼く。オーブンの上など温かい場所で5～6分休ませる。これを2回ほど繰り返し、中まで火を通す。
4 胸肉ともも肉とに切り分ける。ガラとくず肉はソース用に取っておく。

つけ合わせを作る
1 大麦はさっと洗って鍋に入れ、水とフォン・ド・ヴォライユを同割でかぶる程度まで注いで火にかけ、柔らかくなるまで煮る。
2 別鍋にオリーブ油を敷き、エシャロットをしんなりするまで炒める。
3 2に大麦を加え、塩、こしょうで味を調え、オリーブ油を混ぜる。
4 ねぎぼうずはオリーブ油を塗り、フライパンで軽く焼き色をつけて塩をふる。
5 細ねぎは160度のサラダ油で素揚げし、塩をふる。

ソースを仕上げて盛りつける
1 ガラとくず肉をオリーブ油を敷いた鍋できつね色になるまで炒める。ジュ・ド・カイユを骨がかぶる程度まで入れ、弱火で5～6分煮る。シノワで漉し、塩で味を調える。
2 胸肉ともも肉をサラマンダーの中火で温め直す。
3 皿に大麦を敷いて肉をのせ、ソースを流す。
4 ねぎぼうずと細ねぎのフリットを飾り、肉にフルール・ド・セルをふって仕上げる。

ジュ・ド・カイユ
● 材料
無塩バター、ピュア・オリーブ油各適宜／うずらのガラとくず肉合わせて300g／水少々／エシャロットのみじん切り1個分／白ワイン100cc／フォン・

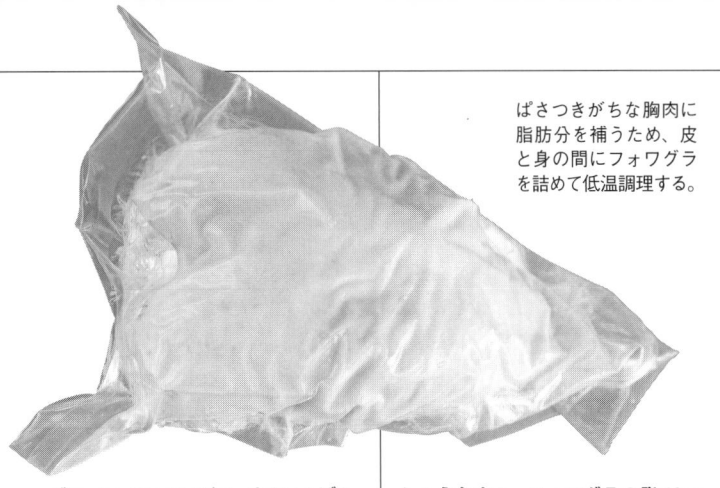

ぱさつきがちな胸肉に脂肪分を補うため、皮と身の間にフォワグラを詰めて低温調理する。

とうもろこしを詰めたもも肉は、真空調理で加熱後、衣揚げにする。

グリーン・アスパラガス、さやいんげん、さやえんどう、スナップえんどう各2本／オクラ1本／ヤングコーン2本／ブロッコリー2房／クールジェット（縦に薄切り）2切れ／水、オリーブ油各少々／アピオス（ほどいも）4個／サラダ油適宜／ミニトマト2個／ヴィネグレット・ソース適宜／グレープシード油適宜

● 作り方

胸肉にフォワグラを詰め、真空調理で蒸す

1 フォワグラは2等分して胸肉の皮と身の間に詰め、塩と白こしょうをふり、真空パックにする。
2 60度のスチームコンベクションオーブンで1時間加熱し、芯温55度に仕上げ、氷水に落として熱をとる（写真）。

ジューを作る

1 鍋を熱してサラダ油を注ぎ、鶏のガラをこんがりとするまで30分ほど炒め、エシャロットとにんにく、水を加えて1時間煮る。
2 シノワで漉し、さらに1/4量になるまで煮詰め、塩、こしょうで味を調える。

つけ合わせを作る

1 アスパラガスは根元の皮をむき、さやいんげん、さやえんどう、スナップえんどうはヘタを取り、オクラはガクをそぐ。
2 鍋に1とヤングコーン、ブロッコリー、クールジェットを入れ、少量の水、オリーブ油、塩、白こしょうを加えて蒸し煮にする。
3 アピオスは皮ごとサラダ油で素揚げにする。ミニトマトはヘタを取り、ヴィネグレット・ソースであえる。

仕上げ

1 鍋を熱してグレープシード油を注ぎ、皮を上にして胸肉を入れ、油をかけながら軽く焼く。皮がパリッとしてうっすら焼き色がつけばよい。
2 骨をよけて4切れに切り分け、器に盛り、野菜を添えてジューを敷く。

茨城産子鳩のロティとそのもも肉のフリット 手羽先のフォワグラコンフィとモリーユのソース

カラー写真は158ページ

● 材料（1人前）

茨城産子鳩1羽／手羽先用［塩・黒こしょう各少々、フォワグラの脂10cc、グレープシード油適宜］／胸肉用［塩・黒こしょう各少々、グレープシード油適宜］／もも肉用［とうもろこしの実6～7g、塩・黒こしょう各少々、薄力粉・溶き卵・パン粉・サラダ油各適宜］／ジュー・ド・ピジョン［子鳩をさばいた後のガラ1羽分、サラダ油適宜、エシャロット（薄切り）1個、にんにく（つぶす）1片、水約400cc］／モリーユのピュレ［モリーユ（乾燥）50g、グレープシード油適宜、エシャロット（薄切り）1/2個、モリーユの戻し汁・ブイヨン・プール（134ページ）各100cc］／スペルト小麦適宜／ブイヨン・プール適宜／塩、黒こしょう各少々／ししとうがらし10本

● 作り方

手羽先をコンフィにする

1 子鳩はさばいて胸肉と手羽先、もも肉、ガラに分ける。
2 手羽先は塩と黒こしょう各少々をふり、フォワグラの脂をからめて真空パックにし、80度のスチームコンベクションオーブンで2時間加熱する（写真1）。
3 フライパンにグレープシード油を熱し、まわりをパリッと焼く。

胸肉をローストする

1 胸肉は塩と黒こしょう各少々をふる。鍋を熱してグレープシード油適宜を注ぎ、まず皮を焼き色が少しつく程度に焼く。次は骨を下にし、油をかけながら4～5分焼いて若めに火を入れる。
2 60度のオーブンで30分加熱し、骨から切り離して2つに切り分ける。

もも肉をフライにする

1 もも肉は骨を第1関節まではずし、そこにとうもろこしを詰め、まわりの皮をかぶせて閉じる。塩と黒こしょうをふり、ラップ紙で包んで真空パックにする。

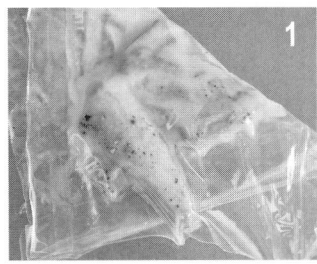

手羽先は真空調理によってフォワグラの脂でコンフィにする。修業中、おいしい手羽先料理に出会えず、思いついた方法。

2 80度のスチームコンベクションオーブンで30分加熱する（写真2）。
3 薄力粉、溶き卵、パン粉の順に衣をつけ、高温のサラダ油でパリッと揚げる。

ソースとつけ合わせを作り、仕上げる

1 まずジュー・ド・ピジョンを作る。鳩のガラはぶつ切りにし、サラダ油を熱した鍋でこんがりするまで30分ほど炒め、エシャロットとにんにくを加えてさらに10分ほど炒める。
2 脂をよく切って水をひたひたに加え、30分ほど煮てシノワで漉し、さらに1/3量に煮詰める。
3 次にモリーユのピュレを作る。モリーユは水で戻し、戻し汁100ccを取っておく。
4 鍋を熱してグレープシード油を注ぎ、モリーユとエシャロットを香りが出るまで炒める。モリーユの戻し汁とブイヨン・プールを加え、汁気がなくなるまで煮る。
5 ミキサーにかけてピュレにする。
6 ジュー・ド・ピジョンとモリーユのピュレを1対1の割合で合わせる。
7 スペルト小麦は、小麦よりやや多めのブイヨン・プールを加えて煮始める。ブイヨン・プールを注ぎ足しながら火が通るまで煮て、塩と黒こしょうで味を調える。
8 ししとうがらしはバーナーであぶって焼く。
9 器にソースを敷いてスペルト小麦をのせ、胸肉を盛る。手羽先ともも肉を盛り合わせ、ししとうがらしを添える。

マダム・ビュルゴーのシャラン鴨のロティ 白と赤のソース

カラー写真は155ページ

● 材料（2人前）

シャラン鴨の骨つき胸肉1羽分／塩、黒こしょう各少々／グレープシード油適宜／赤のソース（約10人前）［ビーツ2個、水少々、フォン・ド・キャナール適宜、蜂蜜・黒こしょう各適宜］／白のソース（約10人前）［玉ねぎ2個、牛乳500cc、塩少々］／ビーツ、ジロール茸、白こしょう各適宜

● 作り方

骨つきの鴨胸肉を焼く

1 鴨は掃除して骨ごと半身に切り分けて皮に斜め格子の切り目を入れて塩と黒こしょうをふる。
2 鍋を熱してグレープシード油を注ぎ、皮を下にして鴨を入れ、ストーブ脇に移す。ずっと皮を下にしたまま油をかけながら30分ほど焼き、皮の脂をしっかり出してカリッとさせる。身は若めに火が入った状態。
3 出た脂をよく切り、皮を上にして60度のオーブンに入れ、1時間弱加熱して芯温を約55度に焼き上げる。
4 骨と筋を除いて半身を2つに切り分け、供するとき、200度のオーブンに1～2分入れて温め直す。

赤のソースを作る

1 ビーツは皮をむいて薄切りにし、ミキサーに入れて撹拌しやすい程度の水を加える。撹拌してピュレにし、シノワで漉し、さらに押してしっかりと汁を絞り取る。
2 絞った汁を鍋に入れて1時間ほど煮詰め、煮詰めた量に対して2倍量のフォン・ド・キャナールを加え、1/4～1/3量になるまでさらに煮詰める。
3 味がもの足りない場合は、蜂蜜に黒こしょうを加えてキャラメリゼし、2を加えて調整する。

白のソースを作る

1 玉ねぎは薄切りにする。半量は牛乳を加えて甘味が出るまで煮、ハンディブレンダーで撹拌し、塩で味を調える。
2 残りの玉ねぎを加えて再びハンディブレンダーで撹拌し、しっとりする程度に汁気を絞る。

つけ合わせを作り、仕上げる

1 ビーツは薄い輪切りにして丸型で抜き、歯ざわりを残すようにゆでる。
2 ジロール茸はグレープシード油でソテーし、塩と白こしょうで調味する。
3 器にビーツを並べて赤のソースを敷き、鴨のロティを盛り、白のソースとジロール茸を添える。

フォン・ド・キャナール

● 材料

シャラン鴨のガラ2kg／エシャロット3個／にんにく1株／サラダ油、水各適宜

● 作り方

1 ガラはぶつ切りにする。エシャロットは薄切りにし、にんにくはつぶす。
2 鍋を熱してサラダ油を注ぎ、ガラをこんがりするまで30分ほど炒め、エシャロットとにんにくを加えてさらに10分ほど炒める。
3 脂をよく切って水をひたひたに加え、30分ほど煮てシノワで漉し、1/3量になるまで煮詰める。

柚子の香りのラパンで包んだフォワグラ 3種の桃の食感とともに

カラー写真は152ページ

● 材料（6人前）
うさぎの背肉2本／塩、白こしょう各少々／柚子の果汁50cc／フォワグラ（1回に蒸しやすい分量として）1個（600g）／桃適宜／セロリ少々／黒こしょう少々

● 作り方

背肉を柚子の果汁でマリネする
1 うさぎの背肉は厚みを切り開いてならし、ラップフィルムで挟むかポリ袋に入れ、肉叩きで叩いて1〜2mm厚さに伸ばす。
2 塩と白こしょうをふり、柚子の果汁に2〜3時間漬ける。

フォワグラを蒸して棒状に成形する
1 フォワグラは掃除してバットにのせ、塩と白こしょうをふってラップフィルムをかける。60度のスチームコンベクションオーブンに入れて15分蒸し、出た脂をよく切って粗熱を取る。
2 4〜5等分し、それぞれラップフィルムで直径1cmほどの細い棒状（長さは約30cm）に巻き、冷蔵庫で冷やし固める。

背肉でフォワグラを巻いて蒸す
1 背肉は汁気を切り、互い違いに組み合わせて四角くする。この1枚で2本のフォワグラ包みを作る。
2 棒状にしたフォワグラを背肉の長い辺に合わせて切り分け、背肉の手前にのせてぐるりと巻き、1本分を切り離す。同様にして残りの背肉にもフォワグラをのせ、ぐるりと巻いて2本目を作る。それぞれをラップフィルムできっちり包み、両端をたこ糸で縛って筒状に整える。
3 60度のスチームコンベクションオーブンに入れて12〜13分蒸し、氷水に落として粗熱を取り、冷蔵庫で冷やす（写真）。

つけ合わせの桃3種を作る
1 桃のチップスと皮のプードルを作る。桃は皮を湯むきし、2〜3mm厚さの半月切りを6切れ取る。
2 皮も身もクッキングシートを敷いた天板に並べ、90度のオーブンに3時間入れて乾燥させる。
3 取り出してさまし、皮はミキサーで粉末状にする。

4 生食用の桃は皮を湯むきし、5mm厚さの半月切りを18切れ取る。
5 セロリは2〜3mm角に切り、セロリの葉は小さくちぎる。

仕上げる
1 フォワグラを包んだ背肉は、1本から7〜8mm厚さの輪切りを3切れ取る。残りは片端が斜め切りになるようにして、1本を長さ5〜6cm×3切れ、長さ4〜5cm×3切れ、長さ3〜4cm×3切れに切り分ける。
2 長さが違う3切れを1組にし、器に立てて盛る。生の桃、輪切りの背肉に立てた桃のチップス、桃の皮のプードルを添え、セロリとセロリの葉をあしらい、塩と黒こしょう各少々を散らす。

ラカン産パンタードと栗のブルーテ

カラー写真は153ページ

● 材料（10人前）
ほろほろ鳥1羽／エシャロット3本／にんにく3片／グレードシード油適宜／むき栗300g／カルヴァドス少々／ブイヨン・プール（134ページ）約2ℓ／牛乳、38%生クリーム各500cc／塩、白こしょう、黒こしょう各適宜

● 作り方

ほろほろ鳥を炒めて煮る
1 ほろほろ鳥をさばく。胸肉は骨から切り離して半身に切り分け、そのほかは骨ごと、もも肉、手羽、内臓（心臓、レバー、砂肝）、首づるに分ける。もも肉と手羽、首づるはぶつ切りにする。
2 エシャロットは薄切りにし、にんにくはつぶす。
3 鍋を熱してグレープシード油を注ぎ、もも肉と手羽、内臓、首づるを入れ、こんがりとするまで30分ほど炒める。
4 2とむき栗を加えてさらに10〜15分炒め、いったん全部取り出して鍋の油をよく切る。鍋にカルヴァドスを注いで炎を入れ、アルコール分を飛ばす。
5 肉や野菜、むき栗を戻し、ブイヨン・プールをひたひたに加え、アクを取りながら30分ほど煮る。
6 約半量まで煮詰まったら牛乳と生クリームを加え、また半量になるまでさらに煮詰める。

これがドイツ製サーモミックス。1台でミキサー、ミル、フードプロセッサー、アイスクリーマー、加熱鍋、タイマー、計量の機能を兼ね備えた便利な道具である。骨ごと粉砕してなめらかなブルーテに仕上げる。

7 サーモミックス（写真）に移し、最速でまわしてなめらかにする。シノワで漉して鍋に戻し、塩と白こしょうで味を調える。

浮き実の胸肉を蒸して仕上げる
1 ほろほろ鳥の胸肉は筋を取り、ささ身を切り分けてささ身の筋も取る。塩と白こしょうをふり、半身ずつ、厚みが均等になるよう胸肉の上にささ身をのせ、ラップフィルムで筒状に巻く。
2 真空パックにし、60度のスチームコンベクションオーブンに入れて約30分加熱し、芯温58度に仕上げ、氷水に落としてさます。
3 胸肉を5mm厚さの輪切りにし、バットに並べてラップフィルムをかけ、60度のオーブンに入れて温め直す。
4 器に温かなブルーテを注ぎ、胸肉を浮かべて黒こしょうをふる。

茨城産地鶏の香草エピスマリネ パパーダの香り じゃがいものソース

カラー写真は154ページ

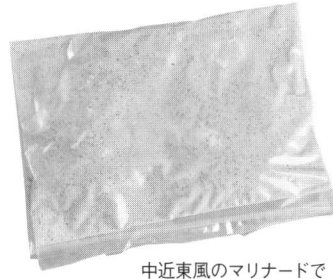

中近東風のマリナードで胸肉をしっとりさせる。

● 材料（4人前）
マリナード［プレーンヨーグルト（無糖）100g、セルフィユ・ミント各10g、セロリの葉適宜、トンカ豆（すりおろす）1個、アリサ少々］／茨城産地鶏の胸肉2枚／塩、白こしょう各少々／じゃがいものソース［じゃがいも（メークイン）50g、ブイヨン・プール（134ページ）100cc、塩・黒こしょう各少々］／赤茎ほうれん草12株／水、オリーブ油各適宜／塩、白こしょう各少々／パパーダ（薄切り）適宜／黒こしょう少々

● 作り方

胸肉をマリネして蒸す
1 マリナードの材料をミキサーに入れて撹拌し、なめらかにする。
2 胸肉は皮をはぎ取って塩と白こしょうをふり、1のマリナードに1日漬ける。
3 マリナードごと真空パックにし（写真）、55度のスチームコンベクションオーブンで30分ほど加熱し、氷水に落としてさます。

ソースとつけ合わせを作り、仕上げる
1 じゃがいもは皮をむき、水から柔らかくゆでて水気を切る。裏漉ししてブイヨン・プールで伸ばし、塩と黒こしょうで味を調える。
2 赤茎ほうれん草は根を落として鍋に入れ、少量の水とオリーブ油、塩、白こしょうを加え、蓋をして蒸し煮にする。
3 胸肉は1枚を6等分し、その大きさに合わせて切ったパパーダの薄切りを1枚ずつのせ、60度のオーブンに2〜3分入れてパパーダの脂を溶かす。
4 器にソースを敷いて胸肉を盛り、2を添えて黒こしょうをふる。

ラカン産プーレットとフォワグラの低温キュイとそのジュー

カラー写真は156ページ

● 材料（2人前）
鷲鳥のフォワグラ100g／ラカン産鶏骨つき胸肉1羽分／塩、白こしょう各少々／ジュー［サラダ油適宜、ラカン産鶏のガラ1羽分、エシャロット（薄切り）3個、にんにく（つぶす）1片、水500cc］／

背肉でフォワグラを巻いて蒸した状態。太さが揃うように注意を払う。1本で3人前。

つけ合わせを作り、仕上げる
1 細切りにしたベーコンとゆでたペコロスをバターと砂糖でキャラメル香がするまで炒める。
2 島エシャロットをオリーブ油でこんがりと焼く。
3 ココット鍋に煮込んだソースと肉を戻して、十分温め、その上にベーコンとペコロス、島エシャロットをのせ、スパッツェルを添える。

ブイヨン・ド・パンタード

● 材料
ほろほろ鳥のガラ2羽分／水、岩塩各適宜／ミルポワ［玉ねぎ50g、にんじん30g、セロリ10g］／ブーケ・ガルニ［ローリエ1枚、タイム1枝、パセリの茎2本、粒黒こしょう8粒］

● 作り方
1 鍋にほろほろ鳥のガラ、ひたひたの水を入れてわかし、アクをきれいに取ったら岩塩を入れ、再度アクをきれいに取る。
2 1にかたまりのままミルポワ、ブーケ・ガルニを入れて弱火で2時間煮込む。その間、アクは取るが、浮いてきた脂は取らない。煮込んだ後、シノワで漉す。

鳩のパイ包み オレンジの香り

カラー写真は150ページ

● 材料（2人前）
鳩1羽／塩、黒こしょう、ラード、無塩バター各適宜／詰めもの（8人前）［ベーコン15g、玉ねぎ30g、にんじん20g、セロリ10g、ラード・にんにくのみじん切り各適宜、キャベツ4枚、パセリのみじん切り適宜、オレンジ皮のみじん切り小さじ2、乾燥アプリコット1個］／鴨のフォワグラ100g／卵黄適宜／フィユタージュ厚さ1.5mmで10×13cmと15×20cm各2枚＋飾り用適宜／ジュー・ド・ピジョン、オレンジ油、ピエブルー、オリーブ油、にんにくのみじん切り、パセ

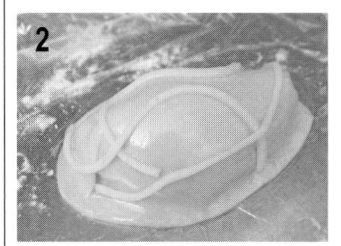

2

焼き時間が短いため、生地は極力薄く伸ばすのが重要なポイントとなる。

リのみじん切り、エシャロットのみじん切り、マーシュ各適宜
＊オレンジ皮は、皮をむき、3回ゆでこぼし、薄いシロップに5～10分程度漬けたもの。
＊オレンジ油は、乾燥オレンジ皮（183ページの乾燥レモン皮と同様に作る）をグレープシード油に1週間以上漬けたもの。分量は好みでよい。冷蔵庫で保存する。

● 作り方
鳩の下準備をする
1 鳩は内臓を取り出し、胸肉ともも肉に分ける。内臓（レバー、心臓、砂肝）ともも肉は塩、こしょうをし、80度のラードで内臓は15分、もも肉は1時間加熱してコンフィにし、ラードに浸した状態でおいておく。
2 胸肉は塩、こしょうし、骨つきのままバターを熱したフライパンで脂をかけながら焼き色をつけ、180度のオーブンで2～3分レアに焼き上げ、骨をはずす。

詰めものを作り、パイ生地で包む
1 ベーコン、玉ねぎ、にんじん、セロリはそれぞれ3mm角に切る。ラードでベーコンを炒め、香りが出たら残りの野菜、にんにくを入れて炒め、さらにキャベツのせん切りを入れて、野菜がくたくたになり、旨みが出るまで炒める。
2 さました1と、みじん切りにした内臓のコンフィ、パセリ、オレンジ皮、5mm角に切った乾燥アプリコットを合わせ、詰めものを作る。
3 胸肉、50gにスライスして塩、こしょうしたフォワグラ、詰めものの順に重ねる（写真1）。溶いた卵黄を塗った10×13cmのフィユタージュに、胸肉がいちばん上になるよう

にのせ、上から15×20cmのフィユタージュをかぶせてぴったりと密着し、飾りをして卵黄を塗る（写真2）。30分～1時間冷蔵庫で休ませた後、200度のオーブンで12分間焼く。金串で胸肉の焼き上がりを確認する。余熱で火が入るので、少し若い状態でよい。

ソースとつけ合わせを作り、仕上げる
1 煮詰めたジュー・ド・ピジョンは塩とこしょうで味を調え、オレンジ油を入れてソースを作る。オレンジの油を入れた後は沸騰させないこと。
2 もも肉のコンフィを皮面からこんがり焼いておく。
3 ピエブルーはオリーブ油で炒め、塩、こしょう、にんにく、パセリ、エシャロットを加えてあえる。
4 皿にパイ包みをのせ、もも肉のコンフィにマーシュ、ピエブルーを添え、ソースをかける。

ジュー・ド・ピジョン

● 材料
鳩のガラ10羽分／無塩バター適宜／ミルポワ［皮つきにんにく3片、玉ねぎ50g、にんじん10g、セロリ10g］／赤ワイン500cc／水、塩各適宜／ブーケ・ガルニ［ローリエ・タイム・パセリの茎・黒粒こしょう各適宜］

● 作り方
1 鳩のガラをバターでよく炒め、1cm角に切ったミルポワを加えて炒め、油を切る。赤ワインを入れ、水分がなくなる寸前まで煮詰める。
2 鍋に移し、ひたひたの水を加え、塩、ブーケ・ガルニを入れて沸騰させ、アクをきれいに取る。弱火にして2時間煮出す。その間、アクは取るが、香りを残すために浮いた脂は取らない。
3 2を漉し、1/2量まで煮詰める。

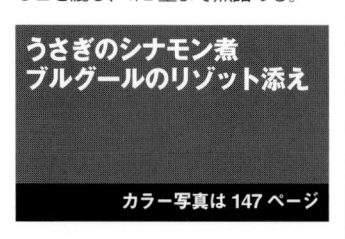

うさぎのシナモン煮 ブルグールのリゾット添え

カラー写真は147ページ

骨から簡単にはずれるほど身は柔らかくなり、味にキレが加わる。

● 材料（4人前）
うさぎの骨つきもも肉4本／塩、黒こしょう、サラダ油、水各適宜／シナモンスティック1本／ブルグール100g／ブイヨン・ド・ヴォライユ、レモン皮（左項のオレンジ皮と同様）のみじん切り、コンテチーズ、フルーツトマト、オリーブ油、丸なす、いんげん（十六ささげ）、丸オクラ、ジロール茸各適宜／42％生クリーム250cc／イタリアンパセリ適宜

● 作り方
うさぎをシナモンで煮る
1 うさぎのもも肉を掃除し、塩、こしょうをする。フライパンにサラダ油を敷き、焼き色をつけないように中火で焼く。
2 鍋に1、ひたひたの水、シナモンスティックを入れ、塩をし、落とし蓋をして弱火で肉が柔らかくなるまで約1時間煮る（写真）。肉を取り出し、煮汁を1割量になるまで煮詰め、2種類のソースのベースとリゾットの煮汁にする。
3 煮詰めた煮汁を少量取り、さらに煮詰め、仕上がりに肉の表面にてりをつけるソースにする。

つけ合わせを作り、仕上げる
1 ブルグールをブイヨン・ド・ヴォライユで10分間ゆでこぼす。
2 1をうさぎの煮汁で煮て、塩、こしょう、レモン皮で味つけし、最後にコンテチーズを加えてリゾットを作る。
3 フルーツトマトは四つ割りにし、塩、オリーブ油をかけ、100度のオーブンで半日乾燥させ、セミドライトマトを作っておく。
4 丸なすは2cm幅の輪切りにし、塩、こしょうをし、オリーブ油で焼く。
5 いんげん、丸オクラ、ジロール茸はそれぞれオリーブ油で炒め、塩、こしょうで味を調えておく。
6 供する直前に、残ったうさぎの煮汁に生クリームを加え、ハンドミキサーで泡立てる。
7 皿にソースでてりをつけたうさぎのシナモン煮をのせ、いんげん、丸オクラを添え、丸なすの上にリゾット、ジロール茸を盛る。泡立てたソースをかけ、イタリアンパセリ、セミドライトマトを飾る。

1

野菜たっぷりの甘酸っぱい詰めものを山盛りのせる。

182

フライパンに両面を押しつけながら焼き、さましてせん切りにする。

3 1、2、クレソン、赤芥子菜、赤軸ほうれん草、ゆでたレンズ豆、エシャロットを塩、こしょう、赤ワインヴィネガー、ヴィネグレット・ソースであえて、サラダとする。

マスタードクリームソースを作り、仕上げる

1 生クリームに、塩、こしょう、レモン汁を加え、氷を当てながら8分立てにし、ディジョンマスタードを加え、さっくり混ぜ合わせる。

2 冷えた皿に、切ったテリーヌ、サラダ、クリームをのせ、クリームの上に黒こしょうを粗く挽く。

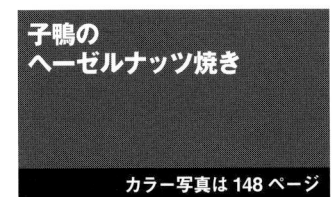

子鴨の
ヘーゼルナッツ焼き

カラー写真は148ページ

● **材料**（1人前）

ヘーゼルナッツのクルート（30人前）［無塩バター500g、パン粉300g、砕いたヘーゼルナッツ300g、乾燥レモン皮のみじん切り小さじ1、塩・岩塩・黒こしょう各適宜］／子鴨の胸肉1枚／塩、黒こしょう、サラダ油各適宜／カリフラワー、オリーブ油、アピオス（むかごでもよい）、ジロール茸、椎茸、無塩バター、にんにくのみじん切り、エシャロットのみじん切り、パセリのみじん切り、アンディーヴ、ローストしたアーモンドスライス、乾燥レモン皮の粉各適宜／ソース（10人前）［赤ワイン200cc、ジュー・ド・キャナール200cc、蜂蜜とシェリーヴィネガーのガストリック大さじ1、塩・黒こしょう各適宜、ヘーゼルナッツ油大さじ2］

＊乾燥レモン皮は、レモンの皮をむき、3回ゆでこぼし、薄いシロップに5～10分程度つけ、低温のオーブンでカリカリに乾燥させたもの。これをミルサーにかけて粉末にして使用する。

＊蜂蜜とシェリーヴィネガーのガストリックは、蜂蜜をキャラメル状に煮詰め、同量のシェリーヴィネガーを加えて伸ばし、蜂蜜と同じ濃度になるまでさらに煮詰めたもの。

● **作り方**

クルートを作り、子鴨を焼く

1 常温に戻したバターに、パン粉、ヘーゼルナッツ、乾燥レモン皮を混ぜ合わせ、塩、岩塩、こしょうで味を調え、合わせバターを作る。

2 1をパラフィン紙2枚で挟み、麺棒で2mm厚さに伸ばし、冷凍庫で冷

写真1
皮がそらないよう身側からまず5秒焼く。

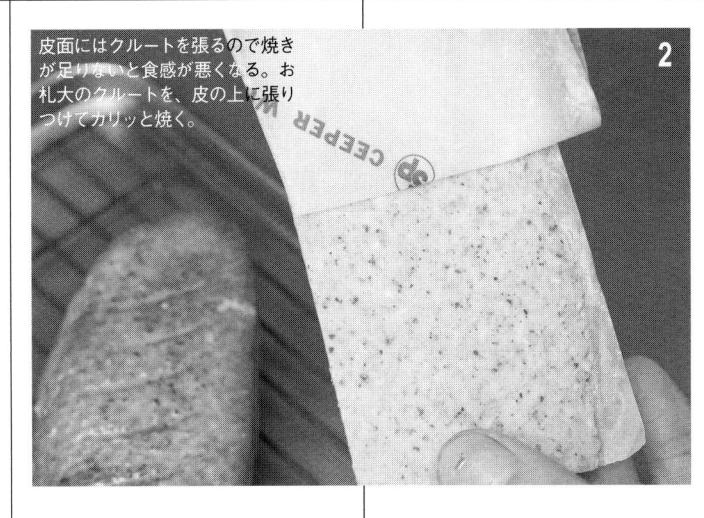

やし固め、クルートを作る。用途に合わせて切って使う。今回は子鴨のサイズに合わせ、お札程度の大きさに切る。

3 子鴨の胸肉は筋を取って掃除し、塩、こしょうをする。フライパンにサラダ油を敷き、中火で身側を5秒間だけ焼き、裏返して皮面を強火でカリカリに焼く（**写真1**）。さらに裏返して身側の表面を30秒ほど焼き、厚さ1mmの膜を作る。肉はレア状態で仕上げ、温かい場所で10～15分休ませ、皮面にクルートを張りつけ、サラマンダーでこんがり焼き色をつける（**写真2**）。

つけ合わせを作り、仕上げる

1 カリフラワーは1cmくらいの小房に分け、オリーブ油で焦げ目がつくように炒め、ゆでたアピオス、ジロール茸、椎茸を加えてさらに炒め、バターで香りをつけ、塩、こしょうで味を調えたら、最後ににんにく、エシャロット、パセリ、アンディーヴの細切り、アーモンドスライス、乾燥レモン皮を加えて仕上げる。

2 赤ワインを1割まで煮詰め、ジュー・ド・キャナール、ガストリックを加えて1/4まで煮詰める。塩、こしょうで味を調え、ヘーゼルナッツ油を加え、分離したソースを作る。油を加えた後は、沸騰させないこと。

3 皿の中央に**1**をのせ、焼いた子鴨を盛りつけ、ソースをかける。

ジュー・ド・キャナール

● **材料**（出来上がりは約3ℓ）

鴨のガラ5kg／サラダ油、バター各適宜／ミルポワ［皮つきにんにく3株、玉ねぎ200g、にんじん30g、セロリ30g］／白ワイン1ℓ／水、塩各適宜／ブーケ・ガルニ［ローリエ1枚、タイム1枚、パセリの茎5本、黒粒こしょう適宜］

● **作り方**

1 ガラは水洗いし、血と肺は取り除く。水気を切り、ぶつ切りにする。

2 熱したフライパンにサラダ油を敷き、骨をこんがり焼く。180度のオーブンに入れ、1時間しっかり火を通す。

3 2にバターとミルポワを加えて炒

皮面にはクルートを張るので焼きが足りないと食感が悪くなる。お札大のクルートを、皮の上に張りつけてカリッと焼く。

め、香りが出たら油を切る。白ワインを入れ、水分がなくなる寸前まで煮詰める。

4 鍋に移し、ひたひたの水を加え、塩、ブーケ・ガルニを入れて沸騰させ、アクをきれいに取る。弱火にして2時間煮出す。その間、アクは取るが、香りを残すために浮いた脂は取らない。

5 4を漉し、1/2量になるまで煮詰める。

ほろほろ鳥と
ブルーベリーの
シヴェ スパッツェル添え

カラー写真は149ページ

● **材料**（4人前）

ほろほろ鳥1羽／塩、黒こしょう、サラダ油各適宜／ミルポワ［にんにく3片、玉ねぎ50g、にんじん50g、セロリ30g、エシャロット30g］／ベーコン20g／無塩バター適宜／ブルーベリーふたつかみ／クレーム・ド・カシス50cc／コニャック50cc／赤ワイン1本／ブイヨン・ド・パンタード（182ページ）適宜／ブーケ・ガルニ［ローリエ1枚、タイム1枚、パセリの茎3本、ジュニパーベリー5粒、クローブ2粒］／豚の血適宜／スパッツェル［薄力粉200g、強力粉200g、塩・黒こしょう・ナツメッ

グ各適宜、全卵6個、牛乳適宜］／ジロール茸、椎茸、にんにくのみじん切り、エシャロットのみじん切り、パセリのみじん切り各適宜／ベーコン60g／ペコロス12個／砂糖、島エシャロット、オリーブ油各適宜

● **作り方**

ほろほろ鳥を煮込み、ソースを作る

1 ほろほろ鳥を骨つきのまま8等分し、塩、こしょうをする。サラダ油でこんがり焼き色をつけておく。

2 ミルポワとベーコンはすべて1cm角に切る。ココット鍋にバターを入れ、にんにくとベーコンを炒め、香りが出たら残りのミルポワを加えて炒める。

3 2にブルーベリーをひとつかみ入れ、少し煮崩れたら**1**とクレーム・ド・カシス、コニャックを入れて水分がなくなる寸前まで煮詰める。あらかじめ1/4量に煮詰めた赤ワイン、ブイヨン・ド・パンタードをひたひたになるまで入れ、ブーケ・ガルニを加えて蓋をし、弱火で煮込む。15分ほどして胸肉に火が通ったら取り出し、さらに15分煮込み、もも肉に火が入ったら取り出す。残った煮汁は漉して煮詰め、ブルーベリーをひとつかみ入れ、豚の血でつなぎ、塩、こしょうで味を調えてソースとする。豚の血が分離するので、沸騰させないこと。

スパッツェルを作る

1 薄力粉、強力粉、塩、こしょう、ナツメッグを合わせてふるい、ミキサーに入れ、溶いた卵を少しずつ加えながらグルテンを出すように練る。卵をすべて入れた状態では粘性の強い生地になっているので、牛乳を加えてブリオッシュ生地のような状態に調整する。

2 沸騰した湯に塩を加え、スパッツェル専用の器具を使って、スパッツェルを落としていく（**写真**）。上に浮いてきたら氷水に取り、1回しめして水気をよく切る。

3 フライパンにバターを入れ、**2**をこんがり炒め、ジロール茸と椎茸を加えて炒め、塩、こしょうで味を調え、にんにく、エシャロット、パセリを入れて香りをつける。

粘りの強いできたての生地をスパッツェル専用器に流し込み、押し出しながらゆでる。

2 胸肉は皮目を下にして鉄板でじんわりと温める。または、フライパンで皮目を下にして肉には火が入らないようにして温める。もも肉は皮目のみを炭火で炙り、しっかりと焼き色をつける。
3 じゃがいもは皮をむいて食べやすく切り、形を整える。フライパンにバターを溶かし、泡立ったところにじゃがいもを入れ、ゆっくりソテーする。ほぼ火が入ったらジロール茸を加え、イタリアンパセリを加えて香りを出す。
4 胸肉、もも肉を皿に盛り、ジューを流し、3を添える。

レバーパテを作る
1 ほろほろ鳥のレバーは氷水で軽く洗って汚れなどを落とし、水気を拭く。塩、こしょうをふり、両面をソテーし、コニャックでフランベする。七分ほど火入れし、火からはずし、ミルサーでペーストにし、さらに裏漉する。マスタード、赤ワインヴィネガーを加え混ぜ、さます。マスタードとヴィネガーは品質によって味に差があるため、味を見て量を加減する。酸味を感じるほど加えてはならない。
2 トーストしたパンにパテを塗り、オレンジゼストを飾る。

鶏レバーとフォワグラのムース いちじくのチャツネ添え

カラー写真は 144 ページ

● 材料（6.5×25cmのテリーヌ型1台分）
鶏レバー500g、塩、白こしょう各適宜／無塩バター（炒め用）大さじ1／豚の背脂のみじん切り80g／エシャロットのみじん切り80g／コニャック50cc／ノイリー酒250cc／鴨のフォワグラ200g／無塩バター300g／ジュニパーベリーのみじん切り適宜／いちじくのチャツネ［赤砂糖大さじ1、いちじく5個、赤ワイン200cc、バルサミコ酢大さじ1、自家製ケーク・エピス50g、ピスターシュ20g］／いちじく、蜂蜜ヴィネガー、パン・ド・カンパーニュ、岩塩、ピスターシュ、クレソン各適宜
＊ケーク・エピスは、シナモン、ジンジャー、キャトル・エピスを加えて焼いたパウンドケーキ。

● 作り方
鶏レバーとフォワグラのムースを作る
1 鶏レバーの血管を掃除し、塩、こしょうをする。
2 鍋に無塩バターを入れ、弱火で背脂を色づかないように炒める。脂が溶けてきたらエシャロットを入れてじっくり炒め、鶏レバーを加えて軽く炒めた後、コニャックとノイリー酒をふり、中火にしてレバーに火を通す。この後、レバーは加熱しないので火をしっかり通しておくこと。ただし、熱を加えすぎるとパサパサになるので見極めが肝心。ザルで漉し、漉した汁を鍋に移してシロップ状になるまで強火で煮詰めておく。
3 スライスしたフォワグラの両面をフライパンでカリッと焼き、熱い状態でレバーとともに手早くミキサーにかけ、ピュレ状にする。煮詰めた汁を加え、塩、こしょうで味つけをする。サイコロ状に切った冷えたバターを少しずつミキサーに加えてつないでいく。氷を当てたボウルにミキサーの中身を移し、ゴムべらで混ぜながら冷やし、固める。塩、こしょうで味を調え、8粒のジュニパーベリーのみじん切りを加え、テリーヌ型に流し込み、一晩冷やし固める。

いちじくのチャツネを作り、仕上げる
1 鍋で赤砂糖をキャラメル状にし、1cm角に切った皮つきのいちじくを加えて炒め、赤ワイン、バルサミコ酢を入れ、煮詰める。ジャムのようになったら、1cm角に切ったケーク・エピス、ローストし砕いたピスターシュを加え、混ぜ合わせ、いちじくのチャツネを作る。
2 生のまま皮をむいたいちじくを4等分し、蜂蜜ヴィネガーでマリネしておく。パン・ド・カンパーニュはスライスしてグリルしておく。
3 皿にムースをスプーンですくって盛り、岩塩、ジュニパーベリーをアクセントとする。スプーンで丸く成形したいちじくのチャツネを盛り、上にローストし砕いたピスターシュを飾る。マリネしたいちじくとクレソン、パンを添える。

軍鶏の胸肉のハムと冷やしなすのロックフォールクリーム

カラー写真は 146 ページ

● 材料（8人前）
子鴨の胸肉、塩各適宜／軍鶏の胸肉1羽分／黒こしょう、エストラゴン、セルフィユ、ヘーゼルナッツ油各適宜／なす8本／サラダ油適量／軍鶏のブイヨン（作り方は134ページのブイヨン・ド・ヴォライユと同様）1ℓ／コリアンダーシード10粒／砂糖適宜／ロックフォールクリーム［47％生クリーム400cc、ロックフォールチーズ50g、塩・白こしょう各適宜］／エシャロットドレッシング［エシャロットのみじん切り100g、エストラゴンのみじん切り大さじ1、オリーブ油・シェリーヴィネガー・バルサミコ酢・くるみ油・塩・黒こしょう各適宜］／トリュフ、ディル、黒オリーブパウダー各適宜

● 作り方
2種類のハムを作る
1 子鴨の胸肉に塩をすり込み、重しをし、冷蔵庫で肉の水分を出していく。それを3日ほど繰り返す。肉を丸めてさらし布とたこ糸で成形し、冷蔵庫で1〜2か月間乾燥させ、子鴨の胸肉のハムにする。1か月以上経過したら肉の乾き具合を手でさわって確認し、しまっていたらOK。
2 軍鶏の胸肉を骨から取りはずし、塩、黒こしょうをふる。エストラゴン1枝、セルフィユ1枝、ヘーゼルナッツ油でマリネし、真空パックに入れ、65度の湯のなかで25分間加熱する。肉の弾力で火の入り具合を確認し、氷水で冷やしておく。

なすを調理する
1 なすはへたの部分を残して包丁で掃除をし、油で揚げたときの爆発を防ぐために針で6か所ほど穴をあける。中温のサラダ油（160〜170度）で皮が柔らかくなるまで2〜3分間油通しをし、氷水に落として皮をむく。水気を切り、テフロン加工のフライパンで両面に焼き色をつける。
2 軍鶏のブイヨンを沸騰させ、コリアンダーシード、エストラゴン1枝、セルフィユ1枝を加え、塩、黒こしょう、砂糖で味を調え、煮汁を作る。
3 2になすを入れ、落とし蓋をし、180度のオーブンで15分間蒸し煮にし、バットに移して冷やし固める。

仕上げをする
1 生クリームをわかし、刻んだロックフォールチーズを入れ、かきまわしながら溶かし、塩、白こしょうで味を調える。裏漉しして冷やし、ロックフォールクリームを作っておく。
2 エシャロットとエストラゴンをボウルに入れ、ひたひたになるまでオリーブ油を加え、シェリーヴィネガー、バルサミコ酢、くるみ油、塩、黒こしょうで味を調え、エシャロットドレッシングを作る。
3 冷たいスープ皿に、ロックフォールクリームを流し入れ、冷やしなすをおき、ブイヨンの煮こごりをなすの表面にコーティングするようにスプーンで伸ばす。その上に薄くスライスした軍鶏のハムと子鴨のハムを並べ、トリュフ、ディル、エストラゴン、セルフィユをのせ、エシャロットドレッシングをハムとなすの上に3か所くらい落とす。最後に黒オリーブパウダーをふりかける。

川俣軍鶏とキャベツのテリーヌ

カラー写真は 145 ページ

● 材料（6.5×25cmのテリーヌ型1台分）
軍鶏1羽、塩、黒こしょう、サラダ油各適宜／ミルポワ［皮つきにんにく2片、玉ねぎ1/4個、にんじん30g、セロリ10g］／無塩バター30g／白ポルト酒300cc／水適宜／ブーケ・ガルニ［ローリエ1枚、タイム1枝、パセリの茎2本、黒粒こしょう5粒］／キャベツ6〜7枚／ラード適宜／全卵1/2個／ナツメグ、タイムの葉各適宜／パセリのみじん切り大さじ1／クレープ［薄力粉125g、全卵2個、無塩バター30g、塩適宜、牛乳250cc／軍鶏の胸肉のハム（左項参照）、紫キャベツ、オリーブ油、クレソン、赤芥子菜、赤軸ほうれん草、レンズ豆、エシャロットのみじん切り、赤ワインヴィネガー、ヴィネグレット・ソース（塩・黒こしょう各適宜、ディジョンマスタード大さじ1、オリーブ油400cc、シェリーヴィネガー150cc、くるみ油50cc）各適宜／42％生クリーム150cc／レモン汁小さじ5／ディジョンマスタード大さじ1

● 作り方
軍鶏肉とキャベツのテリーヌを作る
1 軍鶏を手羽先、手羽元、胸、もも（骨つき）と部位別におろす。レバー、砂肝は掃除しておく。手羽先、手羽元、3等分にしたもも肉に塩、こしょうをし、熱したフライパンにサラダ油を敷き、焼き色をつける。
2 にんにくは皮つきのままつぶし、その他のミルポワはそれぞれ1cmの角切りにする。平鍋でにんにくをバターで香りを出しながら炒め、残りのミルポワを加えて中火でしんなりするまで炒める。
3 2に焼いた肉、白ポルト酒を加えて水分がなくなる寸前まで煮詰め、水をひたひたまで入れ、ブーケ・ガルニ、塩で下味をし、沸騰したらアクを取り、中蓋をして弱火で肉が柔らかくなるまで30分煮込む。金串を刺してすっと通ればよい。肉を取り出し、煮汁はそのままシロップ状になるまで煮詰め、漉す。200cc程度の量の煮汁ができるので取っておく。
4 肉は骨をはずし、小骨、神経などを取り除きながら、ある程度の大きさにほぐす。皮も細かくほぐす。
5 ささみ、レバー、心臓は包丁で叩いてミンチにする。キャベツはせん切りにし、ラードで炒め、塩、こしょうで下味をつける。
6 ミンチ肉に塩をし、粘り気が出るまで練り、ほぐした肉、炒めたキャベツ、煮詰めた煮汁、全卵、塩、こしょう、ナツメグ、タイムの葉、パセリを加えて混ぜ合わせ、ファルスを作る。
7 薄力粉、全卵、溶かしたバター、塩、牛乳を混ぜてクレープ生地を作り、半日冷蔵庫で寝かす。サラダ油を敷いたフライパン（直径26cm）でクレープを4枚焼く。
8 テリーヌ型にクレープを両側から敷き、ファルスを詰め、クレープで覆いかぶすように巻き込む。蓋をし、180度のオーブンで湯煎にかけながら45分間焼き上げる。粗熱が取れたら氷でさまし、冷蔵庫で一晩冷やす。

つけ合わせのサラダを作る
1 砂肝は塩、こしょうをし、80度のラードで30分間火を通し、そのまま冷まし、薄切りにする。軍鶏の胸肉のハムは手でほぐす。
2 紫キャベツは切らずにオリーブ油で

1

フォワグラは全体に散らばりつつ、つぶさないように。

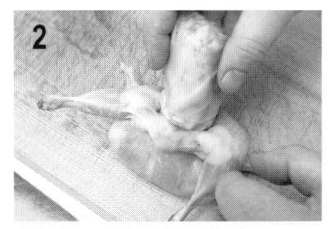

2

直接詰めると流れ出し、焦げる原因に。キャベツに包むことで流出を防ぐ。

とってさまし、水気を拭き、ファルス 50〜70g をのせて包む。
2 うずらは手羽元の関節を切り、手でガラを取りはずし、壺抜きにする。腹の中にキャベツで包んだファルスを詰める（写真2）。首部分を中に押し込み、足や手羽などを糸で形を流線形に整え、表面に塩、こしょうをふる。
3 ピーナッツ油を熱してうずらを焼く。弱火と中火の間の火加減で焼き油をまわしかけながら皮をぱりっと焼き上げる。鍋から出す直前にバターを落とし、再び油をまわしかけて香りをつける。胸を上にして 180〜190度のオーブンで中心まで火を入れ、2〜3分ほど休ませる。

マデラソースを作る
1 無塩バターでエシャロットを色づかないようにしんなりとさせる。マデラ酒、コニャックを加え、1/5 量まで煮詰め、この量の約 3倍のジュー・ド・カイユを加え、さらに 1/3 量まで煮詰める。水で溶いたコーンスターチでゆるいとろみをつけ、塩、こしょうで味を調え、バターを落としてつやよく混ぜる。盛りつける直前に数滴のコニャックを加える。
2 バターを色づくまで熱し、ほうれん草の葉を炒める。にんにくを刺したフォークでほうれん草をかき混ぜながら炒めて香りをつけ、塩、こしょうする。
3 皿に焼き上がったうずらと 2 を盛り、オレンジゼストを飾り、1 のソースを流す。

シャラン産 鴨のココット焼き 海藻バターと セル・ド・メールの香り

カラー写真は 142 ページ

● **材料**（2人前）
自家製ブール・ド・アルグ（4人前）[ブルターニュ産海塩入り発酵バター（セル・ド・メール）100g、塩昆布10g、乾燥海苔（佐賀産）5g] 適宜／自家製昆布塩 [乾燥昆布・塩（セル・ファン）各同量] 適宜／窒息鴨の胸肉1枚／無塩バター適宜／にんにく1片／つけ合わせ [サルシフィ（西洋ごぼう）のコンフィ1本、丸にんじん2個、無塩バター適宜、ポワロー・ジュンヌ3本、塩・オリーブ油各適宜]／ソース（1人前）[コニャック200cc、コンソメ・ド・キャナール150cc、ジュー・ド・トリュフ20cc]／乾燥海苔（佐賀産）適宜

＊サルシフィのコンフィは、適当な長さに切った西洋ごぼうを 80度の鴨の脂で柔らかくなるまで火入れし、浸したまま さまして含め煮状にしておく。
＊コンソメ・ド・キャナールは、ためておいた鴨のガラを香味野菜とともに水から 50分〜1時間煮出してフォンをとり、漉してさます。冷たいうちに合鴨のミンチと刻んだシャンピニオンや香味野菜、ハーブ類、溶いた卵白を合わせて混ぜ込み、弱火にかける。ゆるやかに混ぜながらミンチ類が固まるのを待ち、漉してコンソメにし、これを再び火にかけて適度な味まで煮詰めたもの。

● **作り方**
自家製のブール・ド・アルグ（海藻バター）と昆布塩を作る
1 セル・ド・メールにみじん切りにした塩昆布を加えてよく練り混ぜ、乾燥海苔を加えてブール・ド・アルグとする。使用するまで冷蔵庫で冷やしておく。
2 乾燥昆布を細かく刻み、ミルサーで粉状にし、同量の塩（セル・ファン）を混ぜて再びミルサーでまわし、昆布塩とする。密閉容器で保存する。

鴨をブール・ド・アルグで焼いて休ませる
1 鴨は背骨つきでさばき、1羽分がつながっているバトーを使用し、中央で骨つきのまま2枚に切り分け、1枚を使用する。皮目に身のギリギリまで切り目を入れ、全体に昆布塩を多めにふる（写真1）。
2 熱したココット鍋に無塩バター少量を溶かし、つぶしたにんにくを入れ、香りが出たところに鴨の皮目を下にして入れる。中火より弱い火加減で焼き色をつけながら焼く（写真2）。
3 鴨の皮から適度に脂が抜けたら、余分な脂を捨て、ここにブール・ド・アルグ適量を加え、海藻が焦げないようにごく弱火にかける
4 弱火のまま細かい粒子の泡が常に立っている状態にする。この泡を保ちながら、絶えず肉にまわしかけ、ゆっくりと火を入れる（写真3）。皮目から 8割を目安に火入れし、途中、様子を見て裏返し、骨つきの面も色よく焼く。さらにバターの泡をかけてアロゼの作業で火を入れ、少量の乾燥海苔を加えて風味を足す。足つきの網に皮を上にしてのせ、15〜20分、焼き時間と同じ時間くらい温かいところで休ませ、血を落ち着かせる。

つけ合わせとソースを用意し、盛りつける
1 コンフィにしたサルシフィは、中心をくり抜いて取り出し、表面に焼き色をつけ、香ばしく焼く。丸にんじんは半割りし、バターでこんがりとローストする。ポワロー・ジュンヌは塩ゆでにし、オリーブ油をからめる。
2 鴨の皮をカリッとさせたまま鉄板で

1

昆布塩は皮目と背骨の内側に多めにふる。

2

皮から脂が出て焼け、肉がふっくらと持ち上がってくる。

3

ここで海藻が焦げたら一度バターを捨て、新しくブール・ド・アルグを足す。

温め、骨をはずし、縦に厚めに切り分け、つけ合わせとともに皿に盛る。
3 ココットに残ったバターを別鍋に移す。海藻類も取り出してきれいにしたココットを火にかけてコニャックを入れ、フランベする。1/5量まで煮詰め、コンソメ・ド・キャナールを加え、1/3量まで煮詰めてジュー・ド・トリュフを加える。これを漉してジューとする。
4 ジューに取りおいたバター少量を加えて混ぜ、ソースを仕上げ、皿に流す。残りのソースに乾燥海苔少量を入れてからめ、鴨に飾る。

ラカン産 ほろほろ鳥の炭火焼き

カラー写真は 140 ページ

● **材料**（4〜6人前）
ラカン産のほろほろ鳥1羽／塩、白こしょう、にんにく各適宜／ソース [さばいたほろほろ鳥の骨1羽分、サラダ油・無塩バター各適宜、フォン・ド・ヴォライユ（134ページ）500cc、小さく刻んだ香味野菜（セロリ、玉ねぎ、にんじん、エシャロット）・塩・白こしょう・コニャック各適宜]／じゃがいも（インカのめざめ）1個／無塩バター適量／ジロール茸、イタリアンパセリのみじん切り各適宜／レバーパテ（1人前）[ほろほろ鳥のレバー1羽分、塩・白こしょう・コニャック各適宜、ディジョンマスタード小さじ1、赤ワインヴィネガー小さじ1/2、三角形のトースト3切れ、オレンジゼスト適宜]

● **作り方**
ほろほろ鳥を掃除して炭火で焼く
1 ほろほろ鳥は内臓などを取り除いてきれいに下処理し、レバーはパテ用に取っておく。全体に塩、こしょうをまぶし、にんにくをこすりつけて香りをつける。糸で縫い込んで足、手羽などを身に寄せて形を整える。
2 炭火で全体を焼く。途中、均一に火が入るように回転させながら、じっくりと焼き上げる。胸肉はもも肉より火が入りやすく、ぱさつきやすいため、アルミ箔で覆って温度を調節しながら焼くとよい。

ソースとつけ合わせを作って仕上げる
1 ほろほろ鳥が焼き上がったら、胸肉、もも肉など部位にさばいて骨を取る。この骨をできるだけ細かく叩き、サラダ油少量で強火で手早く焼きつけ香りを出し、最後に無塩バターを加えて焼き色をつける。焼き油を捨て、ここへフォン・ド・ヴォライユを注ぎ、香味野菜を加え、強火で一気にぐつぐつと5分ほど短時間で煮出し、風味を抽出する。シノワで漉し、塩、こしょうで味を調え、最後にコニャック少量を落として香りをつける。

生クリームを少量ずつ混ぜ、肉のたんぱく質と生クリームを接着させる。

へらですくった生地の先端が下にたれず、しっかりした状態にする。

フランス産 うずらのファルシー ジャン・ドゥラヴェイヌ

カラー写真は138ページ

● 材料（1人前）

ファルス（作りやすい分量）[豚肩ロース肉500g、ピーナッツ油50cc、にんにくのみじん切り1/2片、玉ねぎのみじん切り125g、豚ののど肉250g、豚背肉の塩漬け75g、鴨のフォワグラ100g、コニャック適宜、牛乳100cc、食パン（白い部分のみ）125g、48％生クリーム87cc、全卵100g、卵黄40g、フレッシュハーブのみじん切り（イタリアンパセリ、セージを中心にエストラゴン、そのときにある種類）適宜、ナツメグ・黒こしょう・塩各適宜］／キャベツ1枚／ブルターニュ産のうずら1羽／塩、白こしょう、ピーナッツ油、無塩バター各適宜／ソース（4人前）[無塩バター適宜、エシャロットのみじん切り50g、マデラ酒200cc、コニャック100cc、ジュー・ド・カイユ400cc、コーンスターチ・水・塩・白こしょう各適宜]／仕上げ用コニャック数滴／ほうれん草（葉のみ使用）、にんにく各適宜／オレンジゼスト（オレンジの皮をシロップ煮にして細切りにしたもの）適宜
＊ジュー・ド・カイユは、うずらのガラを油で色づくまで炒めて脂を切り、フォン・ド・ヴォライユ（134ページ）をベースにごく少量のフォン・ド・ヴォー、トマトを含む少なめの分量の香味野菜を加え、アクを取りながら煮て漉したもの。

● 作り方

ファルスを作る

1 豚肩ロース肉はミンチ機で粗めに挽く。ピーナッツ油を熱したフライパンでミンチ肉をほぐしながら炒める。少し焼き色がつく程度の火加減でさっと炒め、ザルに上げて余分な脂分を切る。同じフライパンでにんにくを炒めて香りを出し、玉ねぎを色づかないようにしんなりと炒め、さましておく。

2 豚ののど肉は沸騰した湯で2〜3分ゆでて水気を切り、さましてから粗めに挽いておく。背肉も粗めに挽く。

3 フォワグラは5mm角に切り、コニャックでマリネしておく。

4 牛乳をわかして火からはずし、ちぎったパンの白い部分を入れ、かき混ぜながらなめらかにふやかす。粗熱が取れたところへ生クリームを加え、さらに、全卵と卵黄を溶き合わせて混ぜ、とろとろのアパレイユにする。刻んだハーブ類も加え、1と2の肉類と玉ねぎ、ナツメグを混ぜ込む。全量を量り、1kgに対して塩11g、黒こしょう2gの割合で加える。

5 ボウルの底を氷で冷やしながら、フォワグラのマリネを加えて混ぜ、十分に冷やしておく（**写真1**）。

うずらにファルスを詰めてロティする

1 キャベツは軽く塩ゆでにし、氷水に

これをビーターをつけた大型の製菓用ミキサー（キッチンエイド）に入れ、低速で回しながら卵白を加えて混ぜる。

2 ミキサーのボウルに氷をできるだけ多くあて、低速で回し、生クリーム少量を加え、5〜6分、固くなるまでゆっくりと泡立てる。生クリームを加えてゆるめては、締めることを繰り返し、なるべく空気を入れないようにし、なめらかで固いムース状にする（**写真1**）。生クリームの全量を加え、十分に混ざったら、シャンピニョン・デュクセル少量を少しずつ加え、同様に回し、塩、こしょうを加えてさらに固くなるまで回転させて仕上げる。へらですくったときに、生地の先端が立つぐらいまで混ぜる（**写真2**）。

3 生地が出来上がったらすぐに、スプーンで形を整え、ラップ紙で包み、80度のコンベクション・オーブンで8分蒸す。加熱後はしぼまないため、粗熱を取って冷凍し、使用するたびに温めるとよい。

モリーユ茸のスープを作り、仕上げる

1 乾燥のモリーユは水で戻し、水分を絞る。玉ねぎをフォワグラの脂で色づかないようにしんなりとさせ、塊のままのベーコンを加え、弱火でさらに加熱する。ここに戻したモリーユ、シャンピニョンを加えてさらに炒め、キャベツを加える。

2 ベルモット酒を加え、少し水分をとばし、フォン・ド・ヴォライユ、コンソメを注ぎ、ブーケ・ガルニを入れて弱火で煮る。出たアクは取り、モリーユが柔らかくなったら、生クリームを加えて5分ほど加熱する。ベーコンとブーケ・ガルニを取り除き、ミキサーでなめらかにし、目の粗いシノワで漉し、塩、こしょうで味を調える。このスープがベースになり、ブイヨンやコンソメで伸ばして使用する。

3 固く泡立てた生クリーム少量を皿に落とし、鶏のムースリーヌをのせる。温めたスープを注ぎ、ムースリーヌにトリュフ、ブロッコリースプラウトの芽先、小さく切ったビーツを飾る。

ラカン産 ピジョンのキャラメリゼ 柑橘といちじく、 燻製クリーム

カラー写真は139ページ

● 材料（2人前）

ラカン産の鳩1羽／ソミュール液[水5ℓ、岩塩（グロ・セル）150g、グラニュー糖少々、ローリエ（生）5枚、黒粒こしょう・白粒こしょう各2g、コリアンダーシード10g、クミンシード3g、シナモン1/2本]／水、塩各適宜／クローブ2〜3本／八角、カルダモン、鷹の爪各適宜／飴がけ[白ワインヴィネガー90cc、片栗粉100g、水飴50〜100g]／燻製クリーム[38％生クリーム・桜のスモークウッド各適宜]／サラダ油（揚げ用）適宜／いちじく1個／フルール・ド・セル、ミントの葉、アグリューム、黒粒こしょう各適宜
＊アグリュームは、オレンジ、ライムなどの柑橘類の皮を3回ゆでこぼし、シロップで煮て小さな四角形に切ったもの。

● 作り方

鳩をソミュール液に漬け込み、飴がけでコーティングする

1 鳩は首つるや鎖骨などを取り除いて下処理し、糸で形を流線形に整える。

2 ソミュール液の材料を合わせてわかし、塩を溶かしてさます。この中に鳩を入れ、冷蔵庫で1日漬け込む。

翌日、鳩を取り出し、室温に戻す。

3 鳩がすっかり入る量の水に3％の塩を加え、クローブと八角、カルダモン、鷹の爪を少量加えて火にかけ、68度にする。鳩を入れ、68度を保ちながら30分加熱して火を通し、取り出して水分を拭く。

4 飴がけの材料を混ぜ合わせ、鳩が熱いうちに全体にかけ、S字フックに吊るして乾燥させる。再び飴がけをかけて同様に乾燥させ、合計3回行って冷蔵庫に1日おいて完全に乾かす（**写真**）。このまま、使用するまで保存しておく。

燻製クリームを作り、鳩を揚げる

1 生クリームをボウルに入れ、桜のスモークウッドを使用したスモーカーに15分ほどかける。5分ごとに1度混ぜるようにし、まんべんなく香りをつける。真空パックに詰めて冷蔵庫で保存し、使用する量を必要に応じて泡立てて使う。

2 熱したサラダ油で鳩を揚げる。途中、油をまわしかけ、空気にふれるようにときどき持ち上げ、皮をカリッとさせ、全体に香ばしさと色をつけ、中心まで温める。

3 まわりのカリカリのカラメルを取らないようにして切り分け、くし形に切ったいちじくにフルール・ド・セルをふり、ミントを飾って皿に盛る。燻製クリームを軽く泡立てて添え、アグリュームを散らす。黒粒こしょうをふってもよい。

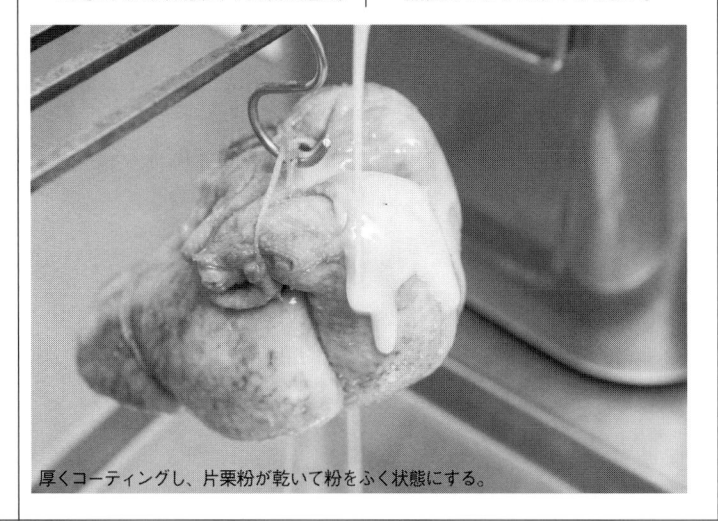

厚くコーティングし、片栗粉が乾いて粉をふく状態にする。

3 クルートを鳩の大きさに合うハート形の抜き型で抜き、縦半分に切る。これを肉の皮のない面にのせ、サラマンドルで焼き色をつける。
4 もも肉、手羽元、レバー類は網焼きにし、ソースをからめて網にのせ、サラマンドルで温める。ポワブル・ロゼとマニゲットを砕いたものを軽くふる。

盛りつけてサラダを添える
1 アンディーヴ、玉ねぎ、りんごをバターでしんなりと炒め、塩、こしょう、グラニュー糖で味つけしながらコンフィ状にする。砂糖を加えることでカラメル風味がアンディーヴにつき、苦みもやわらぐ。
2 皿に直径7cmのセルクルを置き、コンフィを敷き入れてセルクルをはずす。鳩の胸肉を2つに切ってのせる。
3 赤アンディーヴ、ルッコラセルバチコ、コンテチーズを、混ぜ合わせたノワゼットのヴィネグレット・ソース適量で軽くあえ、焼き上がったもも肉、手羽元、レバー類とともに皿に盛る。ソースを流し、ノワゼットのヴィネグレット・ソース少量をたらし、レモンバームの葉を飾る。好みで合わせ塩を端に散らし、レバー類につける。

ブルターニュ産 ひな鶏のファルシ 香草パン包み焼き
カラー写真は133ページ

● 材料（4人前）
パン生地［強力粉500g、生イースト9g、水310cc、塩10g］／ファルス［無塩バター30g、生ベーコン（3mm角に切ったもの）15g、にんにくのみじん切り少々、にんじん・玉ねぎ・根セロリ（各3mm角に切ったもの）各30g、赤ピーマン・黄ピーマン（各3mm角に切ったもの）各15g、ローリエ1/2枚、塩・白こしょう各適宜、白ワイン90cc、グラス・ヴォライユ20g、雑穀ミックス（塩ゆでしたもの）50g、ガラムマサラ・マジョラムのみじん切り・イタリアンパセリのみじん切り各少々］／ブルターニュ産ひな鶏2羽／ソース用ジュー・ド・ヴォライユ［サラダ油またはオリーブ油少々、エシャロットのみじん切り少々、にんにく1片、白ワイン90cc、フォン・ド・ヴォライユ（134ページ）・水各適宜］／塩、白こしょう、ハーブ油各適宜／好みのハーブ数種（タイム、ローズマリー、マジョラム、レモンバーム、エストラゴンなど）適宜／ポレンタ［牛乳220cc、フォン・ド・ヴォライユ220cc、ポレンタ粉80g、塩・白こしょう各少々、フロマージュ・ブラン大さじ1］／ソース用［ブランデー30cc、白ワイン60cc、シェリーヴィネガー5cc、紫マスタード10g、無塩バター10g、塩・白こしょう各適宜］
＊グラス・ヴォライユはフォン・ド・ヴォライユをゆっくりと1/5〜1/6量まで煮詰めたもの。
＊ハーブ油はエキストラ・バージン・オリーブ油に数種類の生のハーブ適宜を漬けたもの。

● 作り方
パン生地を作る
1 塩を除くパン生地の材料をフックをつけた大型の製菓用ミキサー（キッチンエイド）のボウルに入れ、弱で5分、強にして10分回転させ、塩を加えてさらに弱で5分回転させてこねる。
2 別のボウルに移し、ラップをかけて冷蔵庫に一晩入れ、一次発酵させる。低温発酵のため、2〜3日冷蔵保存ができる。

ファルスを作る
1 バターでベーコンとにんにく、野菜を弱火で焦がさないように炒める。ローリエ、塩、こしょう、白ワイン、グラス・ヴォライユを加えて蓋をし、弱火でじっくりと蒸し煮にする。
2 水分が減り、野菜が柔らかくなったら、雑穀ミックスを加えて混ぜ、ガラムマサラ、マジョラム、イタリアンパセリを加え、味を調えてさます。粗熱が取れたら、100〜120g大に2つ丸め、冷やす。

ひな鶏にファルスを詰めて焼く
1 ひな鶏はバーナーで残った産毛などを焼いて下処理し、内臓を取り除いて、腹からナイフを入れ、胴ガラを取り出す。手羽、もも肉は骨つきのままにする。
2 ガラ、手羽先、くず肉は流水で洗い、血などを取り除いて水気を取り、2cm大に叩き、サラダ油で焼きつける。焼き色がついたらエシャロット、にんにくを入れて炒め、出た脂を捨て、白ワインを注いで鍋についた旨みを取る。ひたひたのフォン・ド・ヴォライユとその1/3量の水を注ぎ、沸騰させてアクや脂を取る。少量のフォンを取る場合、水を加えることで最初に出てくる脂が取りやすくなる。弱火でアクや脂を除きながら1時間煮て漉し、さらに弱火で250ccまで煮詰める。
3 ひな鶏に塩、こしょうし、ファルスを詰め、たこ糸で縫って形を整える。ハーブ油で全体に焼き色をきれいにつけ、さます。
4 パン生地を半量に分け、それぞれ麺棒で1cm厚さに伸ばし、ハーブ適量を置いて3の胸側を下にしてのせる。上にもハーブをのせ、パン生地で包み、ひっくり返して形を整える。常温で20分ほどおいて二次発酵させ、220度のオーブンで15分焼き、170度に下げて10分焼く。

ポレンタとソースを作って盛りつける
1 牛乳とフォン・ド・ヴォライユを合わせて煮立て、泡立て器などで混ぜながらポレンタ粉を加える。ダマにならないように混ぜ、へらで練り混ぜながら弱火で15〜20分煮る。スプーンですくえるぐらいになり、粉に火が通ったら、塩、こしょう、フロマージュ・ブランを加えて混ぜる。
2 ブランデー、白ワインを強火で1/3〜1/5量まで煮詰め、ひな鶏のジュー・ド・ヴォライユを加えて濃度が出るまで煮詰める。シェリーヴィネガー、紫マスタード、バターを加え、塩、こしょうで味を調える。
3 鶏を切り分けて皿に盛り、ポレンタを添え、ソースを流し、パン、ハーブを飾る。

イタリア産 うさぎのガランティーヌとなすのフォンダン
カラー写真は136ページ

● 材料（3〜4本分）
イタリア産うさぎ590g／豚のど肉（ゆでたもの）250g／フォワグラのテリーヌ350g／コニャック適宜／鶏白レバー150g／うさぎのレバー110g／玉ねぎ1個／にんにく1片／サラダ油またはオリーブ油適宜／豚の血100cc／香草のみじん切り（タイム、ローズマリー、エストラゴン、シブレット）適宜／白ポルト酒、コニャック各50cc／塩、白こしょう各適宜／長なす12本／タイム適宜／グリーン・アスパラガス2本／ヴィネグレット・ナチュール、エシャロットのみじん切り各適宜／静岡産牛山ポークのベーコン、砕いた黒粒こしょう各適宜
＊ヴィネグレット・ナチュールは赤ワインヴィネガー1に対してピーナッツ油3の割合で合わせ、塩、白こしょうで調えたもの。

● 作り方
肉類を切って合わせファルスを作る
1 うさぎは骨をはずし、筋などを取り除いて賽の目に切り、分量を用意する。豚のど肉も賽の目に切る。フォワグラのテリーヌは賽の目に切り、混ぜ込み時につぶさないように、コニャックをまぶし、冷蔵庫でマリネしておく。レバー類も賽の目に切っておく。
2 みじん切りにした玉ねぎとにんにくをサラダ油でしんなりと甘みが出るまで炒め、取り出してさましておく。
3 フォワグラを以外の肉とレバー類を合わせ、さました2を加えて混ぜ込む。豚の血、多めの香草、白ポルト酒、コニャックをつぶさないように混ぜ、フォワグラを混ぜ込み、塩、こしょうを加えて混ぜ、一晩、冷蔵庫で寝かせる。

ファルスを焼いたなすで巻いて蒸す
1 長なすはヘタを落として縦に5mm厚さほどにスライスし、サラダ油（またはオリーブ油）で両面を焼く。軽く色づくまで焼き、しんなりしたら網の上に取り出し、刻んだタイムをふり、さます。
2 ラップ紙にファルスを置き、円筒状に巻いて形づくる。ラップ紙の両端を絞り、転がすようにして円筒状にする。別のラップ紙の上になすを並べ、上に円筒状のファルスをのせ、ラップ紙ごと巻いてなすを巻きつける（**写真**）。ラップ紙の両端を絞っ

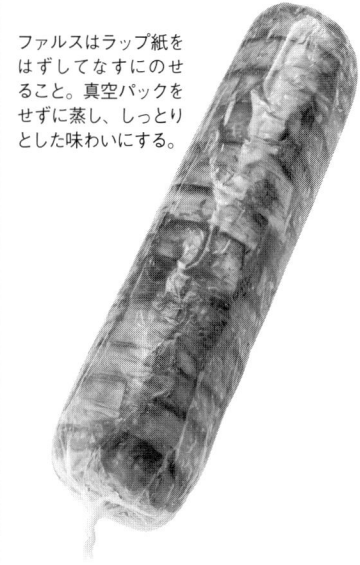

ファルスはラップ紙をはずしてなすにのせること。真空パックをせずに蒸し、しっとりとした味わいにする。

て形を整え、アルミ箔で巻く。
3 73度のコンベクション・オーブンで30〜35分蒸す。バットの下に氷を入れ、蒸し上がったガランティーヌをのせ、転がしながらゆっくりとさます。

切り分けてつけ合わせとともに盛る
1 アスパラガスは下部の皮をナイフでむいて塩ゆでし、ヴィネグレット・ナチュールとエシャロットをからめる。ベーコンは軽く炒める。
2 ガランティーヌを切って皿に盛り、黒粒こしょうをふる。1を添え、タイムの葉を散らす。

鶏のデリケートなムースリーヌ モリーユ茸とキャベツのクリームスープ
カラー写真は137ページ

● 材料
（ムースリーヌ40人前、スープ20人前）
鶏のムースリーヌ［鶏胸肉300g、卵白2個分、38%生クリーム690g、シャンピニョン・デュクセル・塩・白こしょう各適宜］／モリーユ茸のスープ［モリーユ（乾燥）75g、玉ねぎのみじん切り1個、フォワグラの脂少々、ベーコン10g、シャンピニョンのみじん切り125g、キャベツ（塩ゆでしてみじん切りにしたもの）150g、ベルモット酒（ノイリープラ）100cc、フォン・ド・ヴォライユ（134ページ）500cc、コンソメ50cc、ブーケ・ガルニ（タイム5本、ローリエ1枚）、38%生クリーム、塩・白こしょう各適宜］／38%生クリーム、トリュフのせん切り、ブロッコリースプラウト、ビーツ（ゆでたもの）各適宜
＊シャンピニョン・デュクセルはロボクープでみじん切りにしたシャンピニョンを無塩バターで完全に水分が飛ぶまで炒めたもの。

● 作り方
鶏のムースリーヌを作る
1 鶏肉は皮や筋を取り除き、ロボクープでペースト状にし、裏漉しする。

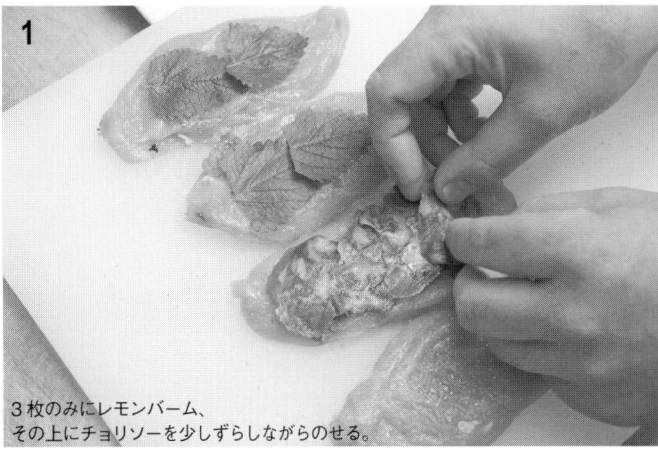

1
3枚のみにレモンバーム、その上にチョリソーを少しずらしながらのせる。

2
チョリソーは下が透けるほど薄くスライスし、肉からはみ出さないように。

3
コンフィ・レギュームを薄く伸ばして塗る。

4
左右の向きを交互に重ね、厚みが均一で形よく整える。

5
肉からはいだ皮なのでぴったりサイズ。形を整えながら全体を包む。

6
ラップにのせて白ワインをふり、ぴっちり包む。

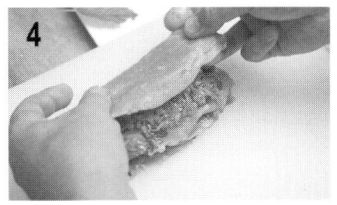

7
ジャストサイズでない場合は隙間をアルミ箔でうめて形崩れを防ぐ。

飾り用に取りおき、残りをミキサーで粉末状にする。ローストしてみじん切りにしたアーモンド、ピマンデスペレットを加え、ミキサーで混ぜ、塩で味を調える。

コンフィ・レギュームを作る
1 にんにくをオリーブ油でしんなりと炒めて香りを出し、赤ピーマン、エシャロットを柔らかくしっとりとするまで炒め、セミドライトマトのみじん切りを加える。タイム、ローズマリーのみじん切りも加え、塩、こしょうで味を調え、さます。

ほろほろ鳥をさばいてプレッセにする
1 ほろほろ鳥はバーナーで産毛を焼き取り、内臓を取り出して掃除し、もも肉を関節で取りはずす。胸を上にし、まず胸肉の部分の皮をできるだけ大きく、破かないようにしてはがしておく。胸骨に添って胸肉をおろし、筋などを取り除く。
2 胸肉を肉叩きで平らにし、塩、こしょうをふり、3枚の片面にレモンバーム、チョリソーを並べのせ、コンフィ・レギュームを薄く塗る。肉の向きを交互に変えながら3枚

重ね、何も塗っていない肉をのせる（**写真1〜4**）。
3 胸肉の皮を2枚並べ、**2**をのせて包む。白ワインをふり、ラップで包んで形を整える。ちょうど入るバットに入れ、大きければ隙間を丸めたアルミ箔などで埋め、バットごと真空パックにする（**写真5〜7**）。70度のスチームコンベクションまたは湯煎にかけ、30分蒸して火を通す。
4 パックから取り出して水気を拭き、溶いた卵白を刷毛で薄く塗り、バスク風ドライパウダーを全体にまぶす。網にのせ、100〜150度の低温のオーブンで卵白に火が通る程度に軽く焼く。高温はパウダーのピーマンやトマトなどが焦げるので注意。

つけ合わせのサラダを作って盛りつける
1 ベビーリーフのサラダを盛り、ほろほろ鳥のプレッセを1.5cm厚さに切って盛る。
2 ヴィネグレット・ソースの材料を合わせてサラダに軽くかけ、トマトのセックを飾る。

ラカン産若鳩 セップ茸とノワゼットのファルス アーモンドとシトロネル風味焼き

カラー写真は130ページ

● 材料（2人前）
ラカン産若鳩500g以上のもの1羽／塩、白こしょう、ハーブ油各適宜／フォン・ド・ピジョン用［サラダ油またはオリーブ油少々、エシャロットのみじん切り少々、にんにく1片、白ワイン90cc、フォン・ド・ヴォライユ（134ページ）・水各適宜］／ファルス［セップ茸（7〜8mm角に切る）50g、エシャロットのみじん切り20g、無塩バター15g、塩・白こしょう各適宜、から炒りして刻んだノワゼット（はしばみの実）7g、フォワグラのテリーヌ（つぶす）30g、レモンバームのみじん切り少々、赤ポルト酒・パン粉（細挽き）各5g］／クルート［アーモンド・パウダー30g、パン粉（細挽き）70g、レモンバームのみじん切り2g、レモンの皮のすりおろし1個分、無塩バター（室温に戻したもの）100g、ピマンデスペレット・塩各少々］／ソース［エシャロットのみじん切り20g、にんにくのみじん切り1g、無塩バター適宜、白ワイン90cc、ブランデー・マデラ酒各30cc、フォン・ド・ピジョン、ジュー・ド・ヴォライユ（134ページ）各100cc、塩・白こしょう各適宜、シェリーヴィネガー少々］／タイム2本／白ワイン適宜／ハーブ油適宜／ポワブル・ロゼ、マニゲット各適宜／アンディーヴのコンフィ［アンディーヴの細切り1/2本、玉ねぎの薄切り・りんごの細切り各10g、無塩バター・塩・白こしょう・グラニュー糖各適宜］／赤アンディーヴの細切り1/4本、ルッコラセルバチコ10枚、コンテチーズの細切り10g／ノワゼットのヴィネグレット・ソース［ノワゼット油・から炒りして刻んだノワゼット・白バルサミコ酢・塩・黒こしょう各適宜］／レモンバーム、合わせ塩各適宜

＊ハーブ油はエキストラ・バージン・オリーブ油に数種類の生のハーブ適宜を漬けたもの。

＊合わせ塩は、ゲランドの塩（粗塩）に粗く挽いたポワブル・ロゼ、マニゲット、黒こしょうなどを混ぜたもの。

● 作り方
鳩をさばき、ソース用のフォンを取る
1 鳩はバーナーで産毛を焼き取り、内臓を取り出し、5枚におろし、それぞれ下処理をする。胸肉は手羽元を切り、切り込みを入れて袋状にする（**写真1**）。もも肉は足先をバーナーで黒焼き、皮をこすって除き、指1本を残す。手羽元は関節から肉を押して骨を出して食べやすく成形する。内臓のレバー、心臓、砂肝は氷水で洗い、掃除して水気を拭く。もも肉、手羽元、内臓にそれぞれ塩、こしょうし、ハーブ油をふってマリネしておく。
2 骨はフォン・ド・カイユ（190ページ）と同様にしてフォン・ド・ピジョンを作る。

ファルスとクルート、ソースを作る
1 セップ茸とエシャロットをバターで水分がなくなるまで炒め、さます。残りのファルスの材料をすべて混ぜ、直径1.2cmほどの棒状にまとめ、ラップに包み冷蔵庫で冷やしておく。
2 クルートの材料をすべて混ぜ、ラップに薄く伸ばし、冷蔵庫で冷やす。
3 エシャロットとにんにくをバターで色づかないようにしんなりと炒め、白ワイン、ブランデー、マデラ酒を注ぎ1/5量に煮詰め、フォン・ド・ピジョン、ジュー・ド・ヴォライユを加え、さらに1/5量まで煮詰める。シノワで漉して塩、こしょうし、バターを落としてつやを出し、最後にシェリーヴィネガーを加えて味を調え、ソースとする。

ファルスを詰めて焼く
1 冷やしておいたファルスをカットし、鳩の胸肉に詰める。塩、こしょうをふり、タイム1枝をのせたラップの上に置き、白ワインをふる。ラップできっちりとコルネ状に包み、端を絞って閉じ（**写真2〜4**）、85度のコンベクションオーブンで15分加熱する。
2 ラップとタイムを取り、水分を拭き、ハーブ油で皮目のみをかりっと焼く。

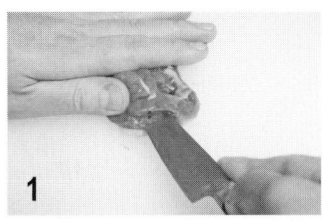

1
厚みのあるほうから刃先を入れ、先端のぎりぎりまで切り込み袋状にする。

2
詰めやすく、斜めに切る。半解凍すると扱いやすい。冷やさず絞り袋で詰めてもよい。

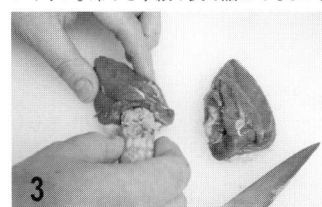

3
袋状の中に隙間なくきっちりと詰め、口を閉じる。

4
まず口をしっかりとめる。斜めに転がしてきつく巻き、端をねじり、形を整えぎゅっと閉じ、熱が十分にまわり、水分が出ないようにする。

でエシャロットとにんにくをしんなりと炒め、茸類を加え、水分がほとんどなくなるまで炒め、塩、こしょうする。

3 ボウルに **1** を合わせて入れ、底に氷をあててよく冷やしながら練り、なめらかにする。**2** とピスタシュ、7mm角に刻んだコンタンを加えて混ぜ、残りの材料と骨から取ったグラス・ヴォライユを加えてさらによく練り混ぜる。

ガランティーヌを成形してゆでる

1 鶏レバーは水気を拭き、オリーブ油でさっと表面を焼き、形を揃え、同じ幅に切る。

2 おろした鶏肉の水気をよく拭き、皮目を下にして広げる。頭のついていたほうを手前にして置き、胸肉からささ身を切り取り、肉のない皮の部分にのせる。もも肉の厚みを少し削ぎ、肉のない部分や薄い部分に移動させ、全体を平らにする。

3 広げた肉の中央に横にファルスの半量を長くのせる。この上に **1** のレバーを並べ、残りのファルスをのせ、形を筒状に整える。ファルスを芯にして鶏肉できつく巻き、布の手前に置き、転がしながら巻き、左右を絞る。たこ糸で横に数か所、縦に2か所を縛って形を整える。2人で巻くときつく巻きやすい。

4 深鍋にフォン・ド・ヴォライユ、香味野菜、布で包んだ **3** を入れて火にかける。煮汁が80度近くになったら火を弱め、80度を保ちながら静かに40分煮る。蓋をして温かいところに20〜30分置いて休ませる。

2種類のソースを作る

1 モリーユソースを作る。モリーユ茸は水で戻し、よく掃除する。バター15gでエシャロットをしんなりと炒め、塩、こしょうする。戻したモリーユ茸と刻んだモリーユ茸を加え、さらに炒めて茸に味を入れ、アルコール類を加え、強火で1/5量まで煮詰める。フォン・ド・ヴォー・リエ、ジュ・ド・ヴォライユを加え、火を弱め、アクを取りながらさらに濃度がつくまで煮詰め、味を見て残りのバターを落として混ぜ、つやを出す。

2 ロックフォールソースを作る。ロックフォールとバターをそれぞれ裏漉しし、よく練り混ぜてペースト状にする。ガランティーヌをゆでたフォン・ド・ヴォライユを漉し、300ccを用意し、これを50ccになるまで煮詰め、生クリームを加え、さらに半量まで煮詰める。ロックフォール・バターを加え混ぜ、パセリを加える。

盛りつける

1 根セロリを適当な大きさに切り、面取りをして形を整え、少量の水、バター、グラニュー糖でグラッセにし、最後にバターとタイムを加えて香りをつける。

2 ガランティーヌの布をはずし、2〜2.5cm厚さに切って皿に盛り、**1**、ソースのモリーユ茸を飾り、モリーユソースとロックフォールソースを流す。

うさぎのコンポゼ 香草風味ソース 季節の小野菜添え

カラー写真は131ページ

● 材料（3人前）

ドンブ産うさぎ1/2羽／エシャロットのみじん切り、にんにくのみじん切り、無塩バター、塩、白こしょう各適宜／マジョラムのみじん切り少々／豚の網脂適宜／ハーブ油、ディジョンマスタード各適宜／香草パン粉［パン粉（細挽き）適宜、パセリのみじん切り・にんにくのみじん切り・エルブ・ド・プロヴァンス各少々］／生ベーコンのスライス1枚／トランペット茸のソテー［エシャロットとにんにくのみじん切り少々とともにバターで炒めてさます］20g／アンチョビ入りグリーンオリーブ8粒／パート・ブリック適宜／エシャロットの薄切り適宜／白ワイン150cc／フォン・ド・ラパン、ジュ・ド・ヴォライユ（134ページ）各200cc］／乾燥野菜［フヌイユ小1/2個、黄クールジェット1/2本、紫パールオニオン1個、水200cc、グラニュー糖15g、塩少々］／ミニキャロット（葉つき）、ミニ大根各3本／水、グラニュー糖、オリーブ油各適宜／ラディッシュ3個、紫パールオニオン2個／白ワインヴィネガー、蜂蜜各少々／ミニオクラ、ヤングコーン各3本／アンチョビ入りオリーブ油適宜／グリーン・アスパラガス3本／ワイルドライス60g／オリーブ油適宜／玉ねぎのみじん切り30g／にんじんのみじん切り20g／フォン・ド・ヴォライユ100cc／香草風味ソース［水少量、ブランデー30cc、塩・白こしょう各適宜、ディジョンマスタード・エストラゴン・パセリのみじん切り各適宜］／バジルのクーリ［バジルの葉・オリーブ油各適宜］

＊フォン・ド・ラパンはさばいたうさぎの骨とくず肉でフォン・ド・カイユ（190ページ）と同様にして作る。

＊ハーブ油はエキストラ・バージン・オリーブ油に数種類の生のハーブ適宜を漬けたもの。

＊アンチョビ入りオリーブ油は、アンチョビのフィレ1缶分にオリーブ油300cc、にんにくの薄切り2片分、タイムとローリエ適量を合わせて火にかけ、アンチョビが溶けてくるまで加熱したもの。

● 作り方

うさぎをさばき、部位ごとに下処理をする

1 内臓を取り出して掃除し、頭、前足、胴、後ろ足に切り分け、胴はあばら骨の下で切り、背肉と鞍下肉に分ける。

2 前足は骨を取り除き、ミンチ肉にする。エシャロットのみじん切り20gとにんにくのみじん切り1gをバターでしんなりと炒めてさまし、ミンチ肉に加えて混ぜ、塩、こしょう、マジョラムを加え、15g大の3つに丸め、網脂で包む。ハーブ油で軽く焼き色をつけ、120度のオーブンでほどよく焼く。

3 背肉の部分は余分な肉を落とし、あばら骨を出し、形を整えてたこ糸で縛る。塩、こしょうをふり、ハーブ油で焼き油をまわしかけながら色よく焼き、120度のオーブンで焼き上げる。マスタードを塗り、香草パン粉をつけ、サラマンダーで焼き色をつける。

4 鞍下肉はフィレを切り出し、背骨を取り除き中央で半分に切ったものを用意する。フィレがついていた部分に生ベーコン、トランペット茸のソテー、オリーブをのせて腹の部分の薄い肉で巻き込む。塩、こしょうをふり、オーブンペーパーで巻き、たこ糸で縛って形を整える。ハーブ油で全体に焼き色をつけ、120度のオーブンで焼き上げる。

5 フィレは塩、こしょうをふり、2枚重ねにしたパート・ブリックで包み、ハーブ油でぱりっと焼く。

6 レバー、心臓、腎臓は氷水でさっと洗って血などを掃除し、水気を拭いてそれぞれ3つに切り、塩、こしょう、ハーブ油でマリネにし、グリルで焼き、串に刺しておく。

7 もも肉は骨を除き、筋などを取り、たこ糸で縛って形を調える。ハーブ油で色づかないように表面を焼いて取り出し、エシャロットの薄切りとにんにくのみじん切り少量を入れ、色づかないようにしんなりと炒め、もも肉を戻す。白ワイン、フォン・ド・ラパン、ジュ・ド・ヴォライユを加えて沸騰させ、アクを取り除き、蓋をして160度のオーブンで竹串がすっと入る柔らかさになるまで約1時間加熱する。

つけ合わせを用意する

1 フヌイユ、黄クールジェット、紫パールオニオン1個はそれぞれ薄切りにし、分量の水にグラニュー糖と塩を加えて沸騰させた湯にさっとくぐらせ、オーブンシートを敷いた鉄板に並べ、70度のコンベクションオーブンに1〜2時間入れて乾燥させる。

2 葉を切ったミニキャロット、ミニ大根はそれぞれ鍋にひたるくらいの水、グラニュー糖、バター、塩、こしょうを入れて火にかけ、紙などの落とし蓋をしてコトコトと煮、煮汁を煮詰めてから、グラッセにする。にんじんの葉はオリーブ油少量をまぶしてラップにのせ、電子レンジで1分30秒ほど加熱してぱりっとさせ、塩少量をふっておく。ラディッシュ、紫パールオニオン2個は同じようにグラッセにし、途中で白ワインヴィネガー、蜂蜜を加えて色鮮やかに仕上げる。

3 ミニオクラ、ヤングコーンは塩ゆでにし、それぞれアンチョビ入りオリーブ油でソテーにする。アスパラガスは塩ゆでにし、バターでソテーする。

4 ワイルドライスは塩を加えた湯でゆでてザルに上げる。オリーブ油で玉ねぎ、にんじんを色づかないようにしんなりと炒め、フォン・ド・ヴォライユを加え、煮汁がひたひたになり、野菜が柔らかくなるまで煮る。ワイルドライスを加えてからめ、煮汁を吸わせ、塩、こしょうで味を調える。

ソースを作って仕上げる

1 もも肉を煮込んだ煮汁をシノワで漉し、水少量で軽く伸ばし、余分な脂を取り除く。ブランデーを加えて少し煮詰め、味を見て塩、こしょうで味を調える。少し取り分け、レバー類をからめる。鍋のソースにマスタード、エストラゴン、パセリを加えて仕上げる。

2 バジルの葉とオリーブ油を合わせてミキサーなどで混ぜ、クーリにしておく。

3 背肉は3つに切り分ける。鞍下肉はオーブンペーパーを取り、もも肉はたこ糸をはずしてそれぞれ3等分する。フィレも3つに切る。

4 皿の中央に大きめのセルクルを置き、セルクルの内側に沿ってワイルドライスを敷く。つけ合わせの野菜と **3** の切り分けた肉、ソースにからめた前足の網脂包み、串に刺したレバー類を盛りつけ、乾燥させた野菜も飾り、セルクルをはずす。まわりにソース、バジルのクーリを流す。

ブレス産 ほろほろ鳥のプレッセ バスク風

カラー写真は134ページ

● 材料（3〜4人前）

バスク風ドライパウダー［赤ピーマンの薄切り1/2個、永田農法トマトの薄い輪切り5g、イベリコチョリソーの薄切り10g、アーモンドのみじん切り5g、ピマンデスペレット少々、塩適宜］／コンフィ・レギューム［にんにくのみじん切り1g、オリーブ油20cc、赤ピーマンの薄切り1/2個、エシャロットのみじん切り50g、セミドライトマトのみじん切り40g、タイムのみじん切り・ローズマリーのみじん切り・塩・白こしょう各適宜］／ブレス産ほろほろ鳥700〜800gのもの2羽／塩、白こしょう、レモンバーム各適宜／イベリコチョリソーの薄切り10g／白ワイン、卵白各適宜／ベビーリーフ適宜／ヴィネグレット・ソース［ノワゼット油・白バルサミコ酢・塩・白こしょう各適宜］

● 作り方

バスク風ドライパウダーとトマトのセックを作る

1 天板にオーブンシートを敷き、薄切りにした赤ピーマン、トマト、チョリソーを並べ、70度のコンベクションオーブンで1時間半〜2時間乾燥させる。チョリソーは出た脂をていねいに取り除く。1時間ほど乾燥させた後、細かく刻んでから再度乾燥させると時間が短縮できる。

2 乾燥したらさまし、トマト4枚を

ブレス産若鶏 2種の味

カラー写真は127ページ

● 材料（2人前）
ブレス産若鶏1羽（1.2kg）／フォン・ド・ヴォライユ用［水適宜、香味野菜（玉ねぎ、にんじん、セロリ、にんにくの薄切り）少々、タイム1枝、ローリエ1/2枚］／桃のショー・フロワソース［白桃1個（230g）、38％生クリーム10g、戻した板ゼラチン1枚、シトロンヴィネガー10cc、フランボワーズヴィネガー5cc、蜂蜜25g、塩・白こしょう各適宜］／塩、白こしょう各適宜／タイム2枝／白ワイン10cc／無塩バター適宜／トリュフ25g／エストラゴン2枝／ノイリー酒10cc／トリュフ風味のソース用［白ワイン・ノイリー酒各50cc、無塩バター50g、ジュー・ド・トリュフ少々、塩・白こしょう各適宜、シェリーヴィネガー3cc］／ピスターシュ、ピスターシュ油、シトロンヴィネガー、黒こしょう各適宜

● 作り方

鶏をさばき、ソース用のフォンを作る

1 鶏は掃除して胸を上に置き、もも肉を関節で切り離し、中央から胸骨に沿ってナイフを入れて胸肉を引っ張ってはがし、5枚におろす。胸肉から手羽を落とし、皮をはずし、余分な脂や筋を取り除き、1枚を縦半分に切り、4枚にする。はずした皮は胸肉の大きさに合わせてカットしておく。

2 鶏の胴ガラや手羽を水洗いして30分水にさらし、水気を拭いて適当な大きさに切って鍋に入れ、水をひたひたに注ぐ。火にかけて沸騰させ、アクを取り、香味野菜を加えて弱火にしてごらないように静かに煮る。アクを取りながら1時間半ほど煮、シノワで漉す。さらに弱火にかけ、アクを取りながら300ccになるまで煮、タイム、ローリエを加え、風味がついたら取り除く。少量のフォンを取る場合、ハーブを長時間入れておくと香りが強く残りすぎ、修正できなくなるため最後に加える。

桃のショー・フロワソースを作る

1 皮つきのままよく洗った桃3/4個をミキサーでピュレにし、鍋に移して1分ほど煮立て、変色を防ぐ。生クリーム、ゼラチンを加えてひと煮立ちさせ、粗熱を取り、シトロンヴィネガー、フランボワーズヴィネガー、蜂蜜を加え、塩、こしょうで味を調える。

桃のシュプレームを作る

1 胸肉1枚に塩、こしょうし、裏側にタイム1枝と鶏皮を張り、この面を下にしてラップにのせ、白ワインをふってラップで巻く。同様にしてもう1枚をラップで巻き、68度のスチームコンベクションで10分加熱し、冷蔵庫で冷やす。タイムの香り同様に、加熱して鶏皮の脂の旨みを胸肉に移す。

2 冷えたシュプレームの皮とタイムを除き、桃のショー・フロワソースをかけ、冷蔵庫で冷やし固める。

黒トリュフのシュプレームを作る

1 胸肉1枚に塩、こしょうし、室温に戻したバターを全面に薄く塗る。薄切りにしたトリュフを片面に張りつけ、この面を下にしてラップにのせ、上にエストラゴン1枝と鶏皮を張り、ノイリー酒をふってラップで巻く。同様にしてもう1枚をラップで巻き、68度のスチームコンベクションで12分加熱し、温かいところに置いておく。薄切りのトリュフの残りは飾り用に取っておく。

ソースを作って盛りつける

1 白ワイン、ノイリー酒を強火で1/5量に煮詰め、ブレス鶏のフォン・ド・ヴォライユ300ccを加えて弱火にし、アクを取りながら1/5量まで煮詰める。バターを落としてつやを出し、ジュー・ド・トリュフを加え、塩、こしょうで味を調える。盛りつける直前にシェリーヴィネガーを加え、ソースにキレをつける。

2 皿の左に皮とエストラゴンをはずした温かい黒トリュフのシュプレーム、右に冷たい桃のシュプレームを盛る。取りおいた桃の皮をむき、6等分のくし形に切り、3枚ずつを薄切りの黒トリュフとともに飾る。

3 黒トリュフのシュプレームにソースをかけ流し、桃のほうには、刻んだピスターシュを飾り、ピスターシュ油を流してシトロンヴィネガーと黒こしょうをふる。

ドンブ産うずらとフランス産鴨のフォワグラのトゥルト 松の実風味のエミュルジョンソース

カラー写真は128ページ

● 材料（2人前）
ドンブ産うずら1羽／A［白ワイン・塩・白こしょう・エシャロットの薄切り・ローリエ・タイム各適宜］／グラス・ド・カイユ用［サラダ油またはオリーブ油・エシャロットのみじん切り各少々、にんにく1片、白ワイン90cc、フォン・ド・ヴォライユ（134ページ）・水各適宜］／塩、白こしょう各適宜／マデラ酒少々／トリュフのみじん切り3g／パセリのみじん切り適宜／カトル・エピス少々／松の実のエミュルジョン（作りやすい分量）［松の実のローストのみじん切り150g、38％生クリーム500cc、牛乳100cc、粉寒天3g、板ゼラチン1.5g、塩・白こしょう・松の実の油各適宜］／フォワグラのテリーヌ（1.5cm厚さで直径3cmの円形に抜いたもの）2枚／フィユタージュ生地（2mm厚さで直径12cmの円形）4枚／卵黄適宜／ブリオッシュ（5mm厚さで直径3cmの円形）2枚／マデラソース［マデラ酒・白ワイン各60cc、フォン・ド・カイユ150cc、フォン・ド・ヴォー・リエ50cc］／松の実のロースト、松の実の油各適宜

＊マデラソースのフォン・ド・カイユは、材料とは別のうずらのガラでフォン・ド・カイユ（下記参照）と同様にして作ったもの。

● 作り方

うずらをマリネし、グラス・カイユを作る

1 うずらはバーナーで産毛を焼き、5枚におろして骨をはずし、110gを用意する。

2 肉はAを合わせ、半日冷蔵庫でマリネしておく。白ワインは肉全体が乾かない程度にからめる。

3 ガラは流水で洗い、血などを取り除いて水気を取り、2cm大に叩き、サラダ油で焼きつける。焼き色がついたらエシャロット、にんにくを入れて炒め、出た脂を捨て、白ワインを注いで鍋についた旨みを取る。ひたひたのフォン・ド・ヴォライユとその1/3量の水を注ぎ、沸騰させてアクや脂を取る。少量のフォンを取る場合、水を加えることで最初に出てくる脂が取りやすくなる。弱火で脂を除きながら1時間煮て漉し、フォン・ド・カイユを作り、さらに10ccまで煮詰め、グラスにしておく。

ファルスと松の実のエミュルジョンを用意する

1 マリネしたうずらの胸肉1枚を取りおき、残りを目の細かいミンチ器で挽き、塩、こしょう、マデラ酒、トリュフ、パセリを混ぜ、グラス・ド・カイユ、カトル・エピスを加え、味を調えてファルスを作り、冷やしておく。

2 松の実、生クリーム、牛乳を合わせて弱火にかけ、20分ほど煮て松の実の油を出し、シノワで漉す。粉寒天、戻したゼラチンを加え、弱火で2～3分煮溶かし、塩、松の実の油で香りをつける。これをエスプーマに入れ、炭酸ガスを入れておく。

ファルスを生地で成形して焼く

1 残しておいた胸肉の皮を除き、厚みを半分に切り、直径3cmほどの円形に整える。

2 ラップを広げ、ファルス適量を置き、1の胸肉、ファルス、フォワグラを順に重ね、最後にファルスをのせてドーム状に全体を覆い、ラップで包み、丸く形を整える。

3 フィユタージュ生地に卵黄を塗り、中央にブリオッシュをのせ、この上に2をのせる。もう1枚の生地をかぶせ、ファルスの縁を押さえて形を整える。生地の縁を1cmほど残し、抜き型で抜いて余分な生地を切り取る。表面に卵黄を塗り、ペティナイフで飾りをつけ、230度のコンベクションオーブンで12分焼く。途中、10分ほど焼き、焼き色がついたら、温度を下げるとよい。ブリオッシュは肉汁の旨みを吸わせるためなので、あれば敷く、なくても可。

ソースを作って仕上げる

1 小鍋にマデラ酒と白ワインを合わせて煮詰め、フォン・ド・カイユ、フォン・ド・ヴォー・リエを加えて1/5量まで煮詰める。

2 皿にソースを丸く流し、焼き上がったトゥルトをのせる。エスプーマで冷たい松の実のエミュルジョンを流し、松の実を散らし、松の実の油少々をもたらす。

宮崎県産地頭鶏の温かいガランティーヌ モリーユ茸とロックフォールのソース

カラー写真は129ページ

● 材料（10人前）
地頭鶏（2.3kg大のもの）1.5羽／マリネ用［エシャロットの薄切り100g、タイム・ローリエ・塩・白こしょう各適宜、白ワイン150cc］／ファルス用グラス・ヴォライユ［水適宜、香味野菜（玉ねぎ、にんじん、セロリ、にんにくの薄切り）少々、タイム1枝、ローリエ1/2枚］／ファルス［ピエブルー・ジロール茸・椎茸各70g、トランペット茸50g、無塩バター適宜、エシャロットのみじん切り70g、にんにくのみじん切り3g、塩・白こしょう各適宜、ピスターシュ50g、コンタン（ゆでたもの）50g、マデラ酒30cc、ブランデー15cc、カトル・エピス少々、パセリのみじん切り少々］／オリーブ油適宜／フォン・ド・ヴォライユ（134ページ）5ℓ／香味野菜［玉ねぎ・にんじん・セロリの薄切り各適宜、ローリエ・タイム各少々］／モリーユソース［モリーユ茸（乾燥）40粒、モリーユ茸（乾燥を戻してみじん切りにしたもの）30g、無塩バター30g、エシャロットのみじん切り50g、塩・白こしょう各適宜、マデラ酒・白ワイン各90cc、ブランデー50cc、フォン・ド・ヴォー・リエ250cc、ジュー・ド・ヴォライユ（134ページ）250cc］／ロックフォールソース用［ロックフォール・無塩バター各30g、38％生クリーム100cc、パセリのみじん切り少々］／根セロリ1/2個／水、無塩バター、グラニュー糖、タイムのみじん切り各適宜

● 作り方

地頭鶏をマリネし、グラスを作る

1 鶏は胴ガラ、内臓をはずして1枚におろし、手羽やももの骨を取る。1/2羽分の手羽ともも肉の骨もはずし、筋なども取り除き、マリネ用の材料を合わせて冷蔵庫で1日マリネする。鶏レバーは別途マリネ用の材料（分量外）をなじませ、マリネしておく。

2 取りはずした骨や掃除して出たくず肉は、「ブレス産若鶏 2種の味」（左項参照）と同様にしてフォンを取り、さらにゆっくりと約60ccになるまで煮詰め、グラス・ヴォライユを作っておく。

ファルスを作る

1 翌日、マリネした1/2羽分の肉の水気をよく取る。胸肉は皮を除き、ロボクープでムース状にし、もも肉と手羽はミンチ器で細挽きにする。

2 茸類はすべて7mm角に刻む。バター

2 香りが出たらアルマニャック、マデラ酒、白ワインを各10cc加えて、水分がほとんどなくなるまで煮詰める。
3 ジュー・ド・ピジョンを加えて全体に味をなじませ、シノワで漉す。
4 フライパンにツナの缶詰の漬け油少々を熱し、肝臓と心臓を手早くソテーする。少量のアルマニャックとマデラ酒を加えて香りづけをし、5mm角に切る。
5 3を熱し、4とツナを加え、レモン汁で味を引きしめ、塩で味を調える（写真3）。
6 ローストした胸肉を適度な大きさに切り、もも肉とともに皿に盛りつけ、ソースを流す。

胸肉ともも肉を皮目から焼き、こんがりと焼き色をつける。

ツナは油漬けを使用。油で香味野菜を炒め、風味を生かす。

ツナと肝臓、心臓は仕上がる寸前に入れ、レモン汁で味にめりはりをつける。

ジュー・ド・ピジョン

● 材料（出来上がり400cc）
鳩の首づる、手羽、ガラ各3羽分／にんじん1/2本／玉ねぎ1/2個／セロリ1本／にんにく2片／サラダ油20cc／薄力粉大さじ1／アルマニャック、ポルト酒、赤ワイン各10cc／フォン・ド・ヴォー400cc／タイム（乾燥）、つぶした黒粒こしょう各2つまみ／ローリエ1枚／塩、水溶きコーンスターチ各適宜

● 作り方
1 鳩の首づる、手羽、ガラは小さく砕き、にんじん、玉ねぎ、セロリはそれぞれ1cm角に切り、にんにくはつぶす。
2 天板にサラダ油を敷き、1を広げ、薄力粉を均等にふって、オーブンで焼き色がつくまで焼く。
3 2を鍋に移し、アルマニャック、ポルト酒、赤ワインを加えて熱し、水分がほとんどなくなるまで煮詰める。
4 フォン・ド・ヴォーを注ぎ、タイム、黒粒こしょう、ローリエを加え、アクを丁寧に取り除きながら沸騰させる。
5 塩で味を調え、濃度を確認して、濃度が足りなければ水溶きコーンスターチで調整する。シノワで漉して、冷水でさまして保存する。

うさぎ背肉のソテー 軽い燻製仕上げ

カラー写真は125ページ

● 材料（2人前）
うさぎ1羽／塩、白こしょう、桜のスモークウッド、桜のスモークチップ、アール・グレイの茶葉、グラニュー糖各適宜／ソース[エクストラ・バージン・オリーブ油適宜、エシャロット1/2個・にんにく1片、アルマニャック・赤ワイン各10cc、マデラ酒20cc、ジュー・ド・ラパン200cc、42％生クリーム20cc、塩・白こしょう各適宜]／白いんげん豆のヴィネグレット風味[白いんげん豆・タイム（乾燥）・ローリエ・塩・玉ねぎの薄切り・ヴィネグレット各適宜]／じゃがいものピュレ[じゃがいも（メークイン）1個、42％生クリーム100cc、無塩バター5g、塩・白こしょう各適宜]／サラダ[トレヴィス・ロケット・クレソン・ヴィネグレット各適宜]／サラダ油適宜／にんにく1片／無塩バター適宜／エシャロットのみじん切り、パセリのみじん切り、ヴィネグレット各適宜／ケッパー3粒、コルニッション縦6等分に切ったもの3本

● 作り方
うさぎをスモークする
1 うさぎは頭、前足と後足をはずした状態で腎臓つきを使用（写真1）。腎臓をはがし、まわりの薄い膜を取る。フィレ、胴の左右にある横隔膜（ハラミ）、背肉に切り分け、それぞれ筋を取って掃除し、塩、こしょうする。背骨はジュー・ド・ラパン用に取りおく。
2 中華鍋にアルミ箔を敷き、桜のスモークウッドとチップ、アール・グレイの茶葉、グラニュー糖を入れ、上に網を渡す。強火で熱し、煙が出たらすぐに火は消し、網の上に1をのせて蓋をして、1～2分間瞬間熱燻し、火は入れずに、香りだけをつける。

ソースを作る
1 オリーブ油でエシャロットとにんにくのみじん切りを炒める。
2 香りが出たらアルマニャックを加え、アルコール分を飛ばし、赤ワインとマデラ酒を加えて、水分がほとんどなくなるまで煮詰める。
3 ジュー・ド・ラパンを加えて全体に味をなじませ、生クリームを加えてとろみをつけ、塩、こしょうで味を調えて、シノワで漉す。

つけ合わせを用意する
1 白いんげん豆は、水に1晩浸して戻す。

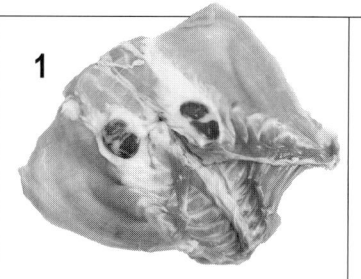

背肉にはりつくそら豆形の内臓が腎臓、左右に平たく広がっているのが横隔膜。

背肉と腎臓から焼き、色がつく寸前にバターを加え、残りも加える。

2 タイム、ローリエ、塩を加えた水から柔らかくなるまでゆで、水気を切る。
3 玉ねぎを塩もみして水分を絞り、2と合わせてヴィネグレットであえる。
4 じゃがいものピュレを作る。皮つきのまま塩ゆでにし、熱いうちに皮をむき、裏漉しする。
5 生クリーム、バター、塩、こしょうを沸騰させ、4を加えて均一になめらかに混ぜ合わせる。混ぜすぎると粘ってしまうため、注意する。
6 トレヴィス、ロケット、クレソンをヴィネグレットであえる。

再度スモークして仕上げる
1 サラダ油で3等分に切ったにんにくを炒め、香りが出たら肉類を入れ、表面がほどよい色と香ばしさになる寸前にバターを加え、焦がさないように注意しながら風味をつける（写真2）。焼き色がついたら、フィレと横隔膜を取り出し、背肉と腎臓は、フライパンのまま210度のオーブンで1分間焼く。
2 10分間休ませ、余熱で火を入れる（写真3）。
3 耐熱ガラス製のココットの底にスモークウッドとチップ、アール・グレイの茶葉、グラニュー糖を入れ、上に網を渡す。
4 肉をのせ、スモークウッドに火をつけて煙が出たら蓋をして、テーブルに運んでお客さまにお見せする。
5 厨房に戻し、ココットから出して、背肉は6等分の輪切りに、腎臓は縦に半割りにする。横隔膜は細切りにして、みじん切りのエシャロットとパセリを加えたヴィネグレットであえる。
6 四角い皿を横に4等分するイメージ

各部位ごとに最適な火の入り方になるよう配慮する。

で、一番奥にサラダ、横隔膜、白いんげん豆を盛り、いんげん豆の上にフィレを置く。
8 真ん中には、じゃがいものピュレをスプーンですくってレモン形に3つ並べ、ケッパーとコルニッションを飾る。手前には、輪切りにした背肉を寝かせて並べ、半割りにした腎臓を盛り、横1本にソースを流す。

ジュー・ド・ラパン

● 材料（出来上がり300cc）
うさぎの骨、肩肉、くず肉各3羽分／にんじん1/2本／玉ねぎ1/2個／セロリ1本／にんにく2片／サラダ油20cc／薄力粉大さじ1／アルマニャック、マデラ酒、赤ワイン各10cc／フォン・ド・ヴォー400cc／タイム（乾燥）2つまみ／ローリエ1枚／つぶした黒粒こしょう1つまみ／塩、水溶きコーンスターチ各適宜

● 作り方
1 うさぎの骨と肉は小さく切り、にんじん、玉ねぎ、セロリはそれぞれ1cm角に切り、にんにくはつぶす。
2 天板にサラダ油を敷き、1を広げ、薄力粉を均等にふって、オーブンで焼き色がつくまで焼く。
3 2を鍋に移し、アルマニャック、マデラ酒、赤ワインを加え、水分がほとんどなくなるまで煮詰める。
4 フォン・ド・ヴォーを注ぎ、タイム、ローリエ、黒粒こしょうを加え、アクを丁寧に取り除きながら沸騰させる。
5 塩で味を調え、濃度を確認して、濃度が足りなければ水溶きコーンスターチで調整し、ステンレス製の容器にシノワで漉し入れ、すぐにさまして保存する。

けにくいように少し小さい四角形に切ったものをのせ、2重にする。
8 5をほうれん草に包んで7の真ん中にのせて茶巾包みにし、軽く塩ゆでした三つ葉で縛る（**写真1、2**）
9 180度のサラダ油できつね色に揚げ、油を切る。
10 胸肉は塩、こしょうをしてオリーブ油を塗り、熱したグリル板で皮面に格子状に色づけながら香ばしく焼く。

2種のソースを作って仕上げる

1 かぼちゃソースを作る。かぼちゃの皮、種を除いて250gを薄めにスライスし、ボウルに移して砂糖少々をふり、ラップ紙をかぶせる。30分間蒸して柔らかくし、フードプロセッサーにかけ、牛乳を加えながら固さを調節し、バターを加えてピュレ状にする。
2 コリアンダー風味ソースを作る。コリアンダーをつぶして水を加え、水分がなくなる直前まで煮詰め、ポルト酒を加えてアルコール分を飛ばす。
3 ジュー・ド・ヴィアンドを加えて1/2量まで煮詰め、シノワで漉して塩、こしょうで味を調え、最後にバターを溶かし込む。
4 皿にかぼちゃソースを流してパータ・フィロ包みをのせ、胸肉を添えてコリアンダー風味ソースを流す。

きれいなボウル形にしたミンチ肉をフィロで包む。

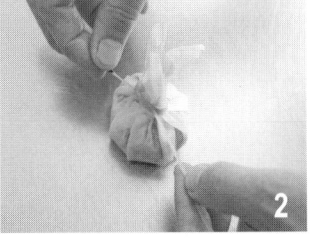

丁寧にひだを寄せて茶巾包みにし、三つ葉で束ねる。

丹波産黒豆とコクレの ichiRyu 風煮込み

カラー写真は119ページ

● 材料（4人前）
黒豆30g／三温糖10g／コクレ（ひな鶏）2羽／塩、白こしょう、薄力粉、サラダ油各適宜／無塩バター適宜／ベーコン100g／玉ねぎ（薄切り）2個／チキンブイヨン（134ページ）1ℓ／小玉ねぎ4個／シャンピニョン4個／47％生クリーム適宜

● 作り方
黒豆を柔らかく煮る
1 ひたひたより少し多めの湯に黒豆と三温糖を加え、8時間おいておく。
2 そのまま火にかけてアクを丁寧に取り除きながら2時間ほどコトコトと煮る。

コクレをおろして焼く
1 コクレは胸2枚を切り取り、ももは根元から切りはなし、骨つきのままさらに半分にカットする。
2 塩、こしょうをふって粉をまぶし、熱したサラダ油で色よく焼き上げる。

コクレを煮込んで仕上げる
1 鍋にバター50gを熱して棒状に切ったベーコンを入れ、蓋をして160度のオーブンに入れ、焦がさないように注意しながら十分に香りを出す。
2 玉ねぎを加えて温度を180度に上げたオーブンに入れ、玉ねぎがどろりとしてきたら薄力粉少々を加えて混ぜ合わせる。
3 チキンブイヨンを少しずつ加えてダマにならないように混ぜ、下ゆでした小玉ねぎを加え、オーブンに戻す。
4 沸騰したらコクレの胸ともも、水気を切った黒豆を加え、再度オーブンに入れて合計2時間弱かけて煮込む。
5 仕上がる直前に飾り切りしたシャンピニョンを加えて火を通し、コクレを取り出して保温し、ソースは黒豆の煮汁、生クリーム、バターを加えて濃度を調節し、塩、こしょうで味を調える。コクレを戻して供する。

ブレス鶏の アン・ヴェッシー

カラー写真は121ページ

● 材料（4人前）
フォワグラのテリーヌ［フォワグラ・塩・白こしょう・アルマニャック・ポルト酒各適宜］／ヴェッシー（豚の膀胱、乾燥させたもの）1枚／ブレス鶏1羽／フォン・ド・ヴォライユ（134ページ）適宜／ローリエ1枚／タイム（乾燥）2つまみ／にんにくのみじん切り1.5片分／ソース［鷲鳥の脂大さじ1、無塩バター10g、エシャロットのみじん切り1個分、にんにくのみじん切り1/2片分、ブレス鶏の砂肝・心臓各1個、アルマニャック・マデラ酒・赤ポルト酒各30cc、コンソメ200cc、フォン・ド・ヴォー200cc、塩・白こしょう各適宜、フォワグラのテリーヌ100g、水溶きコーンスターチ適宜］

● 作り方
フォワグラのテリーヌを作る
1 フォワグラは大小が重なっている部分に切り込みを入れ、手でゆっくりと押し広げて、内側に隠れている血管や筋を取り除く。
2 塩、白こしょう、アルマニャック、ポルト酒をむらなく混ぜ合わせ、フォワグラにまぶしつけ、真空パックし、68度の湯で20分間加熱する。
3 テリーヌ型に移して常温でさまし、粗熱が取れたら冷蔵庫で保存する。粗パックにたまった脂は温かいうちに裏漉しして、コンフィなどに利用する。

ヴェッシーと胸肉の下準備をする
1 ヴェッシーは水に一晩漬けて戻す。
2 ブレス鶏をさばいて胸肉ともも肉に分け、もも肉はコンフィ用に、砂肝と心臓はソース用に取りおく。
3 鍋にフォン・ド・ヴォライユ、ローリエ、タイム、にんにくを入れて熱し、70〜75度になったら胸肉を入れ、温度を保ちながら8分間ゆで半生（ミ・キュイ）に仕上げる。火からおろす目安は、肉が少し締まってくる寸前がよい。

ソースを作る
1 鷲鳥の脂とバターでエシャロットとにんにくを炒める。香りが出たら、8mm厚さに切った砂肝と心臓を加えて炒める。
2 1に火が通ったら、アルマニャックを注ぎ、フランベしてアルコール分を飛ばす。マデラ酒と赤ポルト酒を加え、水分がほとんどなくなる寸前まで煮詰める。
3 コンソメとフォン・ド・ヴォーを加えて味がなじんだら、塩、こしょうで味を調える。

肉とソースをヴェッシーで包んでゆでる
1 ヴェッシーに、下ゆでした胸肉を入れてソースを注ぐ。上部を手でまとめ、空気を送り込み、7割がたふくらませる。湯煎したときに膨張して破裂するため、空気を入れすぎないようにする。
2 上部から約15cm下で口をしっかりと閉じ、たこ糸できつく縛る。縛った部分の上部を外側にめくって折り返し、再度固く縛り、中の空気がもれたり、湯が入ることがないようにする。
3 ヴェッシーよりもふたまわり大きな鍋の底にステンレスの盆を敷き、湯をわかす。70度になったら**2**を入れて、60〜70度を保ちながら、20分間ゆでる。作業中は均等に熱が入るように、ヴェッシーを回転しながら、レードルで表面に均等に湯をかけ続ける。表面が乾いたり、鍋肌にふれてしまうと割れてしまうので注意する。
4 皿に移し、テーブルに運び、料理法を説明しながら開いて見せる。厨房に戻し、胸肉を取り出して切り分けて皿に盛りつける。

ソースに濃度をつけて仕上げる
1 フォワグラのテリーヌは70gを角切りにし、30gは裏漉しする。
2 ヴェッシーの中に残ったソースを鍋に移し、**1**を加えて泡立て器で軽く混ぜ、とろみをつける。角切りのフォワグラのテリーヌが、溶けきらずにある程度形が残っているくらいがよい。
3 水溶きコーンスターチを加えて濃度の調整をし、塩で味を整えて、肉の皿に流して供する。

ブレス鶏もも肉の コンフィ

カラー写真は123ページ

● 材料（4人前）
ブレス鶏のもも肉2本／粗塩肉1kgに対して19g／ラード、フォワグラの脂各適宜／ローリエ1枚／タイム（乾燥）2つまみ／にんにく2片／つけ合わせ［トレヴィス・クレソン・ロケット・ヴィネグレット適宜］

● 作り方
もも肉をコンフィにして焼く
1 骨つきもも肉を、関節部分で切り分ける。足先のまわりに包丁を入れて皮と腱を切っておくと、加熱したときに肉がきれいに分かれる。
2 1の皮目には多めに、内側にはやや少なめに塩をふり、しっかりとすり込んで、一晩寝かせてなじませる。
3 鍋にラード、フォワグラの脂、ローリエ、タイム、つぶしたにんにく、**2**を入れ、85度で2時間煮る。
4 もも肉を脂から取り出し、フライパンで皮目から焼いてほどよい焼き色をつけたら、フライパンのまま、210〜220度のオーブンで5分間焼く。
5 **4**を適宜な大きさに切り分けて皿に盛りつけ、フライパンに残った焼き汁をまわりに流し、ヴィネグレットであえた野菜を添える。

ブレス産鳩のロティ ツナのソース

カラー写真は124ページ

● 材料（2人前）
ブレス産鳩1羽／塩、白こしょう、ピーナッツ油各適宜／にんにく1片／無塩バター10g／ソース［ツナ缶20g、エシャロットのみじん切り10g、にんにくのみじん切り8g、アルマニャック・マデラ酒各適宜、白ワイン10cc、ジュー・ド・ピジョン（191ページ）100cc、レモン汁適宜］

● 作り方
鳩をさばいて焼く
1 鳩の頭をはずし、胸肉ともも肉に切り分けて塩、こしょうをする。肝臓と心臓はソース用に取りおく。
2 フライパンにピーナッツ油を熱し、半分に切ったにんにくを炒める。香りが出たら、胸肉ともも肉を皮目から焼く（**写真1**）。
3 表面が色よく焼けたらバターを加え、フライパンのまま210度のオーブンで6分間焼く。取り出して15分間休ませ、ほどよく火を入れる。

ソースを作って仕上げる
1 ツナの漬け油でエシャロットとにんにくを炒める（**写真2**）。

ジュー・ド・ヴィヤンド

● 材料（出来上がりは500cc）

フォン・ド・ブフ［仔牛の筋5kg、赤身肉の筋15kg、香味野菜（玉ねぎ10個、セロリ1株、にんじん5本、長ねぎ10本、にんにく2株）、オリーブ油、トマトペースト200g、ブーケ・ガルニ（ローリエ・タイム・ローズマリー・エストラゴン・パセリの軸）適宜、水・粗塩・白粒こしょう各適宜、澄まし用（卵白10個分、玉ねぎ2個、にんじん1本、セロリ2本、長ねぎ2本）］／ルビーポルト酒100cc

● 作り方

1 フォン・ド・ブフを作る。仔牛の筋と赤身肉の筋を天板に広げて200度のオーブンできつね色になるまで焼く。
2 香味野菜は厚さ2cm程度に切り、にんにくは横2等分する。オリーブ油で香味野菜をしんなりするまで炒める。
3 2にトマトペーストを加えて混ぜながら軽く炒め、1に加える。
4 糸で束ねたブーケ・ガルニ、水、粗塩、粒こしょうを加え、アクをすくいながら弱火で2日間煮込む。
5 澄まし用の卵白、厚さ2cmにスライスした野菜をよく練り合わせ、漉した4を静かに注いで火にかける。
6 鍋底が焦げないように木べらでゆっくりと野菜類を動かしながら6時間かけて澄ませる。
7 表面に浮いた卵白の間に穴を開け、そこからレードルで液体をすくい取って布漉しする。これがフォン・ド・ブフになる。出来上がりは約15ℓ。
8 ポルト酒を水分がなくなる直前まで煮詰め、フォン・ド・ブフ1ℓを加え、さらに1/2量になるまで煮詰める。

比内鶏とスッポン、エスカルゴの大根ケース詰め焼き パセリ風味のバターソース 新挽き粉揚げ添え

カラー写真は116ページ

● 材料（4人前）

比内鶏1/2羽／塩、白こしょう、サラダ油各適宜／スッポン1/2尾／水適宜／香味野菜（玉ねぎ1個、セロリ1本、長ねぎ1本、にんじん1/2本、にんにく1片）／玉ねぎ（詰めもの用）1/2個／オリーブ油適宜／エスカルゴ（プティグリ）12粒／パセリバターA［無塩バター50g、パセリのみじん切り1枝分、にんにくのみじん切り適宜］／大根1/2本／砂糖、パン粉、強力粉、卵白、新挽き粉各適宜／パセリバターB［無塩バター50g、パセリのみじん切り1枝分］／ペルノー酒20g／パセリ適宜

● 作り方

比内鶏とスッポンのスープを取る

1 鶏はももを根元から切りはなし、骨をきれいに取りはずす。胸2枚を切り取り、胴体の骨はすべて取りはずす。ここでは1/2羽分を使用する。
2 ももは塩、こしょうをし、熱したサラダ油で皮面から色よく焼き、さめたら1cm角程度の棒状に切る。
3 スッポンは掃除してから一度ゆでこぼして冷水に取り、表面の皮などを取り除く。
4 鍋にスッポン、1の骨、ひたひたの水を入れて沸騰させ、アクを丁寧に取り除く。
5 香味野菜は1.5cm大にカットし、にんにくは横2等分して加える。
6 2～3時間煮込み、スッポンのゼラチン部分が十分に柔らかくなったら取り出し、粗熱が取れたら7mm角くらいに切る。
7 スープは漉してから200ccほどに煮詰め、味を凝縮させる。

大根に詰めものをしてパン粉焼きにする

1 詰めもの用の玉ねぎを1cm角に切り、オリーブ油でしんなりするまで炒める。
2 もも、スッポン、エスカルゴ、スープ100ccを加え、軽く煮込むようにしながらソテーし、塩、こしょうで味を調える。
3 パセリバターAのバターを室温で柔らかくしてパセリ、にんにくを加えてよく混ぜ、これを2がさめる前にすべて加えて溶かし込む（写真）。
4 3がさめたら4等分して丸める。
5 大根は4cm厚さに切って丸く抜き、たっぷりの水から柔らかくなるまでゆで、最後に塩と微量の砂糖を加えて軽く煮含ませる。
6 大根を取り出してひとまわり小さな丸型で真ん中を抜いて器形にし、4を詰めて180度のオーブンで15～20分間、途中でパン粉をふってきつね色に焼く。

胸肉を揚げて仕上げる

1 胸肉を細長く切って塩、こしょうをし、粉、卵白、新挽き粉の順にまぶして揚げ、油を切る。
2 パセリバターBをAと同じ要領で作る。にんにくは入らない。
3 ペルノー酒を火にかけてアルコール分を飛ばし、比内鶏とスッポンのスープ100ccを加えて煮詰める。
4 コクが出たら2をすべて加えて溶かし、大根を盛りつけたスープ皿に流す。1と素揚げにしたパセリを添える。

子鳩のロティ グレープフルーツ風味ソース

カラー写真は117ページ

● 材料（4人前）

子鳩2羽／塩、白しょう各適宜／サラダ油適宜／根セロリのピュレ［無塩バター適宜、玉ねぎ（薄切り）1/2個、根セロリ（薄切り）1/4個、チキンブイヨン（134ページ）適宜、塩・白こしょう各適宜］／グレープフルーツ風味ソース［グレープフルーツ1個、シロップ（水2、グラニュー糖1の割合）適宜、蜂蜜・白ワインヴィネガー各少々、ジュー・ド・ヴィヤンド（左項参照）200cc、塩・白こしょう・無塩バター各適宜］／サラダ［じゃがいも1個、揚げ油（サラダ油）・塩・クレソン・水菜各適宜］／ヴィネグレット・ソース［白ワインヴィネガー・蜂蜜・ピーナッツ油・塩・白こしょう各適宜］

● 作り方

子鳩を真空パックにかけて火を入れる

1 子鳩は胸2枚を切り取り、ももは根元から切りはなし、塩、こしょうをして真空パックにかける（写真）。
2 パックごと60度の湯に入れ、8分間火を通し、氷水に漬けて冷やす。
3 パックをはずし、熱したサラダ油で皮面から色よく焼き上げる。

根セロリのピュレを作る

1 バターを熱して玉ねぎをしんなりするまで炒め、根セロリを加えてさらに炒める。
2 根セロリが柔らかくなったらチキンブイヨンをひたひたまで加え、30分間煮込む。
3 煮汁ごとミキサーにかけてピュレ状にし、塩、こしょうで味を調える。

グレープフルーツ風味ソースを作る

1 グレープフルーツは皮を薄くむき、汁を絞る。皮は細切りにして薄めのシロップで柔らかく煮る。
2 別鍋に入れた蜂蜜をキャラメル色に焦がし、白ワインヴィネガーを加えて色止めする。
3 2にグレープフルーツの汁を加えて煮詰め、ジュー・ド・ヴィヤンドを加えて1/2量になるまでさらに煮詰める。
4 塩、こしょうで味を調え、バターを溶かし込む。

盛りつけ

1 サラダは細切りにしたじゃがいもを流水にさらして水気を拭き取り、素揚げにして塩をふる。
2 クレソンと水菜は食べやすい大きさに切り、1と合わせる。材料を合わせたヴィネグレット・ソースであえる。
3 皿に根セロリのピュレを敷いて胸肉を盛り、グレープフルーツの皮のシロップ煮をのせてソースを流し、サラダを添える。皿の縁にもも肉を添える。

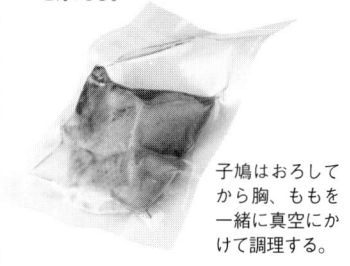

子鳩はおろしてから胸、ももを一緒に真空にかけて調理する。

うずらの網焼きと パータ・フィロ包み揚げ かぼちゃと コリアンダー風味ソース

カラー写真は118ページ

● 材料（4人前）

うずら4羽／塩、白こしょう、オリーブ油各適宜／リ・ド・ヴォー（仔牛胸腺肉）掃除したもの100g／玉ねぎ（みじん切り）1/2個／ほうれん草（葉の部分）10枚／パータ・フィロ2枚／無塩バター適宜／三つ葉少々／サラダ油適宜／かぼちゃソース［かぼちゃ250g、砂糖ごく少量、牛乳適宜、無塩バター30g］／コリアンダー風味ソース［コリアンダーシード20～30粒、水適宜、ルビーポルト酒30cc、ジュー・ド・ヴィヤンド（左項参照）200cc、塩・白こしょう・無塩バター各適宜］

● 作り方

パータ・フィロにミンチ肉を包んで揚げる

1 うずらは胸2枚を切りはなし、ももは根元から切って骨を取り除く。
2 ももに塩、こしょうをし、熱したオリーブ油で皮面に焼き色がつく程度に焼き、さましておく。
3 リ・ド・ヴォーはたっぷりの湯でゆでこぼし、余分な脂肪や筋を取り除いて掃除する。
4 玉ねぎは熱したオリーブ油でしんなりするまで炒める。
5 もも、リ・ド・ヴォーを粗く挽き、玉ねぎと混ぜ合わせて塩、こしょうで味を調え、30g程度ずつ丸める。
6 ほうれん草はキッチンペーパーの上に広げ、上からキッチンペーパー、ラップ紙の順にかぶせて電子レンジで数秒加熱する。
7 パータ・フィロは15cm四方にカットしたものを4枚用意し、溶かしたバターを全体に塗り、中央は破

比内鶏のももはスッポン、エスカルゴと合わせ、大根の詰めものに。

La Volaille

カラーページで
紹介した料理の作り方

ほろほろ鳥胸肉とラングスティーヌの ガランティーヌと もも肉と豚足のアスピック仕立て オレンジのヴィネグレット・ソース

カラー写真は114ページ

● **材料**（4人前）
ガランティーヌ[ほろほろ鳥胸肉1羽分、ラングスティーヌ2尾、ほうれん草（葉の部分）10枚、塩・白こしょう・網脂各適宜]／アスピック[豚足1/2本、ほろほろ鳥もも肉とガラ1羽分、水適宜、香味野菜（玉ねぎ1個、にんじん1/2本、セロリ1本、長ねぎ1本、にんにく2片）、タイム・ローリエ・ローズマリー各少々、塩・白こしょう各適宜]／オレンジのヴィネグレット・ソース[オレンジ1個、水適宜、砂糖10g、白ワインヴィネガー50cc、ピーナッツ油100cc]／サラダ（かぶ、ヤングコーン、オクラ、トマト、セルフィユ）、砂糖、セルフィユ各適宜

アスピックは、豚足のゼラチン質が十分に濃縮されたジューで固める。

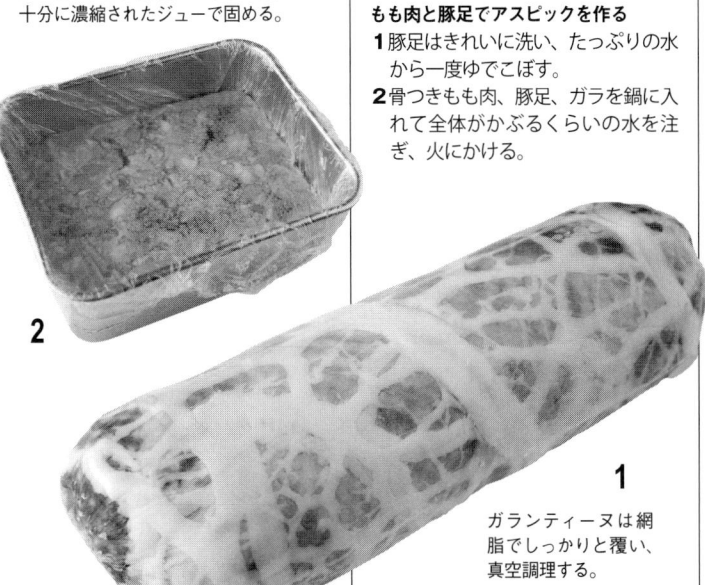

● **作り方**
胸肉でガランティーヌを作る
1 ほろほろ鳥はもも、手羽を根元から切りはなし、5枚におろす。胸2枚も切りはなす。ガラともももはアスピックで使用する。
2 胸肉の骨をすべて取り除き、縦中央に包丁を入れて観音開きにする。観音開きは一枚に開くよりロールにしたときにきれいに巻き込める。
3 ラングスティーヌは曲がらないように竹串をまっすぐに刺し、沸騰した湯で下ゆでして殻をはずす。
4 ほうれん草はキッチンペーパーの上に1枚ずつ広げてキッチンペーパーとラップ紙をかぶせ、電子レンジで数秒加熱する。
5 ラングスティーヌをほうれん草で包む。
6 胸肉は四角形になるように叩いて伸ばし、塩、こしょうをしたら芯になる位置に5をのせて巻き込む。
7 全体を網脂で包み、真空パックにかけて60度の湯に沈め、30分間加熱する。火が入ったらパックごと氷水に漬けてさます（**写真1**）。

もも肉と豚足でアスピックを作る
1 豚足はきれいに洗い、たっぷりの水から一度ゆでこぼす。
2 骨つきもも肉、豚足、ガラを鍋に入れて全体がかぶるくらいの水を注ぎ、火にかける。
3 沸騰してアクを丁寧にすくい、1cm大の角切りにした香味野菜、横2等分にしたにんにく、香草を加える。
4 豚足が柔らかくなるまで煮たら、もも肉と一緒に取り出し、ザルにあけて粗熱を取る。それぞれ骨を取り除いて7mm大にカットする。
5 残ったスープはシノワで漉して十分にコクが出るまで煮詰める。
6 塩、こしょうでスープの味を調え、4を戻し、容器に移して粗熱を取り、冷蔵庫で冷やし固める（**写真2**）。

ヴィネグレット・ソースを作って仕上げる
1 オレンジの皮を薄くむいて鍋に入れ、たっぷりめの水を注いで砂糖を加え、火にかける。
2 途中で水を足しながら、オレンジの皮が柔らかくなるまで約30分間煮る。
3 櫛切りにしたオレンジの果肉、白ワインヴィネガー、ピーナッツ油を加えて混ぜ合わせ、ミキサーにかけてピュレ状にする。塩、こしょうはしない。
4 輪切りにしたガランティーヌ、四角にカットしたアスピックを皿に盛り、3を数か所にたらして季節のサラダを添える。サラダは野菜を食べやすい大きさに切り、トマト以外は微量の砂糖を加えて塩ゆでし、セルフィユを飾る。

里芋のおじや風リゾット 鴨のフォワグラ添え 黒トリュフソース

カラー写真は115ページ

● **材料**（4人前）
里芋大2個／水300cc／氷砂糖5g／米50g／塩適宜／本しめじ茸1/2パック／無塩バター適宜／鴨のフォワグラ40g×4切れ／白こしょう、強力粉各適宜／黒トリュフソース[ルビーポルト酒30cc、ジュー・ド・ヴィヤンド（193ページ）200cc、47%生クリーム・無塩バター・塩・白こしょう・ジュー・ド・トリュフ・トリュフのみじん切り各適宜]／芽ねぎ適宜

● **作り方**
里芋入りリゾットを炊く
1 里芋は皮をむいて2cm大に切り、軽く水洗いする。
2 鍋に材料の水、氷砂糖、米、里芋を入れ、30分ほどおいておく。
3 里芋からとろみが出たら火にかけ、アクをすくい、ときどき水分を足しながら米と里芋が柔らかくなるまで煮る（**写真**）。
4 塩で味を調え、食べやすい大きさに切った本しめじ茸を加えて火を通す。
5 最後に少量のバターを加えてコクを足す。

フォワグラを焼いて仕上げる
1 フォワグラは血管や筋を取り除いて掃除し、面取りして丸く形を整える。
2 塩、こしょうをして粉をまぶし、フッ素樹脂加工のフライパンで油を敷かずに両面をよく焼く。
3 ソースを作る。ポルト酒を火にかけてアルコール分を飛ばし、ジュー・ド・ヴィヤンドを加えて1/2量になるまで煮詰める。
4 生クリーム、バター、塩、こしょうで味を調え、最後にジュー・ド・トリュフ、トリュフを加える。
5 器にリゾットを盛りつけてフォワグラをのせ、フォワグラの上にソースをかけて長めに切った芽ねぎを添える。

里芋は米と一緒に炊いて、ぬめりを出しきる。

2

1 ガランティーヌは網脂でしっかりと覆い、真空調理する。

つけ合わせを作って仕上げる

1 きゅうりのソースの材料をミキサーでなめらかになるまでまわし、シノワで漉す。
2 エストラゴンオイルの材料をミキサーでなめらかになるまでまわし、シノワで漉す。
3 きゅうりを縦に薄く数枚切り、塩をふってしんなりするまでマリネする。
4 ミニきゅうりを1cm厚さ程度にランダムに手で折り、塩、白バルサミコ酢、オリーブ油で軽くマリネする。
5 混ぜこしょうをミルサーでまわして粉にする。
6 2mm厚さに切った豚肉を皿に2枚のせ、きゅうりのソースとエストラゴンオイルを数か所たらす。
7 ミニきゅうりと薄切り、はこべ、エストラゴンを飾る。混ぜこしょうの粉をふって仕上げる。

豚足のクレープ

カラー写真は79ページ

● 材料 (5人前)

豚足の煮込み (30人前)[玉ねぎ1個、クローブ2本、にんじん1/2本、セロリ1本、豚足2本、ジュニパーベリー4個、水適宜]／薄力粉15g／ピュア・オリーブ油50g／きのこのマリネ[ヤナギマツタケ50g、シャンピニオン5個、ピュア・オリーブ油適宜、ローズマリーの葉15枚、バルサミコ酢10g]／ミニトマト3個、ピュア・オリーブ油適宜、やっこねぎの根10本分、サラダ油、チョリソー、クレソンのスプラウト各適宜

● 作り方

クレープ生地を作る

1 玉ねぎは皮をむいて十字に切り込みを入れ、クローブを刺す。にんじんは皮をむいて太いほうに十字の切り込みを入れ、セロリは半分に切る。
2 豚足の煮込みの材料をすべて鍋に入れ、かぶる程度の水を注いで火にかける。沸騰したら弱火にして3時間煮込み、豚肉を取り出す。残りをシノワで漉して煮汁をさます。
3 豚足から骨をはずし、完全にさめたら2mm角に切る。
4 ボウルに煮汁110g、薄力粉、オリーブ油を入れ、泡立て器でよく混ぜ合わせる。

つけ合わせを準備する

1 きのこのマリネを作る。ヤナギマツタケは柄を切って傘だけを使う。シャンピニオンは皮をむいて6等分する。
2 オリーブ油を敷いたフライパンに1とローズマリーの葉を加えてしんなりするまで炒め、バルサミコ酢を加えてきのこにからめる。
3 トマトを半分に切り、オリーブ油をかける。100度のオーブンで1時間乾燥させ、ドライトマトを作る。
4 やっこねぎの根は160度のサラダ油で素揚げにする。チョリソーは細切りする。

クレープを焼いて仕上げる

1 直径8cmのフライパンにクレープ生地30gを流し、弱火で焼く。焼き色がついてきたら豚肉5gを散らし、カリカリになるまで焼く。
2 温かいうちにコルネ形に成形する（**写真**）。皿にのせ、きのこのマリネ、ドライトマト、やっこねぎの根を中に詰める。チョリソーとクレソンのスプラウトを散らして仕上げる。

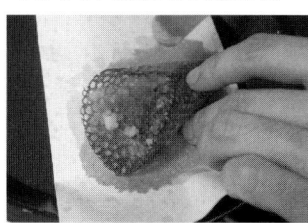

さめると固まるので手早く作業する。

松坂豚のアショワ

カラー写真は80ページ

● 材料 (20人前)

豚肩ロース肉500g／にんにく1片／玉ねぎ、赤パプリカ、緑パプリカ各1個／ジャンボン・ド・バイヨンヌ50g／ピュア・オリーブ油適宜／白ワイン100cc／塩、白こしょう各適宜／ピマンデスペレット3g／玉ねぎチップス[玉ねぎ1個、ベジタブルゼラチン2g、サラダ油適宜]／ピマンデスペレット、カタバミ、松の実（ロースト）各適宜

● 作り方

アショワを作る

1 豚肉をミンサーで粗挽きにする。にんにく、玉ねぎ、パプリカ、ジャンボン・ド・バイヨンヌはそれぞれみじん切りにする。
2 鍋にオリーブ油を敷き、中火でミンチ肉を炒める。
3 色が変わったらにんにくを加えて炒め、香りが出てきたら玉ねぎを加えて炒める。玉ねぎがしんなりしたらパプリカを加えてさらに炒める。
4 白ワイン、ジャンボン・ド・バイヨンヌを順に加えて水分がなくなるまで煮詰め、塩、こしょうで味を調える。ピマンデスペレットを加えて混ぜ合わせる。

玉ねぎチップスを作って仕上げる

1 玉ねぎは皮をむいて薄切りにする。鍋に入れ、ひたひたの水を注いで中火にかける。柔らかくなったらシノワで漉し、煮汁80gと玉ねぎをミキサーでピュレにする。
2 ピュレ80gを鍋に入れて沸騰させ、ベジタブルゼラチンを加え、つやが出るまで煮る。
3 鉄板に薄く広げ、88度のコンベクションオーブンで45分ほど乾燥させる。
4 鉄板からはがし、6.5cm角に切り分ける。
5 160度のサラダ油で5秒揚げ、熱いうちに器に成形する。
6 アショワを玉ねぎのチップスに盛りつけて皿にのせる。ピマンデスペレットをふりかけ、カタバミとローストした松の実を飾って仕上げる。

米沢豚のロールケーキ

カラー写真は82ページ

● 材料 (4人前)

ブーダン・ノワール（出来上がりは800g）[ラード125g、玉ねぎのみじん切り250g、にんにくのみじん切り9g、塩14g、白こしょう1.5g、ナツメッグ1g、パセリ20g、42%生クリーム225g、コーンスターチ15g、豚血500g]／豚ロース肉400g／ピスターシュ（ロースト）適宜／根セロリ1/4個／無塩バター10g／42%生クリーム適宜／ソース[シードルヴィネガー10g、ジュー・ド・ヴィヤンド100g]／玉ねぎ2個／無塩バター適宜／りんご1個／水、塩、ホワイトセロリの葉各適宜

● 作り方

ブーダン・ノワールを作る

1 ラードを180度まで温め、玉ねぎを加えて飴色になるまで炒める。
2 にんにく、塩、こしょう、ナツメッグ、パセリ、生クリームを加えて炒め、コーンスターチを加えてとろみをつける。
3 火からはずし、豚血を少しずつ注ぎながら混ぜる。
4 真空パックにかけ、85度のコンベクションオーブンに蒸気を入れて25分蒸し焼きにする。
5 ミキサーでペースト状にする。

肉でブーダン・ノワールを巻く

1 豚肉はすじと脂を取り除き、芯の部分だけにし、5mm厚さに開く。
2 ブーダン・ノワールを肉に1mm厚さに伸ばし、ピスターシュを粗く砕いて散らす。端から巻いてロール状にする。アルミ箔で包んで両端をつまみ、俵形に整える。
3 60度のオーブンで1時間半加熱する。

根セロリのピュレとソースを作る

1 根セロリの皮をむき、5mm角に切る。バターと一緒に真空パックにかけ、95度の湯煎で柔らかくなるまで加熱する。
2 ミキサーでピュレ状にし、生クリームを加えて固さを調整する。
3 ソースを作る。シードルヴィネガーを中火にかけて水分を飛ばし、ジュー・ド・ヴィヤンドを加えて1/3まで煮詰め、塩で味を調える。

つけ合わせを作って仕上げる

1 玉ねぎは皮をむいて1.5cm厚さに輪切りする。バターを表面に塗り、アルミ箔で包む。200度のオーブンで柔らかくなるまで20分ほど加熱する。
2 りんごは皮をむいてくり抜き器で丸くくり抜く。少量の水と塩で食感が残る程度に蒸し煮する。
3 肉を1.5cm厚さに切り、グリル板で片面だけにこんがりとした焼き色をつける。
4 皿に玉ねぎをのせ、肉を焼き面を下にして重ねる。
5 根セロリのピュレを2か所にのせてりんごとホワイトセロリの葉を飾り、肉の隣にソースを流して仕上げる。

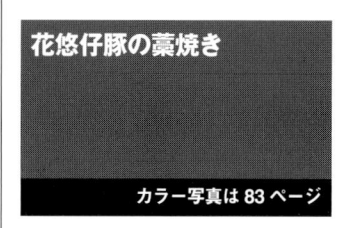

花悠仔豚の藁焼き

カラー写真は83ページ

● 材料 (1人前)

ピュア・オリーブ油適宜／仔豚ロース肉150g／春キャベツ30g／芽キャベツの葉5枚／ミニブロッコリー2個／無塩バター20g／ブイヨン・ド・レギューム100cc／シュークルート20g／柚子こしょう2g

● 作り方

肉を焼く

1 オリーブ油を敷いたフライパンを中火にかけ、骨つきのままの肉を皮面だけカリカリになるまで焼く。
2 65度のコンベクションオーブンに入れ、1時間半ほど焼く（**写真**）。骨をはずす。
3 ボウルに深型バットなどを置いて台を作り、その上に肉をのせる。まわりに藁を敷き詰め、藁に火をつける。煙が出たら蓋をし、1分ほど燻製にかける。

つけ合わせを作って仕上げる

1 春キャベツ、芽キャベツの葉、ミニブロッコリーをそれぞれ塩ゆでする。
2 ブイヨン・ド・レギュームを20ccまで煮詰めて火からはずし、バターを加えて揺り動かしながら溶かす。野菜を加えてあえる。
3 シュークルートをみじん切りし、柚子こしょうを加えてよく混ぜ合わせる。
4 皿に肉をのせてつけ合わせの野菜を盛りつける。3をクネル形に整えて添える。

骨つきで焼くことで肉の味が凝縮される。

／じゃがいもチップス[じゃがいも(メークイン)1個、塩・サラダ油各適宜]／ゴルゴンゾーラチーズ100g／プチベール、サラダ油各適宜／ピマンデスペレット適宜

● 作り方
ブランケットを作る
1 豚肉はすじと余分な脂を取り除き、ブロック状に成形する。たこ糸で縛り、塩を多めにふって1時間マリネする。
2 鍋に豚肉とかぶる程度の水を注ぎゆでこぼす。流水で洗い流す。
3 玉ねぎとにんじんは皮をむいて3等分する。鍋にブイヨン・ド・ヴォライユ、玉ねぎ、にんじん、クローブ、洋ねぎの白い部分、ブーケ・ガルニ、豚肉を入れ、沸騰させる。アクを取り除いて弱火にし、2〜3時間煮込む。
4 野菜と肉を取り出して煮汁をシノワで漉す。熱が取れたら肉を戻し、冷蔵庫で一晩寝かせる。
5 肉を取り出す。煮汁800ccに手で粗くつぶしたシャンピニオンを入れ、750ccまで煮詰める。
6 別鍋にバターを溶かし、泡が立ったらふるった強力粉を入れ、弱火でなめらかになるまで練ってルーを作る。
7 ルーに煮汁を加え、生クリームを入れて軽く煮詰める。塩、白こしょうで味を調える。

焼きリゾットを作る
1 鍋にバター30gを溶かし、エシャロットを加えてしんなりするまで炒める。米を加え、透き通るまで炒める。
2 別鍋でブイヨン・ド・ヴォライユとサフランを合わせて沸騰させる。
3 1に2の液体を250cc加え、弱火でアルデンテよりも柔らかくなるまで煮る。
4 パルメザンチーズ、バター20gを加えて溶かし、オーブンペーパーを敷いたバットの上に広げる。冷蔵庫で一晩冷やし固める。
5 直径3.5cmのセルクルに、2cm厚さになるように詰め、型からはずす。
6 フライパンに澄ましバターを薄く敷き、リゾットを焼いて両面に焼き色をつける。

じゃがいもチップスを作って仕上げる
1 じゃがいもを少量の塩を入れた湯で煮崩れるまでゆでる。水気を切り、ミキサーでピュレにする。
2 天板にごく薄く伸ばし、70〜80度のオーブンで2時間乾燥させる。
3 60度のサラダ油で20〜30秒ほど、透き通るまで揚げる。
4 豚肉はたこ糸をはずして70gずつに切り分け、蒸し器で温め直す。
5 ソースを温め、100ccにつきゴルゴンゾーラチーズ10gを加えて溶かす。肉を加えてからめる。
6 プチベールは180度のサラダ油で20〜30秒ほど素揚げする。
7 皿の中央にリゾットを置き、上に豚肉をのせてソースをかける。プチベールとじゃがいもチップスを飾り、ピマンデスペレットを散らして仕上げる。

イベリコ豚ロースの黒にんにくゴマ焼きシトロンオリーブソース

カラー写真は75ページ

● 材料（1人前）
マリネ用ペースト[黒にんにく300g、黒ごま100g、白ワイン20g、みりん30g、西京みそ40g、白みそ20g、卵黄4個、ナンプラー50g、長ねぎのみじん切り2本分]／豚ロース肉80g／塩適宜／にんじんピュレ[にんじん1本、無塩バター・水適宜、ローリエ1枚、牛乳適宜]／姫にんじん、無塩バター各適宜／レモンオリーブ・ソース[レモン汁10g、ピュア・オリーブ油30g、塩適宜]／イベリコ豚チョリソー、コリアンダー（フェリーノ）の葉、エディブルフラワー各適宜

● 作り方
マリネ用ペーストを準備する
1 黒にんにくを150度のオーブンで2時間焼き、柔らかくする。皮をむいて裏漉す。このうち140gを使用する。
2 黒ごまを煎って香りを出す。白ワイン、みりんと一緒にミキサーでピュレにする。
3 すべての材料をよく混ぜ合わせ、一晩おく。

肉をマリネして焼く
1 豚肉に塩をふり、15分おく。水で洗い、水気をよく拭き取る。
2 マリネ用ペーストに漬け込み、20時間マリネする。
3 ペーストを表面につけたまま、120度のオーブンで4〜5分ほど焼き、60度前後の温かい場所で同じ時間だけ休ませる。

にんじんピュレを作って仕上げる
1 にんじんは皮をむいて1cm角に切る。
2 バターを入れた鍋を中火にかけ、にんじんを炒める。表面につやが出てきたらひたひたの水、ローリエを加え、水分がなくなるまで煮詰める。
3 ローリエを取り出し、ひたひたの牛乳を加え、水分が1/10量になるまで煮詰め、ミキサーでピュレにする。
4 姫にんじんをバターを敷いた鍋に入れ、弱火で色づけないように焼く。
5 レモンオリーブ・ソースの材料をよく混ぜ合わせる。
6 豚肉をサラマンダーの近火にあて、表面に脂が浮いてくるまであぶる。
7 皿に肉と姫にんじんを並べ、肉にレモンオリーブ・ソースをかける。せん切りにしたチョリソーを散らす。
8 にんじんピュレで線を描き、コリアンダーの葉とエディブルフラワーを飾りで仕上げる。

ジャンボン・ペルシェのタルト

カラー写真は77ページ

● 材料（15人前）
豚肉の塩漬け[水2ℓ、塩200g、グラニュー糖50g、豚肩肉1kg、豚すね肉1本]／玉ねぎ1個／クローブ2本／にんじん1/2本／セロリ1本／豚足1本／ジュニパーベリー4個／塩適宜／ブイヨン・ド・レギューム[玉ねぎ2個、にんじん1本、セロリ2本、水5ℓ、パセリの茎20g]／白ワインヴィネガー30g／白バルサミコ酢15g／イタリアンパセリのみじん切り40g／白こしょう各適宜／トマトサブレ（10人前）[薄力粉90g、トマトパウダー20g、アーモンドプードル20g、パルメザンチーズのすりおろし80g、無塩バター80g]／サラダ油適宜／くるみ油6g／マルトセック10g／粒マスタード、ミニトマト、ワサビ菜、からし菜、たんぽぽの花びら各適宜

● 作り方
豚肉の塩漬けを作る
1 水、塩、グラニュー糖を沸騰させ、完全にさます。
2 肩肉とすね肉を1に1週間漬け込む。

豚足を煮込む
1 玉ねぎは皮をむいて十字に切り込みを入れ、クローブを刺す。にんじんは皮をむいて太いほうに十字の切り込みを入れ、セロリは半分に切る。豚足は少し皮をはぎ、飾り用に取っておく。
2 鍋に入れてかぶる程度の水を注ぎ、沸騰させる。アクを取り除いたら弱火にし、玉ねぎ、にんじん、セロリ、ジュニパーベリー、塩を加えて3時間煮込む。豚足が柔らかくなったら取り出し、骨をはずす。

ジャンボン・ペルシェを作る
1 ブイヨン用の野菜はすべて薄切りにする。パセリの茎以外を鍋に入れて沸騰させ、アクを取り除く。弱火にしてパセリの茎、肩肉、すね肉を加え、75度を保ちながら5時間煮込む。
2 肉を取り出し、肩肉は脂を取り除いて繊維に沿って身をほぐす。すね肉は皮と肉に分け、肉をほぐす。
3 すね肉についていた皮と豚足をミキサーでピュレ状にする。白ワインヴィネガー、白バルサミコ酢を加えてミキサーで混ぜ、イタリアンパセリを加えてさらに混ぜ合わせる。塩、こしょうで味を調える。これがつなぎになる。
4 13cm×16cmの長方形の型に3のつなぎを50g流し、上から2の肉を200g敷き詰める。空気が入らないようにつなぎと肉を高さが5cmになるまで交互に敷き詰める。一番上にはつなぎを流して表面をならし、冷蔵庫で冷やし固める。

トマトサブレを作る
1 ふるった薄力粉、トマトパウダー、アーモンドプードル、パルメザンチーズをフードプロセッサーに入れて混ぜ合わせる。
2 1cm角に切った冷たいバターを加え、生地がまとまるまでまわす。
3 生地を取り出して麺棒で1mm厚さに伸ばし、160度のオーブンで5分焼く。
4 2cm×12cmの長方形に切り分ける。

盛りつける
1 豚足の皮を160度のサラダ油で素揚げし、手で細かく割る。
2 くるみ油とマルトセックを混ぜ合わせて粉状にする。
3 ジャンボン・ペルシェを2cm×12cmの長方形に切り、トマトサブレの上にのせ、皿の中央にのせる。
4 クネル形に整えた粒マスタード、半分に切ったミニトマト、ワサビ菜、からし菜、たんぽぽの花びらを上に盛りつける。豚の皮とくるみ油の粉を散らして仕上げる。

豚頬肉ときゅうり

カラー写真は78ページ

● 材料（10人前）
頬肉のハム（20人前）[ソミュール（水1ℓ・塩160g・グラニュー糖20g・混ぜこしょう13g）、玉ねぎ1個、にんじん1/2本、セロリ1本、水3ℓ、ローリエ1枚、クローブ3本、ジュニパーベリー10粒、豚頬肉1kg]／きゅうりのソース[きゅうりの皮30g、ブイヨン10g、ケッパー5g、コルニション5g、エクストラバージン・オリーブ油20g]／エストラゴンオイル[エストラゴン5g、太白ごま油30g]／きゅうり3本／塩適宜／ミニきゅうり5本／白バルサミコ酢、エクストラバージン・オリーブ油少々、混ぜこしょう適宜／はこべ、エストラゴン各適宜
＊混ぜこしょうは、ピンクペッパー15g、花山椒5g、黒こしょう5g、マニゲット5g、山椒5g、カルダモン2個を混ぜ合わせたもの。

● 作り方
頬肉をゆでる
1 ソミュールの材料を沸騰させて完全にさまし、豚肉を入れて24時間マリネする。
2 玉ねぎは皮をむいて十字に切り込みを入れ、にんじんは皮をむいて十字に切り、セロリは半分にする。
3 鍋に水、玉ねぎ、にんじん、セロリ、ローリエ、クローブ、ジュニパーベリーを入れて中火にかけて15分煮込む。
4 弱火にして85度まで温度を下げ、肉を加える。肉が柔らかくなるまで3時間ほど煮込み、シノワで漉す。
5 肉をブイヨンに戻し、冷蔵庫で冷やす。

2 コンソメ・ジュレと同様に作った液体（分量外）で、それぞれを柔らかくなるまでゆで、煮汁に一晩漬ける。
3 ホワイトアスパラガスは8等分、スナップエンドウとヤングコーンは3等分、姫にんじんは4等分、ルビーペコロスは半分に切る。
4 新玉ねぎのムースを作る。鍋でバターを溶かし、ローズマリーを加えて香りが出るまで炒める。
5 薄切りにした玉ねぎ、塩を加えて全体をなじませ、蓋をして弱火で15〜20分蒸し煮する。
6 とろみが出てきたらブイヨン・ド・ヴォライユを加えて2〜3分煮たら火からはずし、ローズマリーを取り出す。
7 水で戻したゼラチンを加えて溶かし、ミキサーでピュレにし、裏漉す。氷水にあてて完全にさます。
8 8分立てにした生クリームを加え、塩で味を調える。

仕上げる
1 コンソメ・ジュレと同様に作った液体（分量外）を68度まで温める。
2 ボウルに金華豚のコンソメとポン酢を3対1の割合で合わせてマリネ液を作り、20度に調整しておく。
3 薄切りにした豚肉を1で色が変わる程度までさっとゆでる。
4 すぐにマリネ液に落とし、3〜5分漬ける。水気をよく拭き取る。
5 ポン酢にレシチンを加え、ハンドミキサーで撹拌し、エアポンプで泡立てる。
6 器に新玉ねぎのムースを30gほど敷き、野菜と豚肉を盛りつける。
7 ジュレをかけ、3mm×1cmに切ったハモン・イベリコ、エストラゴン、花穂を散らす。ポン酢の泡を3か所にのせて仕上げる。

金華豚のコンソメ
● 材料（出来上がりは2〜2.5ℓ）
豚すね肉600g／豚肩ロース400g／玉ねぎ100g／洋ねぎ120g／にんじん100g／セロリ50g／卵白200g／牛のコンソメ1ℓ／ブイヨン・ド・ヴォライユ2.5ℓ／水500cc

● 作り方
1 豚肉はミンサーでミンチにし、野菜は皮をむいて2cm角に切る。
2 豚肉と野菜を粘りが出るまで練り込む。
3 牛のコンソメ、ブイヨン、水を鍋に入れて60度まで温め、2を加えて沸騰直前まで加熱し、そのままの温度を保ったまま3時間煮込む。シノワで漉して使用する。

イベリコ豚ベーコンの炙りとキタアカリのパンケーキに包まれたフィレ肉のローストエッグベネディクト見立て
カラー写真は71ページ

● 材料（4人前）
イベリコ豚フィレ肉200g／ローズマリー、ピュア・オリーブ油、にんにく各適宜／パンケーキ［じゃがいも（キタアカリ）100g、塩適宜、牛乳50g、全卵1個、強力粉・薄力粉各15g、無塩バター15g］／塩、白こしょう、サラダ油各適宜／パルメザンチーズ20g／イベリコ豚ベーコン160g／ポーチドエッグ［塩2.5g、水1ℓ、米酢または白ワインヴィネガー20g、全卵4個］／オランデーズ・ソース［卵黄2個、ぬるま湯4g、塩ひとつまみ、無塩バター100g、レモン汁15g、レモン皮のすりおろし1/4個分、イタリアンパセリのみじん切り5g、カイエンヌペッパー少々、ケッパーのみじん切り10g、上白糖2g］

● 作り方
パンケーキを焼く
1 フィレ肉をローズマリー、オリーブ油、つぶしたにんにくで一晩マリネする。
2 じゃがいもを塩ゆでし、皮をむく。ロボクープで細かく砕く。牛乳は沸騰直前まで温める。
3 ロボクープに全卵、ふるった強力粉と薄力粉、牛乳、溶かしバターを順に入れてよく混ぜ合わせ、塩で味を調える。
4 フィレ肉に塩、こしょうをし、グリル板で表面に焼き色をつける。120度のオーブンに30秒入れ、取り出して60度前後の温かい場所で10分ほど休ませる。50gずつに切り分ける。
5 直径4cm、高さ4.5cmのセルクルを180度のサラダ油に入れて温める。
6 軽く温めたフライパンにセルクルをのせ、パンケーキ生地20gを中に流す。フィレ肉をのせ、セルクルの上まで生地を流す。
7 150度のオーブンで10〜12分ほど焼く。

つけ合わせを作る
1 フライパンに直径5cmのセルクルをのせて中火にかけ、パルメザンチーズを中に入れる。カリカリになるまで焼く。
2 網を敷いたバットにベーコンをのせ、サラマンダーの遠火でカリカリになるまで焼く。
3 ポーチドエッグ用の塩、水、米酢を沸騰させ、かき混ぜて渦を作る。
4 卵を割り落とし、2分半ゆでる。取り出して水分をよく拭き取る。

ソースを作って仕上げる
1 ボウルに卵黄を入れて溶き、ぬるま湯を加える。湯煎に当て、泡立て器でよく混ぜる。
2 塩、溶かしバターを少しずつ加えながら混ぜる。バターを半量加えたらレモン汁を半量加え、ふんわりするまで泡立てる。
3 残りのバターとレモン汁を少しずつ入れてまわし合わせ、レモン皮、イタリアンパセリ、カイエンヌペッパー、ケッパー、上白糖を加えて味を調える。
4 皿にパンケーキをセルクルごとのせ、セルクルをはずす。
5 パルメザンチーズ、ベーコン、ポーチドエッグを順にのせ、オランデーズ・ソースをエスプーマで絞る。

熟成させたすみれ豚ロースのカツレツ仕立て黒キャベツのブレゼバルサミコソース
カラー写真は72ページ

● 材料（5人前）
白ワイン、昆布各適宜／豚ロース肉600g／塩適宜／バルサミコ・ソース［25年熟成のバルサミコ酢20g、バルサミコクリーム10g、バルサミコ・サバ10g、八角2個、バニラ1/2本］／トマトのマリネ［フルーツトマト1個、塩少々、エクストラバージン・オリーブ油30g、にんにく1片、バジルの葉1枝］／黒キャベツの煮込み［黒キャベツ200g、塩適宜、SUMIRE豚のベーコン40g、エクストラバージン・オリーブ油10g、にんにくのみじん切り10g、フォン・ド・ヴォー200g、黒こしょう適宜］／根セロリのピュレ［根セロリ100g、牛乳40g、38%生クリーム60g、塩適宜］／ピュア・オリーブ油1ℓ／にんにく30g／カダイフ5g／パセリのみじん切り0.5g／イタリアンパセリのみじん切り0.5g／パルメザンチーズのすりおろし1g／薄力粉、全卵各適宜／サラダ油適宜／バルサミコ・ヴィネグレット［にんにくのすりおろし1g、バルサミコ酢25g、ピュア・オリーブ油75g、カイエンヌペッパー少々］／ルッコラ、ピマンデスペレット各適宜
＊バルサミコクリームとバルサミコ・サバはイタリア産の市販品。

● 作り方
豚肉を昆布締めにする
1 白ワインを含ませた布で昆布の両面を拭いて柔らかくし、130度のオーブンで2時間ほどローストする。
2 豚肉はすじと余分な脂を取り除き、120gずつに切り分ける。塩をふり30分マリネする。水で洗い、水気をよく拭き取る。
3 肉を昆布で包み、ラップ紙を巻く。冷蔵庫で24時間寝かせる（写真）。

ソースとつけ合わせを作る
1 バルサミコ・ソースの材料を混ぜ合わせ、一晩おいて香りを移す。
2 フルーツトマトは湯むきし、くし形に切る。ボウルに入れ、塩、オリーブ油、つぶしたにんにく、バジルの葉であえ、一晩マリネする。
3 黒キャベツの煮込みを作る。黒キャベツを3cm角に切り、塩ゆでする。ベーコンは1cm角に切る。
4 鍋にエクストラバージン・オリーブ油を入れて中火にかけ、にんにくを炒めて香りを出す。
5 黒キャベツ、塩少々を加えて蓋をし、しんなりするまで蒸し煮する。フォン・ド・ヴォーを加えてさらに3分ほど煮る。
6 蓋を取り、ベーコンを加えて1/4まで煮詰め、オリーブ油を混ぜ、黒こしょうで味を調える。
7 根セロリのピュレを作る。根セロリは皮をむいて2cm角に切る。
8 牛乳と生クリームを混ぜ合わせて火にかけ、根セロリが柔らかくなるまで煮る。
9 液体ごとミキサーにかけてピュレにし、塩で味を調える。

豚肉を揚げて仕上げる
1 ピュア・オリーブ油を65度まで温め、つぶしたにんにくを加える。
2 豚肉を昆布から出して1に入れ、10〜15分ほど煮る。中心温度が62度になったら取り出し、油をよく拭き取る。
3 カダイフ、パセリ、イタリアンパセリ、パルメザンチーズを混ぜ合わせて衣を作る。
4 豚肉に薄力粉をまぶして余分をはたき、溶き卵にくぐらせる。カダイフの衣をまぶす。
5 180度のサラダ油で1分半揚げる。
6 皿に刷毛でバルサミコ・ソースを伸ばし、黒キャベツの煮込みを盛りつける。上にトマトのマリネをのせる。
7 バルサミコ・ヴィネグレットの材料を混ぜ合わせてルッコラにからめ、トマトの上にのせて飾る。
8 カツレツを半分に切って手前に並べ、根セロリのピュレを添える。スプーンでバルサミコ・ソースをたらし、ピマンデスペレットを散らして仕上げる。

肉と肉の間にも昆布を挟み、全面が昆布にふれるようにする。ラップで密封し、旨みを肉に移す。

金華豚肩ロースのブランケットゴルゴンゾーラ風味サフランの焼きリゾット
カラー写真は74ページ

● 材料（10人前）
豚ロース肉1kg／塩適宜／玉ねぎ140g／にんじん100g／ブイヨン・ド・ヴォライユ2ℓ／クローブ3本／洋ねぎの白い部分150g／ブーケ・ガルニ［ローリエ1枚、白粒こしょう2g、タイム3本］／シャンピニョン100g／ルー［無塩バター30g、強力粉30g］／38%生クリーム1.5ℓ／塩、白こしょう各適宜／焼きリゾット［無塩バター適宜、エシェロットみじん切り50g、米200g、ブイヨン・ド・ヴォライユ450〜500cc、サフラン3g、パルメザンチーズ50g］

ライユ、フォン・ド・ヴォーを加えて1/2量くらいまで煮詰め、塩、シェリーヴィネガーで味を調える。バラ肉を鍋に戻して2〜3日休ませる（写真1）。

じゃがいものつけ合せを作って仕上げる
1 じゃがいもは皮をむき、厚さ7〜8mmに切って塩ゆでする。熱いうちにフォークで押しつぶし、バター、塩で味を調える。
2 皿に温めたバラ肉を盛り、バターモンテした玉ねぎのソースをかけて、じゃがいもを添える。

バラ肉をソースに戻して2〜3日おくと、肉から出た旨みが再び肉に移る。

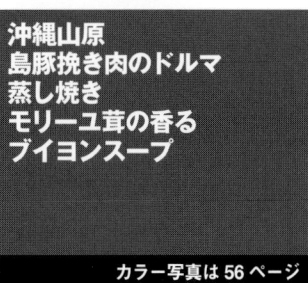

沖縄山原島豚挽き肉のドルマ蒸し焼きモリーユ茸の香るブイヨンスープ

カラー写真は56ページ

● 材料（12人前）
沖縄山原島豚のバラ肉、肩肉、ロース肉など1kg／サラダ油適宜／玉ねぎ300g／無塩バター適宜／エシャロットのみじん切り2個分／にんにくのみじん切り小さじ1/2／モリーユ茸24個／全卵3個／生パン粉2つかみ／塩12g／黒こしょう2g／トリュフのジュー大さじ3／コニャック大さじ3／マデラ酒大さじ2／キャトルエピス大さじ1/2／キャベツ36枚／澄まし無塩バター（1人前）大さじ1／ソース（1人前）［モリーユ茸3個、生ベーコンのスライス1枚、エシャロットのみじん切り小さじ1、にんにくのみじん切り小さじ1/4、マデラ酒5cc、フォン・ド・ヴォライユ100cc、塩・白こしょう各適宜、エストラゴン2枚、無塩バター2g］

● 作り方
豚肉の詰めものを作る
1 豚肉はミンチ機で2回挽く。
2 フライパンにサラダ油を熱し、みじん切りにした玉ねぎを色づかないように、しんなりとするまで炒める。
3 フライパンにバターを熱し、エシャロット、にんにく、縦半分に切って掃除をしたモリーユ茸を炒める。
4 ボールに1、2、3、全卵、生パン粉、塩、黒こしょう、トリュフのジュー、コニャック、マデラ酒、キャトルエピスを入れてよく混ぜ合わせる。

キャベツで包んで仕上げる
1 下ゆでしたキャベツで、成形した豚肉の詰めもの1人前120gを包む。三重に包み、ラップ紙で形を整える（写真1）。
2 鍋に澄ましバターを熱し、1を入れて表面に軽く焼き色がついたら

取り出す。
3 2の鍋で縦半分に切ったモリーユ茸、生ベーコン、みじん切りにしたエシャロット、にんにくを炒め、マデラ酒を加える。水分が飛んだらフォン・ド・ヴォライユを加えて、キャベツ包みを鍋に戻し、200度のオーブンで約20分間蒸し焼きにする。途中で煮汁をキャベツ包みにかける（写真2）。
4 肉に火が入ったら、煮汁を漉す。モリーユ茸を鍋に戻し、塩、白こしょうで味を調える。仕上げに5mm角に切ったエストラゴンを加える。
5 4のソースをバターモンテし、スープのようにさらりと仕上げる。
6 キャベツ包みをスープ皿に盛りつけ、ソースを注ぐ。

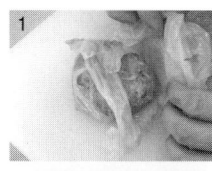

1
成形した豚肉をキャベツで包み、仕上げはラップ紙で包んで形を整える。

2
オーブンに入れている間、最低3回はアロゼする。

新潟産すみれ豚フィレ肉のスモークとバロティーヌ竹の子の岩塩包みと共に

カラー写真は69ページ

● 材料（10人前）
ファルス［鴨フォワグラ50g、フォワグラマリネ用（塩0.5g、こしょう0.1g、キルシュ2g、ルビーポルト酒1g）、豚レバー50g、牛乳適宜、豚ロース肉80g、豚肩ロース肉170g、豚のど肉125g、玉ねぎのみじん切り80g、鷲鳥脂適宜、ルビーポルト酒10g、アルマニャック6g、塩12g、にんにくのすりおろし4g、全卵1個、38%生クリーム45g、ピマンデスペレット1g、ナツメッグ1g、ピスターシュ40g、タイム4本、ローリエ1枚、ジュニパーベリー5粒］／竹の子1/4本／岩塩適宜／鷲鳥脂200g／豚フィレ肉200g／フィレ肉のマリネ用スパイス［塩・白こしょう・カイエンヌペッパー・ガーリックパウダー・ナツメッグ・キャトルエピス各適宜］／ざらめ糖25g／バルサミコ・ソース［エシャロットのみじん切り320g、白ワイン370cc、ローリエ1枚、タイム2本、粒マスタード15g、赤ワインヴィネガー20g、16年熟成のバルサミコ酢20g、ケッパーのみじん切り10g、塩・白こしょう各適宜、松の実のみじん切り25g］／マンゴー・ソース［フィリピンマンゴー1個、水・グラニュー糖・レモン汁各適宜］／ヴィネグレット・ソース［エシャロットのすりお

ろし20g、シェリーヴィネガー50g、白ワインヴィネガー50g、ディジョンマスタード20g、ピュア・オリーブ油100g、ピーナッツ油100g、ピスターシュ油100g、塩、白こしょう各適宜］／竹の子適宜／ケッパーベリー10個／コルニッション10本
＊ピスターシュは160度のオーブンで15分ローストしておく。
＊フィレ肉のマリネ用スパイスはすべて同割で混ぜ合わせておく。

● 作り方
バロティーヌを作る
1 フォワグラは血管を取り除き、マリネ用の材料をまぶし、12時間マリネする。ラップ紙で巻き、筒状に形を整える。豚レバーは牛乳に浸し、12時間血抜きする。
2 ミンサーでロース肉、肩ロース肉、のど肉を粗挽きにする。
3 玉ねぎを鷲鳥脂を敷いた鍋で色づく手前まで炒める。
4 ロボクープに2、ポルト酒、アルマニャック、塩、こしょう、レバー、にんにくを入れてピュレにする。
5 ボウルに3、全卵、生クリームを入れてよく混ぜ合わせる。4、ピマンデスペレット、ナツメッグを加えて粘りが出るまでよく混ぜ合わせ、ピスターシュを加えて混ぜる。
6 バットに平らにならし、タイム、ローリエ、ジュニパーベリーをのせて12時間マリネする。
7 竹の子を皮つきのまま岩塩で包み、250度のオーブンで45分焼く。60度前後の温かい場所で45分寝かせ、皮をむいて1.5mm厚さに切る。
8 オーブンペーパーに竹の子を並べ、ファルスを均一に伸ばす。フォワグラを端にのせて巻き、形を整える。竹串でファルスに数十か所穴をあけ、さらしで全体を巻く。
9 鷲鳥脂と一緒に真空パックにかけ、70度のコンベクションオーブンで2時間加熱する。
10 袋ごと常温で粗熱を取り、冷蔵庫に入れ、2〜3日寝かせる。

フィレ肉を燻製にかける
1 フィレ肉にマリネ用のスパイスを軽くまぶし、30分マリネする。
2 ボウルにアルミ箔を敷き、中心に桜のチップをのせ、まわりにざらめ糖を敷く。網をのせて肉をおき、中火にかける。煙が出てきたら蓋をして3分燻し、火を止めてボウルを180度回転させ、3分おく。
3 取り出したらキッチンペーパーで巻いてラップ紙で包み、冷蔵庫で完全にさます。
4 紙をはずし、グリル板で表面に焼き色をつけ、120度のオーブンで40秒ほど焼き、60度前後の温かい場所で40分寝かせ、冷蔵庫で冷やす。

ソースを作って仕上げる
1 バルサミコ・ソースを作る。エシャロット、白ワイン、ローリエ、タイムを鍋に入れ、水分がなくなるまで煮詰める。冷蔵庫で冷やす。
2 バルサミコ・ソースの材料をすべて混ぜ合わせる。

3 マンゴー・ソースを作る。マンゴーは皮をむいてミキサーでピュレにし、裏漉す。
4 水とグラニュー糖を同割で沸騰させてシロップを作る。レモン汁とシロップをマンゴーピュレに加えて味を調える。
5 ヴィネグレット・ソースの材料をすべて混ぜ合わせる。
6 竹の子はバロティーヌ用の竹の子と同様に岩塩包み焼きにし、1.5mm厚さに切る。
7 バロティーヌを2〜3cm厚さに切り、表面にヴィネグレット・ソースを刷毛で塗る。
8 皿に竹の子を1枚敷き、バロティーヌを2個のせる。
9 フィレ肉を3mm厚さに切り、バロティーヌの上に3枚並べ、ケッパーベリー、半分に切ったコルニッションを飾る。バルサミコ・ソースとマンゴー・ソースをまわりにたらして仕上げる。

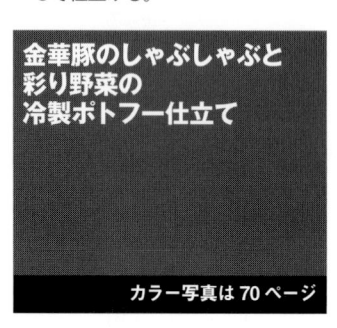

金華豚のしゃぶしゃぶと彩り野菜の冷製ポトフー仕立て

カラー写真は70ページ

● 材料（5人前）
コンソメ・ジュレ［金華豚のコンソメ（197ページ）500cc、ハモン・イベリコ200g、牛のコンソメ80cc、ブイヨン・ド・ヴォライユ70cc、塩・シェリーヴィネガー各適宜］／ホワイトアスパラガス、スナップエンドウ、姫にんじん、ヤングコーン各10本／竹の子1.5cm角10個／ルビーペコロス10個／トマト5個／新玉ねぎのムース［無塩バター10g、ローズマリーの葉1g、新玉ねぎ125g、塩少々、ブイヨン・ド・ヴォライユ120cc、板ゼラチン1.5g、38%生クリーム65g］／マリネ液［金華豚のコンソメ150g、だいだいポン酢25g］／金華豚肩ロース150g／だいだいポン酢100g／レシチン8g／ハモン・イベリコ、エストラゴン、花穂各適宜

● 作り方
コンソメ・ジュレを作る
1 金華豚のコンソメとハモン・イベリコを鍋に入れ、弱火で20〜30分煮込む。シノワで漉し、このうち150ccを使用する。
2 1、牛のコンソメ、ブイヨン・ド・ヴォライユを合わせて沸騰させ、塩、シェリーヴィネガーで味を調える。冷蔵庫で冷やし固める。

つけ合わせと新玉ねぎのムースを作る
1 ホワイトアスパラガス、スナップエンドウ、姫にんじん、ヤングコーン、竹の子、ルビーペコロスはそれぞれ皮やすじなどを取り除き、トマトはくし形に切る。

198

1 頬肉、舌は重量の1.8%の塩をして、にんにく、タイム、ローリエ、セージ、黒粒こしょうで一晩マリネし、1度水からゆでこぼす。
2 鍋に頬肉、舌を入れ、スライスしたミルポワ、フォン・ド・ヴォライユ3ℓとともに1時間煮て、そのままさめるまで漬け込んでおく(**写真1**)。
3 煮汁を漉し、合わせて4ℓになるようにフォン・ド・ヴォライユを足して、弱火にかけて人肌程度に温めておく。
4 薄切りにした玉ねぎ、にんじん、セロリ、にんにく、赤ピーマン、タイム、ローリエ、黒粒こしょう、卵白、すね肉の挽き肉を混ぜ合わせ、3の煮汁を加えて火にかける。
5 挽き肉が上がってきたら穴をあけ、焦がした玉ねぎ、ざく切りにしたトマトを加え、3時間煮てコンソメを作る。塩、こしょうで味を調えて、1人前120ccとする。コンソメのガラは2番だしとして、再びひたひたまで水を加え、1時間煮る。これはつけ合わせの野菜を煮るときに使う。
6 コンソメの2番だしでつけ合わせの野菜をゆでる。

仕上げをする
1 ひとくち大に切った頬肉、豚舌、野菜、少量の豚のコンソメをボールに入れ、冷やしすぎないように適度に氷水に当てる。肉と野菜にフルール・ド・セルを軽くふる。肉には黒こしょうもふる。
2 頬肉、豚舌にみじん切りにしたエストラゴンの酢漬けを塗り、冷やした皿に盛る。肉の上に縦半分に切ったコルニッション、フレッシュエストラゴン、つけ合わせの野菜を添える。つるりとした状態の豚のコンソメジュレをたっぷりかけて提供する。

頬肉と舌はフォン・ド・ヴォライユで煮込む。

岩手白金豚バラ肉のリヨンのじゃがいも包み焼きローズマリー風味

カラー写真は58ページ

● **材料**（10人前）
白金豚バラ肉ブロック150g×10個／塩30g／にんにく5片／乾燥タイム5つまみ／ローリエ5枚／セージ20枚／黒粒こしょう50粒／鶯鳥の脂（コンフィ用、ラードでも可）5ℓ／じゃがいも（メークイーン）10個／澄まし無塩バター200cc／塩、白こしょう各適宜／鶯鳥の脂50cc／ローズマリーの葉のみじん切り5枚分／ローズマリーバター[無塩バター200g、塩・白こしょう各適宜、ライム汁1.5個分、ローズマリーのみじん切り大さじ3]／アンディーヴ30枚／エシャロットのみじん切り2個分／イタリアンパセリのみじん切り大さじ3／ヴィネグレットソース[赤ワインヴィネガー25cc、シェリー酒25cc、ピーナッツ油100cc、オリーブ油100cc、塩・白こしょう各適宜]／ディジョンのマスタード適宜

● **作り方**
バラ肉をコンフィにする
1 バラ肉は肉の総量の2%の塩をしてにんにく、タイム、ローリエ、セージ、黒粒こしょうで一晩マリネする。
2 バラ肉のまわりを丁寧に拭き取り、深鍋に鶯鳥の脂とともに入れ(**写真1**)、85度で12時間煮てそのままさまし、3日間休ませる。
3 じゃがいもは10cm×幅3cm×厚さ2mmにスライスしたもの(1人前10枚分)を、澄ましバター150ccでさっと色をつけない程度にソテーして塩、こしょうで味を調えてしんなりさせる。
4 バラ肉を取り出し、鶯鳥の脂を熱したフライパンで表面をカリカリに焼く。
5 ラップ紙にじゃがいもを隙間なく並べ、ローズマリーの葉のみじん切りを散らし、バラ肉を置いて、じゃがいもで肉を包む(**写真2**)。
6 ラップ紙をつけたまま澄ましバター(50cc)を入れたフライパンにのせ、200度のオーブンに15分間入れて焼き色をつける。広い面は3分間、左右両端の面は2分間ずつ回転させてまんべんなく焼く(**写真3**)。

1 コンフィには継ぎ足しながら使い、コクを出した鶯鳥の脂を使用。
2 じゃがいもの端を重ねながらきれいに並べ、肉を巻き込む。
3 ラップ紙が縮んだら巻き直し、ひっくり返しながら全面に焼き色をつける。
4 ローズマリーバターはラップ紙で包み、直径3cmの筒状に成形してストックしておく。
5 ローズマリーバターが溶けてソースになる。

ローズマリーバターを作る
1 バターをポマード状にして、塩、こしょう、ライム汁で味を調え、ローズマリーのみじん切りを加える(**写真4**)。

つけ合わせを作って仕上げる
1 アンディーヴはひと口大に切り、塩、こしょうをしてエシャロット、イタリアンパセリ、ヴィネグレットソースであえて味を調える。
2 じゃがいもに焼き色がついたらオーブンから出してラップ紙をはがし、フライパンに戻して表面をカリッとさせる。
3 皿にじゃがいも包み焼きとアンディーヴのサラダを盛り、ディジョンのマスタードを別皿に添える。包み焼きの上に1cmにスライスしたローズマリーバターをのせる(**写真5**)。

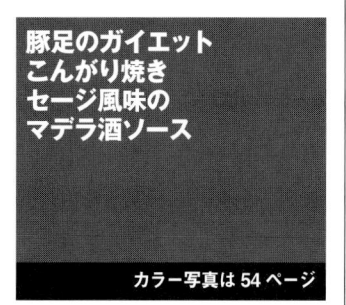

豚足のガイエットこんがり焼きセージ風味のマデラ酒ソース

カラー写真は54ページ

● **材料**（12人前）
豚足6本／ソミュール[水3ℓ、岩塩120g、黒砂糖45g、黒粒こしょう9g、にんにく1個、ねずの実12粒、セージ1本、乾燥タイム2つまみ、ローリエ2枚]／水4ℓ／ミルポワ[玉ねぎ2個、にんじん2本、セロリ2本、にんにく1個、乾燥タイムひとつまみ、ローリエ1枚、セージ2枚／豚挽き肉1kg／豚レバー200g／玉ねぎ300g／にんにく2片／全卵3個／生パン粉2つかみ／キャトルエピス小さじ1／塩12g／白こしょう3g／コニャック大さじ3／セージ12枚／豚の網脂適宜／サラダ油大さじ1／マデラ酒ソース(5〜6人前)[エシャロット(みじん切り)2個、にんにく(みじん切り)1片、マデラ酒250cc、フォン・ド・ヴォー250cc、乾燥タイム1/2つまみ、ローリエ1/2枚、黒粒こしょう5粒、赤ワインヴィネガー50cc、塩・白こしょう各適宜、セージ5枚、無塩バター20g]／キャベツのブレゼ(1人前)[キャベツ2枚、塩適宜、エシャロットのみじん切り小さじ1、ゆで汁小さじ1、無塩バター大さじ1]

● **作り方**
豚足に詰めものをする
1 豚足は縦半分に切り、半日水にさらし、1週間ソミュールに漬け込む。
2 水気を切った豚足を水からゆでこぼし、新たに水、ミルポワ、香草とともに沸騰させ、200度のオーブンで3時間、柔らかくなるまで火を通す。豚足が熱いうちに骨をはずし、煮汁に漬け込んで休ませる。
3 ボールに2度挽きした豚挽き肉、豚レバー、みじん切りにして炒めた玉ねぎとにんにく、全卵、生パン粉、キャトルエピス、塩、こしょ

う、コニャックを入れてよく混ぜ合わせる。
4 真中の繊維を取ったセージを豚足にのせ、1人前100g分の3をのせて包む。網脂で包み、サラダ油を熱したフライパンで焼き色をつけ、200度のオーブンで15分間焼く。途中で余分な脂を切り、まんべんなく焼き色がつくように回転させながら、アロゼする。

マデラ酒ソースを作る
1 鍋にエシャロットとにんにくのみじん切り、マデラ酒を入れて煮詰める。
2 フォン・ド・ヴォー、タイム、ローリエ、黒粒こしょうを加えて1/2まで煮詰めてからシノワで漉し、赤ワインヴィネガーでアクセントをつける。塩、こしょうで味を調えて刻んだセージを加え、仕上げにバターモンテする。

つけ合せを作って仕上げる
1 キャベツは1人前2枚分を、芯を取って半分に切り、塩ゆでする。エシャロットのみじん切り、ゆで汁、バターを入れて蒸し煮にする。
2 皿にキャベツをのせて蒸し煮にしたソースをかける。その上に豚足を置き、まわりにマデラ酒ソースをかける。

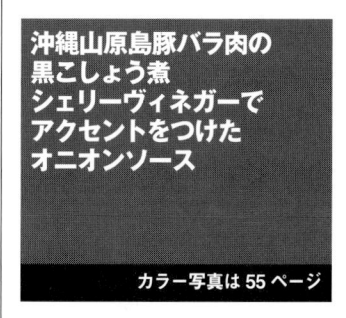

沖縄山原島豚バラ肉の黒こしょう煮シェリーヴィネガーでアクセントをつけたオニオンソース

カラー写真は55ページ

● **材料**（14人前）
サラダ油適宜／沖縄山原島豚バラ肉ブロックで230〜240g×14人前／蜂蜜適宜／粗くつぶした黒粒こしょう(1ブロック)5粒／玉ねぎ8個／シェリーヴィネガー280cc／フォン・ド・ヴォライユ540cc／フォン・ド・ヴォー大さじ2／塩、シェリーヴィネガー各適宜／バターモンテ用の無塩バター(1人前)2g／つぶしじゃがいも1人前(メークイーン1/2個、無塩バター小さじ1/2、塩適宜)

● **作り方**
バラ肉と玉ねぎを煮込む
1 フライパンにサラダ油を熱し、バラ肉の表面に焼き色をつける。脂身に薄く蜂蜜を塗って黒こしょうを貼りつける。
2 鍋に玉ねぎの薄切りを敷き、1を入れて蓋をして200度のオーブンで3時間火を入れる。
3 バラ肉が柔らかく煮えたら、バラ肉だけを取り出し、鍋に残った玉ねぎをあめ色になるまで炒める。
4 玉ねぎを取り出してよく油を切り、鍋に残った油も軽く拭き取る。シェリーヴィネガーを入れてほとんど水分がなくなるまで煮詰める。
5 玉ねぎを鍋に戻し、フォン・ド・ヴォ

適宜／稲わら50g／コールラビ1個／スナップえんどう6本／そら豆10粒／フォン・ド・ヴォライユ300cc／無塩バター適宜／にんじん2本／水20cc／アーティチョーク1個／レモン汁3cc／オリーブ油適宜／薄力粉1g／白ワイン200cc／ジュー・ド・ヴォー100cc

● 作り方

豚肩ロース肉を炙り焼きにする

1 豚肩ロース肉は塩、こしょうをして、フライパンで焼き色をつける。
2 220度に温めたオーブンで40分間焼く。
3 ココットに稲わらを敷き、蓋をして軽く煙が出るまで火にかけておく。
4 豚肩ロース肉を網にのせ、炎が立ち上るくらいの強火で直火焼きにする。
5 ココットに豚肩ロース肉を約1分間入れて、稲わらの香りをつける（**写真1**）。

ほんの1分間豚肉を入れるだけで、十分に稲わらの香りが豚肉に移る。

つけ合わせを作る

1 コールラビ、スナップえんどう、そら豆は塩ゆでし、フォン・ド・ヴォライユ、バター5gを入れた鍋で温める。
2 にんじんは塩ゆでし、バター10g、水を温めた鍋で温める。
3 アーティチョークは1/4に切り、断面にレモン汁を塗り、オリーブ油でソテーしてから、漬かる程度まで2.5%の塩水を入れて8分通り火が通るまでゆでる。そのままさまし、取り出してから薄力粉をつけて揚げ、軽く塩をする。

ソースを作り、仕上げをする

1 鍋に白ワインを入れ、1/4になるまで煮詰める。
2 ジュー・ド・ヴォーを加え、バター30gでモンテする。塩、こしょうで味を調える。
3 豚肩ロース肉は半分に切り、つけ合わせの野菜を添えて、ソースをまわしかける。

内臓のちりめんキャベツ包み 赤ワインソース

カラー写真は67ページ

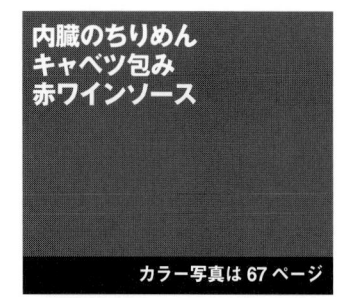

● 材料（15人前）

豚足1本／豚胃1/2個／豚耳1個／豚舌1本／塩適宜／ミルポワ［8等分にした玉ねぎ2個、6等分にしたにんじん1本、5等分にしたセロリ1本、2等分にしたにんにく1個、トマトホール缶スプーン2杯］／白ワイン375cc／水3ℓ／豚心臓1/2個／オリーブ油適宜／牛頬肉1/2個（300g）／豚こめかみつき頬肉5個／赤ワイン750cc／頬肉用ミルポワ［玉ねぎ2個、にんじん2本、セロリ1本］／塩、黒こしょう、薄力粉各適宜／あえるソース［赤ワイン300cc、マデラ酒150cc、シェリーヴィネガー8cc、エシャロット1個、グラス・ド・ヴィアンド150cc、エスカルゴバター30g、粒マスタード30g］／ちりめんキャベツ15枚／仕上げのソース（2人前）［赤ワイン300cc、マデラ酒50cc、グラス・ド・ヴィアンド200cc、無塩バター20g、塩・黒こしょう各適宜］／つけ合わせの野菜（2人前）［くるみ油適宜、舞茸120g、いんげん6本、塩・黒こしょう各適宜、トリュフ20g］

● 作り方

豚の内臓の下ごしらえをする

1 豚足、豚胃、豚耳、豚舌は4%の塩水に1週間漬ける。豚足と豚胃は2回ゆでこぼし、豚耳と豚舌は1回ゆでこぼす（**写真1**）。
2 1を鍋に入れ、ミルポワ、白ワイン、水で4〜5時間弱火で煮る。
3 心臓は筋を取って、オリーブ油を熱したフライパンでソテーする。

牛肉の赤ワイン煮を作る

1 牛頬肉、豚こめかみつき頬肉は赤ワインと、3cmの小口切りにしたミルポワで1日マリネする。
2 鍋にオリーブ油を熱し、1のミルポワを入れてしっかり炒め、取り出す。
3 塩、こしょうをした1の牛頬肉、薄力粉をまぶした豚こめかみつき頬肉を2の鍋に入れ、表面の小麦粉が焼けたら、1で使った赤ワイン、2でソテーしたミルポワを入れて3時間煮込む。そのまま1日おく。

ソースを作って肉とあえる

1 鍋に赤ワイン、マデラ酒、シェリーヴィネガー、みじん切りにしたエシャロットを入れ、1/3量まで煮詰める。
2 グラス・ド・ヴィアンドを加えて半分量まで煮詰め、エスカルゴバター、粒マスタードを入れる。
3 肉、内臓類をすべて1cm角に切り、2のソースであえる（**写真2**）。
4 9cmのセルクル型に塩ゆでしたちりめんキャベツを敷き、3を160g入れて包む（**写真3**）。

仕上げのソースを作って完成

1 鍋に赤ワイン、マデラ酒を入れ、3/7量まで煮詰める。グラス・ド・ヴィアンドを加え、半分量まで詰めたら、バターモンテし、塩、こしょうで味を調える。
2 フライパンにくるみ油を熱し、ひとくち大に切った舞茸、3等分にしたいんげんをソテーし、塩、こしょうで味を調える。
3 皿にキャベツ包みを置き、まわりに1をかける。2をキャベツの上にのせ、上からスライスしたトリュフをたっぷりかける。

豚耳（写真右）はゼラチン質と軟骨の2層で構成されているのが面白い。
豚胃（写真左）は牛の胃より弾力があり、もちっとした食感。

内臓にもしっかりと赤ワインソースをあえる。

型にちりめんキャベツを敷き、内臓を詰める。キャベツで蓋ができるように大きな葉を選ぶこと。

フォワグラ、栗を射込んだテリーヌ仕立てのブーダン・ノワール 紅玉りんごのピューレ添え

カラー写真は52ページ

● 材料（32×8.5×8cmのテリーヌ型1台分／14〜15人前）

豚の背脂125g／にんにく2片／玉ねぎ250g／生クリーム225cc／A［塩17g、白こしょう2g、ナツメグ2g］／水20cc／コーンスターチ15g／豚血500cc／全卵3個／フレッシュ・フォワグラ400g／塩、白こしょう、薄力粉各適宜／栗（むいた状態）100g／紅玉りんご6個／無塩バター15g／サラダ油100cc／にんにく4〜5片／サラダほうれん草（葉のみ使用）5把／シェリーヴィネガー10cc

● 作り方

ブーダン・ノワールを作る

1 鍋に背脂を熱し、みじん切りにしたにんにくと玉ねぎを色づけないように炒める。
2 生クリームを加え、Aを加えて軽く煮詰める。水溶きコーンスターチでつなぎ、豚血を少しずつ加え、80度まで温度を上げる。そのままさまし、溶き卵を加え混ぜる。
3 フォワグラは厚さ1cmに切り、塩、こしょうをして薄力粉をまぶし、表面に焼き色をつけておく。
4 栗はゆでて5mm角に切っておく。
5 テリーヌ型に2、フォワグラ、栗を入れて湯煎にかけ、200度のオーブンで約60分間火を入れる。
6 粗熱が取れたら上から軽く重しをのせて、完全にさまし、このまま一晩休ませる。

ソースとつけ合わせを作って仕上げをする

1 りんごは皮をむいて5mm厚さに切り、バターを入れた鍋に入れて200度のオーブンで15〜20分間火を入れ、ミキサーでピューレにする。
2 フライパンにサラダ油を熱し、にんにくのスライスをゆっくり揚げて香りを出す。揚げたにんにくはみじん切りにする。にんにくの香りが移った油は取っておく。
3 ボールにサラダほうれん草を入れ、塩、こしょう、シェリーヴィネガー、2の揚げにんにくとにんにく油で味をつける。ボールを直火にかけ、その中で軽く温めてサラダとする。
4 ブーダン・ノワールを厚さ1cmに切り、200度のオーブンで5分間ほど温めて、サラマンダーで軽くあぶる。1のりんごのピューレ、サラダほうれん草とともに皿に盛る。

フォワグラの濃厚さと栗の甘み、食感で味に奥行きを出す。

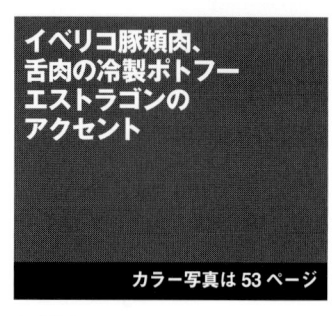

イベリコ豚頬肉、舌肉の冷製ポトフー エストラゴンのアクセント

カラー写真は53ページ

● 材料（10人前）

イベリコ豚頬肉800g／イベリコ豚の舌800g／塩29g／にんにく5片／タイム5本／ローリエ3枚／セージ3枚／黒粒こしょう20粒／ミルポワ［玉ねぎ1/2個、にんじん1/2本、セロリ1/2本、にんにく3片、生姜10g、乾燥タイムひとつまみ、ローリエ1枚、エストラゴン2枝］／フォン・ド・ヴォライユ適宜／豚のコンソメ仕上げ用［玉ねぎ1/2個、にんじん1/2本、セロリ1/2本、にんにく2片、赤ピーマン1個、乾燥タイムひとつまみ、ローリエ1枚、黒粒こしょう5粒、卵白10個分、豚すね肉（2度挽きにして挽き肉にする）2kg、焦がし玉ねぎ（200度のオーブンで20分間焼いたもの）1/2個、トマト1個、塩・黒こしょう各適宜］／コンソメ2番だし用の水適宜／つけ合わせの野菜［玉ねぎ2個、にんじん2本、セロリ3本、かぶ3個、キャベツ10枚、アスペルジュ・ソバージュ20本］／フルール・ド・セル適宜／エストラゴンの酢漬け（シャンパンヴィネガーに余った茎なども一緒に2週間漬け込んだもの）適宜／コルニッション10本／エストラゴン30枚

● 作り方

豚のコンソメを取る

で調味する。
ホワイトアスパラガスを焼いて、仕上げる
1 ホワイトアスパラガスは皮つきのまま焼き、火が7割入ったところで根元の皮をむく。塩を全体にふりかけ、再度焼き、火が入ったら1/2の長さにカットする。
2 皿にソースを敷き、サーモンロール3個とホワイトアスパラガスを並べる。
3 塩、くるみ油で調味したクレソンを散らして完成。

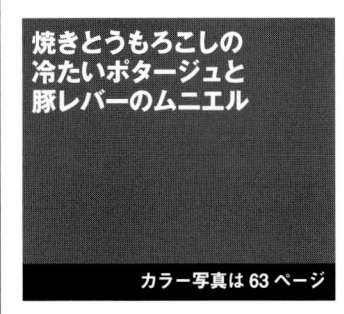

焼きとうもろこしの冷たいポタージュと豚レバーのムニエル

カラー写真は63ページ

● 材料 (5人前)
とうもろこし3本／牛乳400cc／塩5g／豚レバー300g／塩、黒こしょう各適宜／薄力粉各適宜／無塩バター100g／オリーブ油20cc／リヴザルト（フランス産の甘口赤ワイン）750cc／グラス・ド・ヴィアンド75cc

● 作り方
とうもろこしのポタージュを作る
1 皮つきのままとうもろこしを30分間蒸し、皮をはいで、直火で軽く焦げ色がつくまであぶる。
2 粒を包丁でこそげ落とし、牛乳と一緒にミキサーにかけてシノワで漉す。塩で味を調えて冷やしておく。
豚レバーをムニエルにする
1 豚レバーに塩、こしょうをして、薄力粉をまぶす。
2 フライパンにバター、オリーブ油を熱し、豚レバーを油をかけながら焼く。バターは焦げないように弱火にすること（豚はしっかり火を通さないといけないが、レバーは火を通しすぎると苦味が出るので注意）。
3 常温で5分間休ませ、厚さ1.5cmに切る。1人前60gを3等分する。
ソースを作り、仕上げる
1 リヴザルトを1/10まで煮詰め、グラス・ド・ヴィアンドを少量加える。
2 スープ皿にとうもろこしのポタージュを入れ、豚レバー3切れを浮かべ、豚レバーにソースをかける。

豚レバーはできるだけ、新鮮なものを使う。稲元シェフは屠蓄したその日のものを仕入れている。

豚肉と耳を詰めたラヴィオリとフォワグラのポワレブルーチーズ風味のリゾット仕立て

カラー写真は64ページ

● 材料 (15人前)
ラヴィオリ生地［薄力粉100g、強力粉50g、卵黄1.5個分、全卵1個、生クリーム10cc、オリーブ油10cc、塩3.5g］／ラヴィオリの具［豚耳1枚、塩水用の塩適宜、白ワイン200cc、水500cc、10等分にした玉ねぎ1個分、5等分にしたセロリ2本分、ベーコン200g、豚バラ肉450g、豚頬肉250g、大和いも70g、全卵1個、コンソメ60g、コーンスターチ7g、エストラゴンのみじん切り2本分、塩・黒こしょう各適宜、溶き卵1/2個分］／無塩バター適宜／玉ねぎ1個／米2カップ／ブイヨン・ド・ヴォライユ400cc／パルメザンチーズ30g／無塩バター120g／コンソメ200cc／チーズソース［生クリーム200cc、ブルーチーズ100g、フォン・ド・ヴォライユ100cc、無塩バター45g］／ポルト酒ソース［ポルト酒（ルビー）375cc、グラス・ド・ヴィアンド200cc、無塩バター50g、レモン汁1/2個分、塩適宜］／塩、黒こしょう各適宜／フレッシュ・フォワグラ750g

● 作り方
ラヴィオリ生地を作る
1 ボールに薄力粉、強力粉、卵を入れて混ぜる。混ぜながら、少しずつ生クリーム、オリーブ油、塩を入れる。生地がまとまったら、1日寝かせる。
ラヴィオリの豚耳の下処理をする
1 豚耳は水洗いし、4%の塩水に漬けて1週間おく。
2 鍋に水、1の豚耳を入れて沸騰させ、1回ゆでこぼす。
3 鍋に豚耳、白ワイン、水、玉ねぎ、セロリ、ベーコンを入れて沸騰させ、2時間煮込む。
ラヴィオリを完成させる
1 豚バラ肉と豚頬肉をミンチ機で挽き、すり鉢でよくする。
2 すりおろした大和いも、全卵を加えてさらにする。
3 常温に戻したコンソメで溶いたコーンスターチ、エストラゴンのみじん切り、煮込んだ豚耳を7mm角に切って加え、塩、こしょうで味を調える（写真1）。
4 パスタマシンで1mmに薄く細長く伸ばしたラヴィオリ生地に具を30gずつのせ、溶き卵を塗って半分に折り畳む（写真2）。直径4cmのセルクル型で抜いて、切り分ける。
5 2%の塩を入れた熱湯で2分30秒間ゆでる。
リゾットとチーズソースを作る
1 フライパンにバターを熱し、みじん切りにした玉ねぎをよく炒める。
2 米を1に加えて炒め、すき通ったら同量（400cc）のブイヨン・ド・ヴォライユを入れて220度のオーブンで20分間火を入れる。
3 別鍋に、おろしたパルメザンチーズ、バター120g、コンソメを沸騰させ、2を合わせてリゾットの完成。
4 別鍋に生クリームとブルーチーズを入れて3/7量まで煮詰め、フォン・ド・ヴォライユを入れてさらに半分まで煮詰め、バター45gでモンテしてチーズソースとする。
仕上げをする
1 鍋でポルト酒を1/10まで煮詰め、グラス・ド・ヴィアンドを入れてさらに5/7まで煮詰める。
2 1をバターでモンテし、レモン汁、塩で味を調えてポルト酒ソースとする。
3 フォワグラは半分に切る。フライパンを熱し、塩、こしょうをしたフォワグラを焼く。
4 皿にリゾットを敷き、ラヴィオリをのせてチーズソースをかける。フォワグラを重ねてポルト酒ソースをかける。

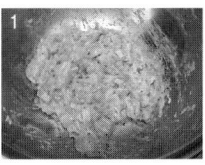

よく練り合わせたラヴィオリの具。豚耳はすりつぶさず、アクセントに残す。

等間隔に具を並べ、溶き卵を塗ってから手前へ折りたたむ。空気を抜きながらぴったりと上下を張り合わせる。

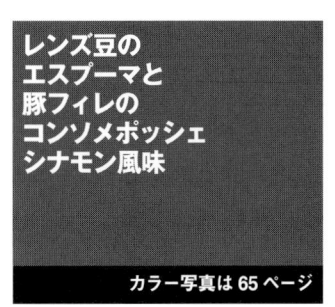

レンズ豆のエスプーマと豚フィレのコンソメポッシェシナモン風味

カラー写真は65ページ

● 材料 (3人前)
ペリエ300cc／ベーコン50g／玉ねぎ1個／レンズ豆50g／塩4g／フォン・ド・ヴォライユ100cc／牛乳30cc／板ゼラチン4g／生クリーム40cc／豚フィレ肉210g／シナモンパウダー3g／オリーブ油90cc／コンソメ適宜／フォン・ド・ヴォライユ（ゆで用）300cc／アスペルジュ・ソバージュ21本

● 作り方
レンズ豆のピューレを作る
1 鍋にペリエ、3mm角に切ったベーコンと玉ねぎ、レンズ豆、塩を入れて火にかける。沸騰したら220度のオーブンへ15分間入れる。
2 レンズ豆に8割火が通ったらフォン・ド・ヴォライユを加えて火にかけ、2分間沸騰させてそのままおく。レンズ豆45gは別に取っておく。ベーコン、玉ねぎが混ざってもよい。
3 粗熱が取れたら牛乳を入れ、ミキサーにかけてから裏漉し、布漉しして冷やしておく。
4 3のピューレを少し取り、氷水に漬けてふやかしたゼラチンとともに湯煎にかけてゼラチンを溶かす。ここに生クリームも加え、元のピューレに戻して混ぜ合わせる。
5 サイフォンに入れて冷蔵庫で冷やしておく。
豚フィレ肉をポッシェする
1 豚フィレ肉はシナモンをまぶし、オリーブ油と一緒に真空パックにかけて1日マリネする。
2 鍋に豚フィレ肉が漬かる程度のコンソメを入れて65度に温め、65度を保って豚フィレ肉を10分間ゆで、そのまま1日おく（写真1）。
仕上げをする
1 鍋にフォン・ド・ヴォライユを沸騰させ、アスペルジュ・ソバージュを7秒間ゆで、ピューレを作るときに残しておいたレンズ豆とともに皿に盛る。
2 豚フィレ肉を厚さ1.5cmにスライスし、1の上に盛る。
3 コンソメジュレを2の上にかける。サイフォンで作ったレンズ豆のエスプーマ（写真2）を添える。

豚肉はコンソメでポッシェしたあと、そのまま味を含ませて冷やす。

稲元シェフはisiのエスプーマを愛用。サイフォンに入れる前にピューレを4度まで冷やしておけばすぐに使える。

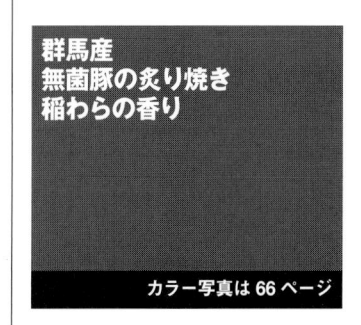

群馬産無菌豚の炙り焼き稲わらの香り

カラー写真は66ページ

● 材料 (2人前)
豚肩ロース肉600g／塩、黒こしょう各

ブーダン・ノワールの
フィユテ
チョコレート風味
りんごの
キャラメリゼ添え

カラー写真は60ページ

● 材料
(28×11×高さ8cmのテリーヌ型1台分・23人前)
豚の背脂100g／玉ねぎ200g／にんにく1/2片／生クリーム200cc／牛乳70cc／コーンスターチ13g／豚血500c／キャトルエピス1g／チョコレートのフィユテ［無塩バター400g+165g、カカオパウダー100g、薄力粉300g、強力粉100g、塩3g、砂糖5g、生クリーム150g］／りんご6個／水適宜／仕上げのソース（1人前）［グラニュー糖10g、レモン汁1/2個分、りんご1個、さくらんぼ5粒、無塩バター5g］

● 作り方
ブーダン・ノワールを作る
1 鍋で5mm角に切った豚の背脂を、色づかないように弱火で炒める。すき通ったら、5mm角に切った玉ねぎを加え、さらに色づかないように炒める。甘みが出てきたら、にんにくのみじん切り、生クリームを加えて沸騰させる。
2 牛乳で溶いたコーンスターチを加え、再度沸騰させる。豚血、キャトルエピスを入れ、60度になったらバーミックスにかけてなめらかにする。
3 2をボールに移し、湯煎で70度になるまで温める。テリーヌ型に移し入れて80度の湯煎にかけて40分間80度を保ち、そのままさます。

チョコレートのフィユテを作る
1 バター400gを室温に戻し、カカオパウダーを混ぜ合わせ、15cm角の正方形に成形してラップ紙に包んで冷蔵保存する。
2 ボールに薄力粉と強力粉、バター165gを入れ、フックで混ぜ合わせる。
3 まとまったら、塩、砂糖、生クリームを少しづつ混ぜ込み、丸めてラップ紙に包み、1日おく。
4 3に十字に切れ目を入れて正方形に伸ばし、1のカカオバターを包み込んで伸ばす。三つ折りを2回、四つ折り1回、再度三つ折りを1回して伸ばす。最終的に厚みは5mmにし、8cm×4cmに切って（1人前3枚使用）、230度のオーブンで20分間焼く。

りんごのピューレを作る
1 鍋に皮をはいで16等分くらい小さく切ったりんご、ひたひたの水を入れて8時間煮る。水はなくなり次第、随時足す。
2 ミキサーにかけ、シノワで裏漉しする。

仕上げをする
1 鍋にグラニュー糖を熱し、色づいたらレモン汁を入れて、6つ切りにしたりんご、種を取り除いたさくらんぼをソテーする。仕上げにバターでモンテする。
2 チョコレートのフィユテにりんごのピューレを塗り、フィユテにサイズを合わせ、厚さ1cmに切ったブーダン・ノワールを重ねる。
3 トレーにブーダン・ノワールを上に向けて置き、サラマンドルで温める。温まったら2段重ねにし、ブーダン・ノワールの端にチョコレートのフィユテをのせる。
4 皿に3を盛り、りんごとソースを添える。

テリーヌ型に詰めたブーダン・ノワール。生地をバーミックスで泡立てているのでふんわりと柔らかい仕上がりになる。

オマール海老、
帆立貝と豚足の
テリーヌ
サラダ仕立て

カラー写真は61ページ

● 材料
(20×11×高さ8cmのテリーヌ型1台分)
豚足3本／塩水用の塩適宜／仔牛かぶり肉500g／ベーコン200g／玉ねぎ2個／にんじん2本／セロリ2本／にんにく1個／白ワイン500cc／トマトホール缶200g／オマール海老1尾／塩適宜／くるみ油適宜／帆立貝12個／生ベーコン10枚／豚足の煮汁100cc／トマトのヴィネグレット［トマト2個、玉ねぎ1個、ケッパー10粒、フランボワーズヴィネガー50cc、オリーブ油60cc、塩適宜］／バジリコソース［イタリアンパセリ10本、バジリコの葉10本分、オリーブ油50cc、塩適宜］／アンディーヴ50枚／トレヴィス20枚／水菜4把／サニーレタス20枚／塩、黒こしょう各適宜／フランボワーズヴィネガー15cc／くるみ油45cc／トマトのマリネ［フルーツトマト10個、塩適宜、バルサミコ酢10cc、オリーブ油30cc］

● 作り方
豚足の下処理をする
1 豚足は水洗いし、4%の塩水に漬けて1週間おく。
2 鍋に水、豚足を入れて沸騰させ、2回ゆでこぼす。
3 鍋に水5ℓ、仔牛かぶり肉、ベーコン、2の豚足を入れてわかし、アクをとる。
4 玉ねぎは8等分、にんじんは6等分、セロリは5等分、にんにくは2等分に切り、3に入れる。一度温度が下がるが、再び沸騰してきたときにアクが出るので丁寧に取る。
5 白ワイン、トマトホール缶を入れ、3〜4時間煮込む。
6 保存用のポットに豚足を移し、5の熱々の煮汁をシノワで漉して入れ、2日おく。

オマール海老と帆立貝の下処理をする
1 オマール海老は胴、ハサミ、腕に切り分け、胴は2分間、ハサミと腕は3分間下ゆでして殻をむく。
2 オマール海老に塩をして、くるみ油であえる。
3 帆立貝に塩をし、グリルパンで焼く。

テリーヌ型に詰める
1 オマール海老のハサミと腕はそのまま、胴だけ半分に切る。豚足は手でほぐした後、5mmぐらいに包丁で切る。帆立貝は切らずに使う。
2 テリーヌ型に生ベーコンを敷き詰め、中央の層にオマール海老がくるように、帆立貝、豚足をバランスよく詰め、熱した豚足の煮汁100ccを入れる。
3 重しをして、そのままさまして1日寝かせる（写真1）。

ソースとつけ合わせを作る
1 3mm角にしたトマト、2mm角にした玉ねぎ、ケッパーを、フランボワーズヴィネガーとオリーブ油、塩であえてトマトのヴィネグレットを作る。
2 イタリアンパセリ、バジリコ、オリーブ油をミキサーにかけてバジリコソースを作る。
3 アンディーヴを2等分にし、下半分の黄色い部分のみ使う。トレヴィス、水菜は5等分にし、サニーレタスは3cm角に切る。これに塩、こしょうをし、フランボワーズヴィネガーで味を調えて、くるみ油で香りづけをする。
4 8つ切りにしたフルーツトマトに塩をして、バルサミコ酢、オリーブ油でマリネする。

仕上げをする
1 テリーヌは2cmの厚さにスライスして皿の中央に盛る。
2 1を囲むようにつけ合わせの野菜とトマトのマリネを散らし、バジリコソースとトマトのヴィネグレットをかける。

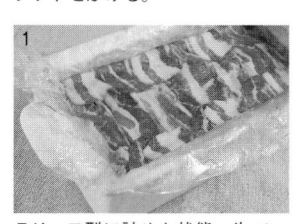

1
テリーヌ型に詰めた状態。生ベーコンでしっかり蓋をする。

ヴィネグレットにはフランボワーズヴィネガーを使って、マイルドな酸味を出す。

サーモンで巻いた
黒豚ロースハムの
ムースと
ホワイトアスパラガスの
サラダ仕立て

カラー写真は62ページ

● 材料（12人前）
骨つき鹿児島黒豚ロース肉2kg／塩水用の塩適宜／枯れ葉（干し草、稲わらなど）20枚／生クリーム250cc／塩適宜／スコッチサーモン1尾／岩塩500g／砂糖20g／黒粒こしょう50粒／オリーブ油1ℓ／ピンクペッパー（1人前）9粒／ソース（1人前）［卵黄1個分、卵白1/2個分、白ワイン20cc、生クリーム20cc、シャンパンヴィネガー10cc、シブレット10本、塩適宜］／ホワイトアスパラガス（1人前）3本／塩、くるみ油、クレソン各適宜

● 作り方
ハムのムースを仕込む
1 豚ロース肉を4%の塩水に2週間漬ける。
2 鍋に2%の塩水を熱し、1の豚ロース肉、枯れ葉を入れ、65度を保って1時間10分火を入れる。そのまま冷やして1日おき、取り出してさらに1日おく。
3 2の豚ロース肉をミンサーで2度挽きする。
4 粗めのシノワからはじめ、いちばん目の細かいシノワまで、3度に渡って裏漉しし、ハムの使用量500gの半分量の生クリーム、塩と合わせる。

サーモンをマリネする
1 サーモンは岩塩、砂糖、叩いて粗くつぶした黒粒こしょうで8時間マリネする。
2 サーモンを一度水で洗い流し、オリーブ油で1日以上マリネする。
3 サーモンは2mmの厚さにスライスして7×21cmの大きさに切り（1人前）、ピンクペッパーを散らす。60gずつのハムのムースを絞り袋で細く絞り出し、筒状に巻いて3等分する（写真1）。

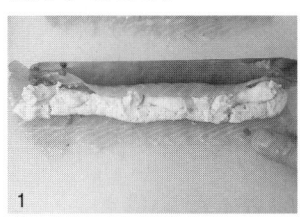

1
絞り出したハムのムースをサーモンで包む。この1本を3等分して、1人前とする。

ソースを作る
1 ボールに溶いた卵を70度くらいの湯煎にかけ、白ワインと生クリームを少しずつ交互に加える。絶えず泡立てるように混ぜ、最後にシャンパンヴィネガーを加える。
2 細かく刻んだシブレットを加え、塩

202

て軽く煮込む。粗熱を取った後、冷蔵庫で寝かせる。

仕上げをする
1 白いんげん豆の煮込みを随時、必要な量だけ鍋に移し、水少々を加えて温める。バラ肉、のど肉、皮、豚足も戻して軽く煮る。
2 陶製の耐熱容器に移し、ピーナッツ油で炒めたソーセージを上にのせ、220度のコンベクションオーブンで約15分間加熱する（**写真2**）。
3 オーブンから取り出し、パセリのみじん切りをたっぷりふりかける。

何度もアクを取り除き、水を足しながらクリアなフォンをとる。

途中、表面にゼラチン質の膜ができるので、スプーンで中に押し込み、全体をなじませる。

豚足、皮、バラ肉、のど肉と、豚の様々な部位の旨みが、白いんげん豆と一体化している。

イベリコ豚の頬肉の煮込み

カラー写真は48ページ

● 材料（1人前）
イベリコ豚の頬肉200g／塩、白こしょう、ピーナッツ油各適宜／玉ねぎ1個／にんじん1本／にんにく5～6片／セロリ2本／白ワイン300cc／マデラ酒600cc／フォン・ド・ヴォー100cc／鶏のブイヨン560cc／生セージ2枝／タイム1つまみ／ローリエ1枚／薄力粉適宜

● 作り方
頬肉を煮込む
1 頬肉はたこ糸で縛り、塩、こしょうで下味をつける（**写真1**）。
2 ピーナッツ油を熱し、乱切りにした玉ねぎ、にんじん、にんにく、セロリを炒める（**写真2**）。香りが出てきたら白ワイン、マデラ酒を加え、フランベする（**写真3**）。
3 フォン・ド・ヴォー、鶏のブイヨン、セージ、タイム、ローリエを加える。
4 別鍋にピーナッツ油を熱し、軽く薄力粉をまぶした頬肉を焼く（**写真4**）。
5 3に頬肉を入れて煮込む（**写真5**）。竹串を刺してすっと通るくらいの柔らかさになったら取り出し、粗熱を取った後、たこ糸をはずす。
6 煮汁は水分を飛ばしながら沸騰させ、シノワで1回漉し、とろみが出るまで煮詰めてから、塩、こしょうで調味する。
7 ソースを小鍋に移して頬肉を入れ、軽く温めて供する。

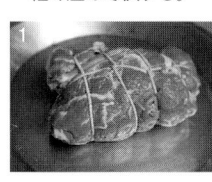

頬肉は煮崩れないよう、しっかりたこ糸でしばる。

野菜は香りを出しながら、中火で手早く炒める。

強火でフランベし、白ワイン、マデラ酒のアルコール分を一気に飛ばす。

頬肉にまぶした薄力粉は、よくはたき落としてから鍋に入れ、表面をしっかり焼き固める。

煮汁に頬肉を入れ、約2時間半かけてコトコト煮込む。

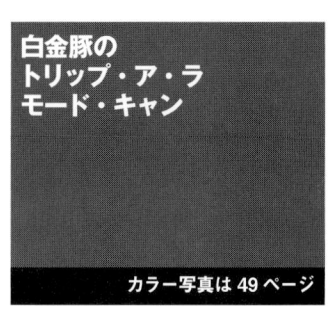

白金豚のトリップ・ア・ラ モード・キャン

カラー写真は49ページ

● 材料（20人前）
白金豚の大腸・直腸・胃袋（1頭分）／鷲鳥の脂100g／にんにく30片／玉ねぎの薄切り2個分／にんじんの薄切り2本分／タイム3つまみ／ローリエ2枚／白ワイン1ℓ／塩適宜／つぶした黒粒こしょう2つまみ／カルヴァドス80cc／仕上げ用（1人前）[白ワイン10cc、カルヴァドス10cc、パン粉・パセリ各適宜]／塩、白こしょう各適宜

● 作り方
内臓を煮込む
1 大腸・直腸・胃袋は204ページの「豚胃袋のパン粉つけ焼き タブリエ・サプール風」と同じ方法で3回ゆでこぼし、ひとくち大に切る。
2 鷲鳥の脂を熱し、つぶしたにんにく、玉ねぎ、にんじんを香りを出しながらさっと炒める。タイム、ローリエ、白ワインを加え、沸騰したら1を加えて混ぜる。
3 塩、黒粒こしょうも加え、約2時間半～3時間、内臓が柔らかくなるまで煮込む。
4 塩、こしょうでもう一度調味し、カルヴァドスを加え、ひと煮立ちさせてから火を止める。
5 粗熱を取り、冷蔵庫で保存しておく。

仕上げをする
1 内臓の煮込みを1人前ずつ小鍋に移す。白ワインとカルヴァドスを各10cc加えて軽く温め（**写真1**）、グラタン皿に盛る。
2 パン粉、パセリの葉を同割でロボクープにかけ、1の上にたっぷりとふりかける（**写真2**）。
3 220度のコンベクションオーブンで約10分間焼く。

オーダーが入ってから小鍋に移し、焦げつかせないよう弱火で温める。

パセリの香りたっぷりのパン粉をふりかけてから焼く。

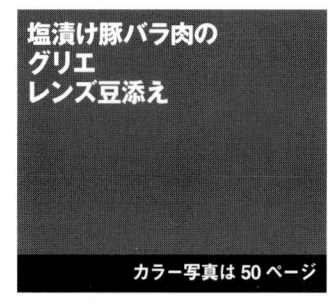

塩漬け豚バラ肉のグリエ レンズ豆添え

カラー写真は50ページ

● 材料（10人前）
皮つきの豚バラ肉1.2kg／豚バラ肉のマリネ用[塩・白こしょう・カソナード・クローブ・にんにく各適宜]／豚皮のマリネ用[皮の1.2%量の塩、つぶした黒こしょう適宜]／白ワイン750cc／ミルポワ[にんにく10片、玉ねぎ2個、にんじん2本、セロリ2本]／黒こしょう2つまみ／タイム2つまみ／ローリエ2枚／フォン・ド・ヴォライユ適宜／レンズ豆の煮込み[レンズ豆125g、水適宜、ローリエ1枚、にんにく1片、塩少々、ベーコンのみじん切り10g、玉ねぎのみじん切り1/2個分、タイムひとつまみ、フォン・ド・ヴォライユ500cc、塩・白こしょう各適宜]／赤ワインヴィネガーのソース[ピーナッツ油適宜、エシャロット（みじん切り）5g、にんにく（みじん切り）3g、赤ワインヴィネガー20cc、つぶした黒粒こしょう2つまみ、ポルト酒（赤ルビー）50cc、赤ワイン50cc、フォン・ド・ヴォー150cc、塩適宜]

● 作り方
豚バラ肉を煮込む
1 豚バラ肉についた皮を包丁ではがし、塩、こしょう、カソナード、クローブ、にんにくで丸1日マリネする（**写真1**）。皮は塩、こしょうだけで1日マリネする（**写真2**）。
2 鍋に白ワインを注ぎ、豚バラ肉をかたまりのまま入れる。みじん切りにしたミルポワ、黒こしょう、タイム、ローリエ、フォン・ド・ヴォライユも加え、アクを取りながら約2時間、中火で煮込む。
3 バラ肉に竹串を刺し、すっと通るくらいの柔らかさになったら火を止める。シノワで漉した煮汁にバラ肉を漬け込み、冷蔵庫で冷やす（**写真3**）。

レンズ豆を煮る
1 レンズ豆をたっぷりの水とローリエ、にんにく、塩で柔らかくなるまで煮る。
2 別鍋でベーコンを炒めて脂を出し、玉ねぎをしんなりと炒める。
3 2にタイム、フォン・ド・ヴォライユを加えて沸騰させ、アクを取り除いた後、塩、こしょうで調味する。
4 レンズ豆を穴あきレードルで取り出し、3に加えてひと煮立ちさせる。

赤ワインヴィネガーのソースを作る
1 ピーナッツ油を熱し、エシャロット、にんにくをしんなりと炒める。
2 赤ワインヴィネガー、黒こしょうを加えて煮詰める。さらにポルト酒、赤ワインも加え、水分を飛ばしきるまで煮詰める。
3 フォン・ド・ヴォーを注いで沸騰させ、アクを取り除き、塩で調味してシノワで漉す。

仕上げをする
1 バラ肉は5cm幅にカットし、クローブを取り除く。皮は2cm幅にカットし、どちらも網焼き器でグリエする（**写真4**）。
2 皿にレンズ豆を敷き、皮とバラ肉を重ねて盛りつけ、別鍋に入れたソースを添える。

バラ肉の皮のついていた面には包丁で穴を開け、クローブ、にんにくも刺して丸1日寝かせる。

皮にはつぶした黒こしょうをたっぷりまぶし、丸1日マリネする。

バラ肉はバットにあけ、煮汁に漬け込んで味を含ませる。後で切り分けやすいよう冷蔵庫で冷やし固めておく。

しっかり焦げめをつけ、肉に燻香がつくようにする。

セリを加え、塩、白こしょうで味を調える（**写真**）。

3 豚足と豚耳のゼリー寄せを切り分け、グレビッシュ・ソースを添える。

グレビッシュ・ソースはマスタードと油をしっかり撹拌して乳化させ、どっしりした仕上がりにする。

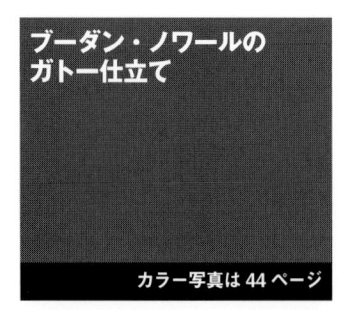

ブーダン・ノワールのガトー仕立て

カラー写真は44ページ

● 材料（28×18×高さ7cmの角型1台分）
リエット［鷲鳥の脂適宜、にんにく（半切り）10片、玉ねぎ（大きめの乱切り）2個、にんじん（大きめの乱切り）2本、ドライセージ2つまみ、白ワイン320cc、豚肩肉1kg、塩適宜、つぶした黒粒こしょう2つまみ、フォン・ド・ヴォライユ2ℓ］／無塩バター50g／豚の背脂100g／にんにく（みじん切り）2片分／玉ねぎ（みじん切り）200g／塩15g／白こしょう3g／りんご（5mmの角切り）100g／生クリーム15g／豚血500cc／赤ワイン5cc／くるみ適宜／つけ合わせ（1人前）［りんご1/3個、水500cc、白ワイン50cc、レモンの薄切り1枚、クローブ3本、グラニュー糖100g＋仕上げ用に少々、黒粒こしょう適宜］

● 作り方
リエットを作る
1 寸胴鍋に鷲鳥の脂を熱し、にんにく、玉ねぎ、にんじんをしんなりと炒め、セージ、白ワイン300ccを加える。
2 2～3カットにした豚肩肉をフライパンで炒めて塩、こしょうをふり、表面をしっかり焼き固め、1に加える。
3 2のフライパンに白ワイン20ccを加えて肉汁をこそげ取り、1に加える。フォン・ド・ヴォライユも加え、約3時間かけてコトコト煮込む。
4 肩肉、玉ねぎ、にんじんを取り出し、粗くロボクープにかけてボールに取り置く。煮汁は8割方、水分が飛ぶまで煮詰める。
5 4のボールに煮詰めた汁を加え、底を氷水で冷やしながら木べらで手早く混ぜ合わせ、全体をよくなじませる。

ブーダン・ノワールを作る
1 バターを熱し、サイコロ状に切った豚の背脂を炒める。
2 にんにくを加え、香りが出てきたら玉ねぎも加えてしんなりと炒め、塩、こしょうで調味する。
3 リエット250gとりんごを加え、木べらで混ぜながら弱火で熱する。
4 生クリーム、豚血、赤ワインを一気に加え、55度まで上がったところで火を止める。
5 ステンレス製の角型に流し入れ、85度のコンベクションオーブンで約45分間蒸し焼きにする（**写真1**）。
6 粗熱を取った後、冷蔵庫に一晩おいて冷やし固める。

仕上げをする
1 ブーダン・ノワールを型から抜き、1人分をカットする。上に細かく刻んだくるみをふりかけ、220度のコンベクションオーブンで約5分間焼く。
2 つけ合わせ用のりんごは種を取って櫛形に切り、水、白ワイン、レモン、クローブ、グラニュー糖を入れた鍋でひと煮立ちさせる。
3 りんごを取り出し、水分をしっかり拭き取る。仕上げにグラニュー糖をふりかけ、バーナーで焼いてキャラメリゼする。
4 ガトー仕立てのブーダン・ノワールを皿に盛り、3と粗くつぶした黒粒こしょうを添える。

湯を張った大きめのバットに型を入れて蒸し焼きにし、しっとりした食感に仕上げる。

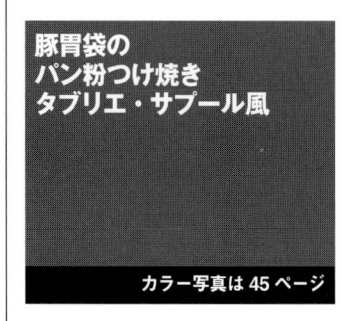

豚胃袋のパン粉つけ焼き タブリエ・サプール風

カラー写真は45ページ

● 材料（4人前）
白金豚の胃袋（1頭分・約1kg）／鷲鳥の脂50g／にんにく15片／玉ねぎ1個／にんじん1本／白ワイン500cc／タイム2つまみ／ローリエ1枚／マリネ用［玉ねぎ1個・にんじん1本・セロリ2本・にんにく10片の薄切り、タイム1つまみ、ローリエ1枚、白ワイン120cc、塩・白こしょう・ディジョンのマスタード各適宜］／トマトソース［オリーブ油50cc、にんにく5片、玉ねぎ1/2個、セロリ1本、トマト2個、塩、白こしょう各適宜、タイム1つまみ、ローリエ1枚、シェリーヴィネガー少々］／パン粉、サラダ油、刻みパセリ各適宜

● 作り方
下準備をする
1 胃袋をたっぷりの水でゆで、沸騰したらザルにあける。この作業を3回繰り返す。
2 鷲鳥の脂を熱し、丸のままつぶしたにんにくを炒める。薄切りにした玉ねぎ、にんじんも加え、香りを出しながら手早く炒める。
3 白ワイン、タイム、ローリエも加えて沸騰させ、胃袋を柔らかくなるまで煮る。
4 マリネ用の材料をすべてバットの中で合わせ、8等分にカットした胃袋を一晩マリネする（**写真1**）。

トマトソースを作る
1 オリーブ油を熱し、薄切りにしたにんにくを炒める。
2 玉ねぎとセロリの薄切り、トマトのざく切りを加え、塩、こしょうで調味する。
3 タイム、ローリエ、シェリーヴィネガーも加え、弱火で約15分間煮込む。
4 火を止め、粗熱を取ってからミキサーにかけ、シノワで漉してトマトソースを完成させる。

胃袋を焼き、盛りつける
1 胃袋を取り出し、パン粉をまぶしつける（**写真2**）。
2 フライパンにサラダ油を熱し、きつね色に焼き上げる（**写真3～4**）。
3 皿に盛り、トマトソースを添え、パセリをふりかける。

香味野菜や白ワイン、マスタードを合わせたマリネ液に、最低でも6時間以上漬けて味と香りをつける。

マリネ液をきれいにぬぐい取った後、たっぷりとパン粉をつける。

サラダ油の量は胃袋が半分浸るくらい、たっぷりめに熱し、手でそっと胃袋を入れる。

表面に焦げ色をつけながら1切れずつ焼く。

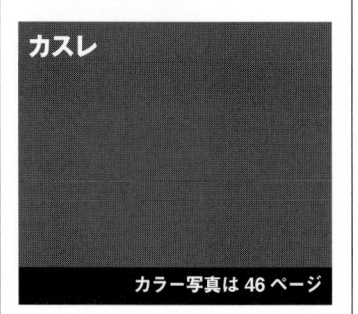

カスレ

カラー写真は46ページ

● 材料（10人前）
ソーセージ用［豚肩肉500g、のど肉500g、塩20g、白こしょう適宜、クール・ブイヨン（水・玉ねぎ・にんじん・にんにく・ローリエ・塩各適宜）、豚耳75g、みじん切りにしてしんなり炒めた玉ねぎ100g、キャトルエピス4g、にんにく2片、豚の背脂125g、豚腸適宜］／白いんげん豆の煮込み［白いんげん豆250g、にんにく2片、タイム1つまみ、ローリエ1枚、塩適宜］／豚バラ肉400g／豚足3本／豚の皮20×20cm3枚／水適宜／タイム2つまみ／ローリエ2枚／豚のど肉1kg／薄力粉、ピーナッツ油各適宜／玉ねぎのみじん切り1/2個／鷲鳥の脂100g／にんにく15片／白ワイン400cc／トマトのざく切り60g／クローブ1本／玉ねぎ1/2個／パセリ、塩、白こしょう各適宜

● 作り方
ソーセージを作る
1 豚の肩肉とのど肉を2～3cm角に切り、塩、こしょうをまぶしつけて約6時間マリネする。
2 鍋にたっぷりめの水を張り、薄切りにした香味野菜、ローリエ、塩を入れて沸騰させてクール・ブイヨンを作り、豚耳を柔らかくなるまで煮込む。取り出した豚耳は冷蔵庫で冷やし、2～3mm角に切る。
3 1をミンチ機で粗挽きにする。しんなり炒めた玉ねぎ、キャトルエピス、すりおろしたにんにくを加え、全体に粘りが出るまで手でこね混ぜる。
4 豚耳、小さめの角切りにした背脂も加えてざっくりと混ぜ合わせ、豚腸に詰める。

その他の材料の下準備をする
1 白いんげん豆を一晩以上、水に漬けて柔らかくしておく。このとき、浮いた豆は取り除く。
2 水をいったん除いた後、新たに鍋に水を注ぎ、にんにく、タイム、ローリエ、塩を加えて白いんげん豆を煮る。煮崩れないよう、沸騰させずに弱火で香りを含ませながら煮ること。
3 豚バラ肉に塩、こしょうをまぶし、一晩マリネする。
4 豚足と皮を鍋に入れ、かぶるくらいの水とタイム、ローリエを加え、約5時間加熱して基本のフォンを作る（**写真1**）。

豚のど肉とバラ肉を煮込む
1 約3cm角に切ったのど肉に塩、こしょう、薄力粉をまぶし、ピーナッツ油で表面を焼き固める。玉ねぎのみじん切りも加えて炒める。
2 大きめの鍋に鷲鳥の脂を熱し、丸のままつぶしたにんにくを炒め、香りが出たら白ワインを加える。
3 2に1と基本のフォン、バラ肉、トマトのざく切り、クローブを刺した玉ねぎを加えて2～3時間煮込む。
4 のど肉、バラ肉、皮、豚足は、それぞれ柔らかくなったところで煮汁から取り出す。皮はバットに挟んでプレスし、ひとくち大に切る。豚足は粗熱を取った後、骨をはずす。ローリエ、クローブを刺した玉ねぎは取り除く。
5 白いんげん豆を煮汁ごと3に加え

204

リエを加える。
2 フォン・ド・ヴォライユ、コンソメも加え、アクを取り除きながら半量くらいまで煮詰める。
3 2のにんにくを取り除き、新玉ねぎを加える。
4 スペアリブと煮汁150cc、八角1個を加えて蓋をし、弱火で煮込む。
5 野菜が柔らかくなったら火を止め、シェリー酒を加え、こしょうをふる。
6 スペアリブを切り分け、じゃがいも、新玉ねぎ、ヴィネグレット・ソースであえたルッコラとともに皿に盛る（写真2）。

肉に竹串を刺し、スッと通るくらいの柔らかさになったら火を止める。

スペアリブを1本ずつ切り分け、野菜とともに皿に盛り、最後に煮汁もふりかける。

山形県産三元豚 骨つきロース肉と根菜のロティ ガラムマサラ風味

カラー写真は40ページ

● 材料（3人前）
骨つきロース肉450g／塩5g／ガラムマサラ入りブール・コンポーゼ[玉ねぎ中1/2個、セロリ1/4本、にんにく1片、ピーナッツ油10cc、白ワイン50cc、市販のガラムマサラ小さじ1、カレー粉少々、塩5g、無塩バター450g、パセリのみじん切り25g]／サラダ油適宜／タイム5本／つけ合わせ[じゃがいも（キタアカリ）小4～5個、竹の子1/2本、サラダ油適宜、葉つきのかぶ1個、葉つきの紫玉ねぎ1個、にんじん1/4本、コリンキー1/6個、そら豆のさや1本、にんにく1片、塩適宜]／豚肉のジュー適宜

● 作り方
下準備をする
1 骨つきロースは常温に戻し、塩をして約15分間寝かせる。
2 ガラムマサラ入りブール・コンポーゼを作る。玉ねぎ、セロリはみじん切りに切り、にんにくは叩いてつぶし、ピーナッツ油を熱したキャセロールでしんなりと炒める。
3 2に白ワインを注ぎ、完全に煮詰まったらガラムマサラ、カレー粉、塩を加え、火を止める。粗熱を取り、

ポマード状にしたバター、パセリと合わせてよく練り、ラップ紙に包んで冷蔵庫で冷やし固める（写真1）。

骨つきロース肉を焼く
1 骨つきロースの水分を拭き取り、熱したサラダ油でかたまりのまま焼く。まず脂身の厚い部分をフライパンに押しつけ、余分な脂分を焼き切ってから赤身の面をローストし、骨の部分ににじみ出た脂を丹念にスプーンですくいかける（写真2）。途中、アクや血で汚れた脂は捨て、新しいサラダ油をつぎ足す。
2 タイムを加えて香りをつけ、バットにあけて余熱で芯に火を通す。

つけ合わせの野菜を調理し、盛りつける
1 じゃがいもは皮つきのまま、竹の子は皮ごとたこ糸でしばってまとめ、サラダ油で時間をかけてローストする。火が通ったら、じゃがいもはバットにあけて油を切り、竹の子は縦半分に切る。
2 骨つきロースを焼いたフライパンに半切りにしたかぶ、紫玉ねぎ、にんじん、櫛形に切ったコリンキー、そら豆のさや、にんにくを入れてローストし、塩で調味する。
3 豚肉のジュー（206ページの「イベリコ黒豚のシンプルポワレ 朝摘み野菜のクリュ タプナードあえ」参照）を温め、ガラムマサラ入りブール・コンポーゼを適量加えてソースを作り、皿に盛った骨つきロースと野菜全体に回しかける。

ガラムマサラ入りブール・コンポーゼ。炒めた玉ねぎ、セロリ、にんにく、パセリなどのミルポワも練り込み、風味豊かに仕上げる。

骨の部分は特に丹念にアロゼし、内側の肉に間接的に火を通す。これは骨つき肉を上手に焼き上げるポイント。

新潟県産 つなんポーク肩肉とロニョンのフュメ ロベール・ソース

カラー写真は41ページ

● 材料（5人前）
豚肩肉700g／マリネ用[塩7g、にんにく2片、ローリエ1枚、ターメリックの葉5本]／ターメリックオイル（サラダ油750ccにターメリックの葉10本分、にんにく1/2片を漬けたもの）適宜／塩少々／ターメリックの葉2本／ロニョン（豚の腎臓）300g／無塩バター小さじ1／燻製用りんごのチップ70g／タイム小さじ1／ロベール・ソース[豚肉のジュー50cc（作り方は206ページの「イベリコ黒豚のシンプルポワレ 朝摘み野菜のクリュ タプナードあえ」を参照）、粒マスタード小さじ1、コルザオイル少々、無塩バター適宜、パセリのみじん切りひとつまみ]／つけ合わせ[ホワイトアスパラガス2本、無塩バター適宜、エシャロット適宜、エリンギ2個、かぶの葉1枚、スペイン産生ハム1枚、塩・白こしょう各適宜]

● 作り方
豚肩肉とロニョンを焼く
1 肩肉のかたまりにマリネ用の材料をまぶし、冷蔵庫で24時間以上マリネする（写真1）。
2 肩肉を常温に戻し、香草を取り除き、熱したターメリックオイルで焼く。はじめにやや強めの中火で、むらなくきれいな焼き色をつけ、手でさわって弾力性を確かめながら柔らかく火を入れる。
3 2を耐熱性の平たい鍋に移し、150度のオーブンに入れ、何度か肉を裏返しながら約20分ローストする。
4 ロニョンに塩をしてターメリックの葉をのせ、ターメリックオイルで軽く焼く。香りがロニョンに移ったらバターを加え、少し焦がしてから皿にあげて休ませる。

温燻にかける
1 フライパンにアルミ箔を敷き、りんごのチップ、タイム、ロニョンを焼くときに使ったターメリックの葉を入れて熱し、煙を出す。肩肉を入れて蓋をし、約5～10分間温燻にする。
2 ロニョンも1に入れ、約3分間温燻にして中まで火を通す。

ソースを作り、仕上げをする。
1 豚のジューを小鍋に入れて温め、粒マスタード、コルザオイル、バターを加えてコクを出す。火を止め、パセリを加えてロベール・ソースを完成させる。
2 つけ合わせを作る。ホワイトアスパラガスは塩ゆでにし、バターできつね色になるまで焼きつける。別鍋でみじん切りにしたエシャロット、縦半分に切ったエリンギをバターで炒める。香りが出てきたら、塩ゆでにして3cm長さに切ったかぶの葉を加え、軽く温める。塩、こしょうで調味する。火を止め、余熱で生ハムを温める。
3 肩肉とロニョンを切り分け、つけ合わせとともに皿に盛り、ロベール・ソースを回しかける。

にんにくやローリエの他、ターメリックの葉をたっぷり使ってマリネした肩肉。

炒りナタネを使ったコルザオイルは香ばしい香りが特長。温燻にした料理とはベストマッチの相性である。

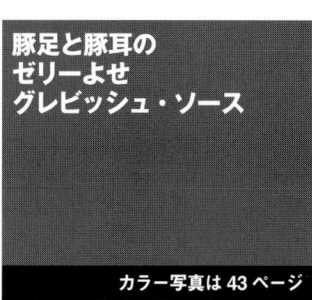

豚足と豚耳のゼリーよせ グレビッシュ・ソース

カラー写真は43ページ

● 材料（バット1台分）
豚足4本／豚耳4枚／白ワイン500cc／水適宜／にんにく15片／タイム、ローリエ、塩、粗くつぶした黒粒こしょう、白こしょう各適宜／コルニッション適宜／グレビッシュ・ソース（1人前）[ディジョンのマスタード30g、オリーブ油45cc、ピーナッツ油45cc、エシャロット45g、パセリの葉45g、塩・白こしょう各適宜]

● 作り方
豚足と豚耳のゼリー寄せを作る
1 鍋に豚足、豚耳を入れ、白ワインを注ぐ。さらにかぶるくらいの水、にんにく、タイム、ローリエ、塩、黒粒こしょうも加え、豚足と豚耳が柔らかくなるまで約4時間、弱火で煮る。
2 豚足、豚耳、ローリエを取り出し、強火にして水分を一気に飛ばす。濃度と凝縮された旨みが出てきたら、塩、白こしょうで調味する。
3 豚足の骨をはずして2に戻し、殺菌も兼ねていったん沸騰させてから火を止める。
4 粗熱を取った後、バットに流し入れる。切り分けたとき断面に豚耳の軟骨が出るよう、豚耳はバットの底面に対して水平に並べ、間にコルニッションをあしらい、冷蔵庫で冷やし固める。

グレビッシュ・ソースを作り、仕上げをする
1 ディジョンのマスタード、オリーブ油、ピーナッツ油を泡立て器で混ぜ合わせる。
2 みじん切りにしたエシャロットとパ

間マリネする。

2 グラニュー糖とシェリーヴィネガーを小鍋で煮詰めてガストリックを作る。粗熱を取って、プチトマトを2日間漬け込む。

3 赤ワイン風味のブール・コンポーゼを作る。キャセロールでオリーブ油を熱し、エシャロットを炒め、赤ワインを加えて完全に煮詰める。粗熱を取り、ポマード状にしたバター、塩、こしょうを加えてよく混ぜ、ラップ紙に包んで冷蔵庫で冷やし固める。

バラ肉のコンフィを作る

1 バラ肉のまわりを布などで拭き取り、70〜80度に熱したラードに入れ、約3時間かけて竹串がすっと入るくらいの柔らかさにする（写真1）。

2 バラ肉を取り出し、タイムを上にのせ、200度のオーブンに入れる。時々オーブンを開け、しみ出した脂をスプーンで肉の表面全体にかけ回しながら15〜20分間、表面がカリカリになるまで焼く。その途中、縦半分に切ったクールジェット、シャンピニオン、セージの葉2枚もオーブンに入れて焼く。

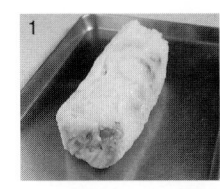

ラードで火入れしたバラ肉は、通常、ラードごと冷やし固めて保存しておく。

ガストリックのマリネ液は煮詰めて豚のジューを加えた後、赤ワイン風味のブール・コンポーゼで味を完成させる。

仕上げをする

1 ガストリックのマリネ液からプチトマトを取り出し、液体だけ1/2量まで煮詰める。

2 豚肉のジュー（下記の「イベリコ黒豚のシンプルポワレ 朝摘み野菜のクリュ タプナードあえ」を参照）、ローズマリーを加え、プチトマトも戻して軽く煮る。最後にブール・コンポーゼを加えてコクを出す（写真2）。

3 焼き上がったバラ肉のコンフィを皿に盛り、2とクールジェット、シャンピニオン、セージを添える。

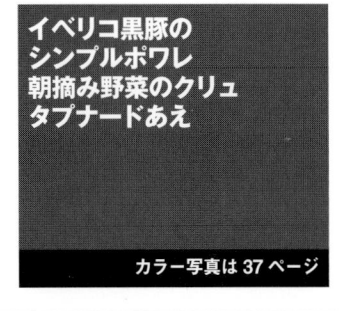

イベリコ黒豚の
シンプルポワレ
朝摘み野菜のクリュ
タプナードあえ

カラー写真は37ページ

● 材料（3〜4人前）

豚肉のジュー[豚の骨3kg、玉ねぎ1個、にんじん1/2本、セロリ1/4本、にんにく1片、タイム5本、ローリエ1枚、クローブ1本、黒粒こしょう10粒、水適宜、サラダ油10cc、豚のくず肉と筋1kg、エシャロット2個、白ワイン200cc]／豚のカルビ250g／塩適宜／豚の脂（イベリコ豚を掃除したときに出る脂）20〜30g／豚頬肉200g／朝掘り筍1個／コリンキー1/2個／かぶ1個／青トマト1個／スナップえんどう5個／そら豆3個／クールジェット1/3本／とうもろこしの新芽1本／タプナード[緑オリーブ10個、アンチョビ2フィレ、にんにく1/2片、ケッパー10粒、バージンオリーブ油20cc]／山いも1/5個／オリーブ油適宜／フリット用の衣[強力粉50g、ベーキングパウダー5g、塩・水・牛乳各適宜]／花クールジェット2個／サラダ油300cc／ヴィネグレット・ソース[シェリーヴィネガー20cc、オリーブ油80cc、塩・白こしょう各適宜]／マスタードリーフ・フヌイユの葉・スイスチャードの新芽各適宜／無塩バター適宜

● 作り方

豚肉のジューを作る

1 170度のオーブンで豚の骨を焦げ色がつくまで焼く。

2 玉ねぎ、にんじん、セロリはざく切りにし、1とにんにく、香草、クローブ、黒粒こしょうとともに鍋に入れ、かぶるくらい水を加える。アクを取りながら中火で約5時間煮込み、約1.5ℓに煮詰まったらシノワで漉す。

3 別鍋にサラダ油を熱し、豚のくず肉と筋を炒める。

4 約5mm角に切ったエシャロット、白ワインを3に加えて完全に煮詰める。

5 4に2を加え、500cc弱になるまで煮詰めてシノワで漉し、出来上がり（写真1）。

豚のカルビと頬肉を焼く

1 カルビに塩5gをまんべんなくまぶしつけ、7〜8分間寝かせる（写真2）。

2 フライパンで脂身を熱し（写真3）、溶かしきったところで1を焼く。大量の脂がにじみ出るので、スプーンで頻繁に取り除く。同時ににじみ出た肉汁と脂を全体に回しかけ、アロゼする（写真4）。

3 カルビに焦げ色がついたら、軽く塩をした頬肉を入れ、中火で約8分間かけて焼く（写真5）。カルビも頬肉も完全に火を通さずに網バットにあげ、余熱で芯まで火を通す。

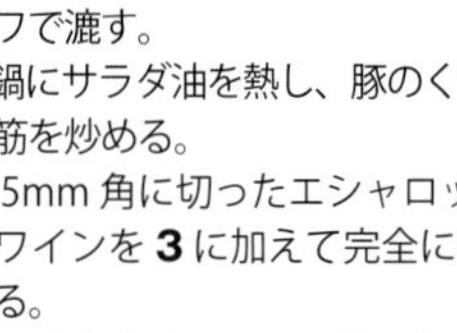

たっぷりサシの入ったカルビと、筋肉質の頬肉。焼いたときに生臭さが出ないよう、常温に戻し、塩をして寝かせ、余分な水分をよく拭き取ってから調理する。

掃除したときに出る脂身を熱し、油脂分を出しきったら取り除く。

にじみ出た脂をたえず表面に回しかけ、柔らかく火を入れつつ、旨みと香りを肉に戻す。

頬肉も全体に脂を回しかけながらこんがり焼き上げる。

野菜のクリュを用意する

1 朝掘り筍は皮をむき、穂先は切り取り、残りの柔らかい部分は縦方向に薄切りにする。

2 コリンキー、かぶ、青トマトも薄切りにする。スナップえんどうはへたと筋を取り除き、そら豆は皮をむく。クールジェット、とうもろこしの新芽は斜め切りにする。

3 種を取った緑オリーブ、アンチョビ、にんにく、ケッパーをすべてみじん切りにし、バージンオリーブ油と合わせてタプナードを作る（写真6）。これを1と2の野菜にあえる。

4 山いもは大きめの短冊切りにし、オリーブ油でカリッと焼き上げ、塩で調味する。

5 フリット用の衣の材料を合わせて花クールジェットにまぶしつける。サラダ油で揚げ、塩で調味する。

6 シェリーヴィネガー、オリーブ油、塩、こしょうでヴィネグレット・ソースを作り、マスタードリーフ、フヌイユの葉、スイスチャードの新芽にあえる。

仕上げをする

1 豚肉のジューを大さじ2杯分、小鍋でひと煮立ちさせ、バターを加える。

2 バラ肉と頬肉を食べやすく切り分け、つけ合わせの野菜とともに皿に盛り、1を全体に回しかける。

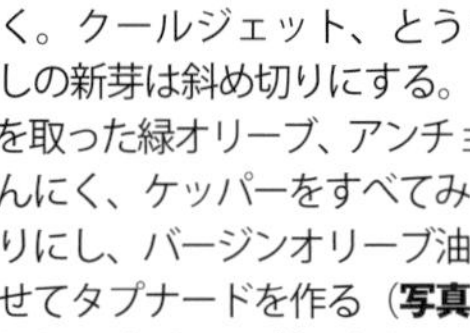

左のココットは豚肉のジュー。ゼラチン質が豊富なので、煮詰めて冷やすと固形状のグラス・ド・ポー（写真右）ができる。

通常、タプナードには完熟した黒オリーブを使うが、ここでは生野菜に合わせて若い緑オリーブを使う。

U.S.産純粋
バークシャー黒豚
スペアリブのブレゼ
八角の香り
ブーランジェール仕立て

カラー写真は38ページ

● 材料（3〜4人前）

豚肉のフォン[豚の骨・筋・くず肉計3kg、玉ねぎ1個、にんじん1/2本、セロリ1/4本、にんにく1片、白ワイン200cc、水適宜、タイム3本、ローリエ1枚、黒粒こしょう10粒、ブーケ・ガルニ1束]／スペアリブ6本分／塩少々／サラダ油適宜／下煮用のミルポワ[玉ねぎ（ざく切り）1本、にんじん（ざく切り）1/2本、セロリ（ざく切り）1/4本、にんにく1片]／フォン・ド・ヴォー500cc／フォン・ド・ヴォライユ500cc／タイム3本／ローリエ1枚／白ワイン200cc／八角3個／ピーナッツ油適宜／無塩バター適宜／玉ねぎ中1/2個／洋ねぎ少々／にんにく1片／じゃがいも（キタアカリ）小6個／白ワイン50cc／タイム3本／ローリエ1枚／フォン・ド・ヴォライユ500cc／コンソメ200cc／葉つきの新玉ねぎ2個／熟成タイプの辛口シェリー酒50cc／白こしょう、ルッコラ各適宜／ヴィネグレット・ソース[フランボワーズヴィネガー20cc、くるみ油80cc、塩・白こしょう各適宜]

● 作り方

豚肉のフォンを作る

1 豚の骨、筋、くず肉を170度のオーブンに入れ、骨に焦げ色がつくまで焼く。

2 ざく切りにした玉ねぎ、にんじん、セロリ、丸のままのにんにくも1の天板に並べ、しんなりして香りが出るまで焼く。

3 白ワインを注いで肉、天板の底の旨みをこそげ取り、ミルポワごと鍋に移す。ひたひたに水を入れ、沸騰させてアクを取り除き、残りの材料も加えて約3時間煮込んだ後、シノワで漉す。

スペアリブを下煮する

1 スペアリブは骨3本分のかたまりをたこ糸でしばる。軽く塩をふり、サラダ油を熱したフライパンで少し焼き色をつける。

2 別鍋で下煮用のミルポワを炒め、豚肉のフォン、フォン・ド・ヴォー、フォン・ド・ヴォライユ、タイム、ローリエ、白ワイン、八角2個を加えて沸騰させる。

3 1を加え、アクを取り除きながら約3時間、弱火で煮込む（写真1）。

野菜とともに蒸し煮する

1 厚鍋にピーナッツ油とバターを熱し、厚めにスライスした玉ねぎ、洋ねぎ、にんにくを炒める。しんなりしてきたら、丸のままのじゃがいも、白ワイン、タイム、ロー

Le Porc

カラーページで
紹介した料理の作り方

豚足と活車海老のテリーヌ 初夏香る豚耳サラダ添え

カラー写真は34ページ

● 材料（9×12×高さ6cmのテリーヌ型1台分）
クール・ブイヨン［玉ねぎ1個、にんじん1/4本、にんにく1片、水5ℓ、白ワイン500cc、ローリエ1枚］／豚耳1/3枚／豚足1本半／塩適宜／車海老4尾／水と白ワインを1:1の割合にした車海老用のクール・ブイヨン500cc／クールジェット1/4本／にんじん1/8本／ミント、パセリのみじん切り各3g／黒粒こしょう10粒／グレープシードオイル適宜／バルサミコ酢適宜／なす1/2本／オリーブ油適宜／そら豆5個／赤、黄のプチトマト各2～3個／ドレッシング［ヴィネグレット・ソース10cc、くるみヴィネガー5cc］／ナスタチウム適宜／アルガンオイル5cc

● 作り方
下準備をする
1 玉ねぎ、にんじんは薄切りにし、にんにくは丸のまま、水、白ワイン、ローリエとともに鍋でわかし、クール・ブイヨンを作る。
2 1で豚耳を約2時間、豚足を3～4時間煮る。取り出した豚耳はボールに移し、煮汁をかぶるくらい加えて1～2日間漬けおき、味をしみ込ませる。豚足はバットにあけて粗熱を取り、骨を抜いて軽く塩をする。

テリーヌを作る
1 煮汁をシノワで漉し、豚足を戻して軽く煮る。
2 車海老は白ワインを多めにしたクール・ブイヨンで浅めにゆで、殻をむく。切り落とした頭は鍋に戻して再び煮込み、殻の風味とミソの旨みを出してからシノワで漉す。これを1の煮汁5に対して1の割合で加え、ゼラチン質の濃度を薄める。
3 クールジェットは皮の青い部分だけ薄切りにする。にんじんは塩ゆでにした後、冷水にはなち、皮をむいて短冊切りにする。

4 2を50～60ccボールに移してミントを加え、アルミ箔を敷いたテリーヌ型に流し、少し固まりかけたところでクールジェットを並べる。同様に2を流しては車海老、豚足、にんじんを重ねて層を作る。最後にパセリを加えた煮汁を流し、冷蔵庫で冷やし固める。

サラダ用の豚耳を調理する
1 黒粒こしょうを3回ゆでこぼし、グレープシードオイルで揚げ、辛味を抜く。さました後、油を切り、ミニョネットよりやや細かめに刻む。
2 煮汁をしみ込ませた豚の耳をキャセロールに入れて熱し、バルサミコ酢を加え、キャラメリゼの要領で豚耳にからませる。
3 豚耳を取り出し、1をまぶしつける（写真1）。

1 豚の耳が温かいうちに、揚げて辛味を抜いた黒こしょうをまぶし、常温でさます。

ヴィネグレット・ソースに使うくるみヴィネガー（写真右）と、仕上げに使うアルガンオイル（左）。料理によって様々な香りのヴィネガー、オイルを使い分けている。

つけ合わせを作り、仕上げをする
1 なすは半切りにし、オリーブ油で炒める。そら豆は軽く塩ゆでにし、プチトマトは半切り、豚耳は薄切りにする。
2 ヴィネグレット・ソースにくるみヴィネガーを加え混ぜ、そら豆とプチトマト、豚耳をあえる。
3 ナスタチウムは洗って水気を拭く。
4 なすの上に薄く切ったテリーヌを盛り、周囲に豚耳と野菜を彩りよく添えた後、全体にアルガンオイルをふりかける。

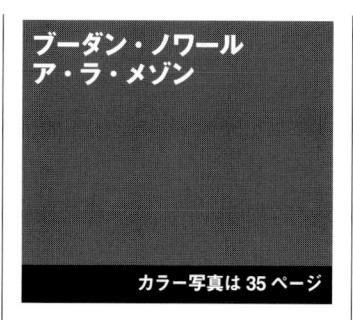

ブーダン・ノワール ア・ラ・メゾン

カラー写真は35ページ

● 材料（18～20本分）
クール・ブイヨン適宜／豚耳300g／豚の背脂400g／玉ねぎ（2～3mm角の賽の目切り）500g／にんにく1/2片／塩30g／グラニュー糖5g／ナツメッグ5g／白こしょう5g／パセリのみじん切り適宜／生クリーム100cc／豚血1ℓ／豚腸適宜／白ワインヴィネガー10cc／じゃがいもの生クリーム煮（1人分）［じゃがいも（北あかり）中1/2個、無塩バター10g、にんにくのみじん切り1/5片分、洋ねぎのざく切り1/10本分、生クリーム30cc、牛乳20cc、塩・白こしょう各適宜、マスタード小さじ1/2］／サラダ油適宜／イタリアンパセリの葉1枚

● 作り方
ブーダン・ノワールを作る
1 クール・ブイヨン（作り方は左記の「豚足と車海老のテリーヌ 初夏香る豚耳サラダ添え」参照）で豚耳を柔らかくゆで、2～3mm角に刻む。
2 豚の背脂を2～3mm角に切り、熱したキャセロールの中で完全に溶かし、玉ねぎ、にんにくをしんなりと炒める。
3 玉ねぎがすき通ってきたら、塩、グラニュー糖、ナツメッグ、こしょう、パセリを加え混ぜる。
4 生クリームも注いでいったん沸騰させ、80度前後まで温度を下げて豚血を加える。火を止めて泡立て器でかき混ぜ、豚血と生クリームを一体化させる。
5 粗熱を取り除いた後、豚耳を加え、豚の腸に詰める。
6 80度前後に湯をわかして白ワインヴィネガーを加え、5を18～20分間ゆでる（写真）。

じゃがいもを生クリームで煮て仕上げる
1 じゃがいもの皮をむき、約7mm厚さに切る。
2 キャセロールにバターを熱し、にんにく、洋ねぎをしんなりと炒め、1を加えてさらに炒める。
3 生クリーム、牛乳を加え、弱火で煮る。塩、こしょうで調味し、火を止めてマスタードを加え混ぜる。
4 サラダ油を熱してブーダン・ノワールを焼く。熱しすぎると皮が破れてしまうので火加減を調整し、何度も返しながら中心部が約80度になるように焼き上げる。
5 皿にブーダン・ノワールと3を盛り、イタリアンパセリを飾る。

腸詰めにしたブーダン・ノワール。冷蔵庫で2週間くらい保存が可能。

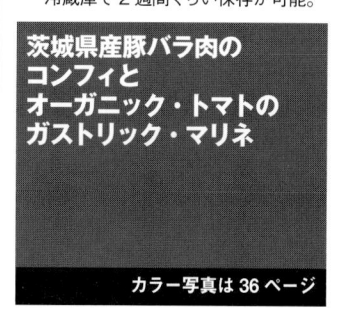

茨城県産豚バラ肉のコンフィとオーガニック・トマトのガストリック・マリネ

カラー写真は36ページ

● 材料（3人前）
豚バラ肉300g／マリネ用［黒粒こしょう（軽くつぶしたもの）5粒、粗塩（ゲランドのセル・グリ）4～5g、ねずの実（軽くつぶしたもの）2粒、にんにく（薄切り）1片、タイム3本、ローリエ1枚］／グラニュー糖50g／シェリーヴィネガー50cc／赤、黄プチトマト各3個／赤ワイン風味のブール・コンポーゼ［オリーブ油10g、エシャロット（みじん切り）1/2個、赤ワイン200cc、無塩バター450g、塩10g、白こしょう5g］／ラード適宜／タイム3本／クールジェット1/4本／シャンピニオン1個／セージの葉適宜／豚肉のジュー20cc／ローズマリー1本／無塩バター10g／塩、白こしょう各適宜

● 作り方
下準備をする
1 豚バラ肉のかたまりにマリネ用の材料をまんべんなくまぶしつけ、約6時間おきに裏返しながら2～3日

編　集 ◎ 畑中三応子、木村奈緒（オフィス SNOW）
デザイン ◎ 津嶋佐代子、赤岩桃子（津嶋デザイン事務所）
取　材 ◎ 斎藤万美子、高橋昌子、並木伸子
　　　　中島るみ子、藤井理映子、山本裕美
撮　影 ◎ 黒部 徹

フレンチの技法
豚料理・ヴォライユ料理

発行日	2014年5月29日　初版発行
編　者	旭屋出版編集部編（あさひやしゅっぱんへんしゅうぶへん）
発行者	早嶋　茂
制作者	永瀬正人
発行所	株式会社 旭屋出版
	〒107-0052　東京都港区赤坂1-7-19 キャピタル赤坂ビル8階
	電話　03-3560-9065（販売）
	03-3560-9066（編集）
	FAX　03-3560-9071（販売）
	旭屋出版ホームページ
	http://www.asahiya-jp.com
郵便振替	00150-1-19572
印刷・製本	共同印刷株式会社

ISBN978-4-7511-1092-8　C2077

定価はカバーに表示してあります。
落丁本、乱丁本はお取り替えします。
無断で本書の内容を転載したりwebで記載することを禁じます。
ⓒAsahiya-shuppan 2014, Printed in Japan.